新・MINERVA
福祉ライブラリー
11

福祉国家実現へ向けての戦略

高福祉高負担がもたらす明るい未来

藤井 威 著

ミネルヴァ書房

福祉国家実現へ向けての戦略
―― 高福祉高負担がもたらす明るい未来 ――

目　次

序　章　どこへ行くのか，わが国の経済・社会……………………… *1*
　　　(1) 小泉改革の光と影　／　(2) 社会保障国民会議の成立と報告　／
　　　(3) 金融混乱の勃発と政権の交代

第 I 部　高福祉高負担という国家戦略
―― 福祉国家スウェーデンはなぜ元気なのか ――

第 1 章　福祉国家における成長促進効果………………………… *28*
　　第 1 節　高福祉高負担システムへの着手と展開　*28*
　　　(1) 戦間期――ハンソン社会民主党内閣の政策　／　(2) 戦後成長促進期――エランデル社会民主党内閣前期　／　(3) 福祉国家形成期――エランデル社会民主党内閣後期以降　／　(4) 先進福祉国家における公的支出内容の概観　／　(5) スウェーデンの家族政策概観　／　(6) 家族政策の効果
　　第 2 節　スウェーデンにおける福祉国家形成過程　*28*
　　第 3 節　雇用の創出効果と経済成長促進効果　*43*
　　　(1) 就業構造の変化　／　(2) 成長戦略としての福祉国家形成　／　〔参考〕乗数効果及びリーケージとは何か
　　第 4 節　出生率の上昇と中長期的潜在成長力の確保　*58*
　　第 5 節　児童手当と住宅手当　*61*
　　　(1) 児童手当　／　(2) 住宅手当
　　第 6 節　教育改革　*64*
　　　(1) 福祉国家形成過程における教育改革　／　(2) 教育システムの現状
　　第 7 節　高福祉高負担型福祉国家の成長促進効果　*69*

第 2 章　福祉国家における所得再分配効果………………………… *71*
　　第 1 節　ジニ係数による分析　*71*
　　第 2 節　日本におけるジニ係数の推移　*77*

第3節　相対貧困率による分析　*79*

第3章　福祉国家における地域開発効果…………………………………*83*

　第1節　地域格差の実態に関するマクロ的検討　*83*

　　〔参考〕わが国の地方財政調整制度

　第2節　スウェーデンの辺境地区コミューン（市町村）における
　　　　　福祉施設の実態　*87*

　第Ⅰ部のまとめにかえて——高福祉高負担という国家戦略　*90*

第Ⅱ部　高福祉高負担国家スウェーデンにおける労働市場政策とコミュニティの重要性

第1章　労働市場政策……………………………………………………*94*

　第1節　スウェーデンにおける労働市場政策の発展　*94*

　第2節　エランデル漸進的増税政策時代　*96*
　　　　——レーン・メイドナー・モデルの登場

　第3節　スウェーデンの労働市場政策の内容と特徴　*99*
　　(1)労働市場政策の内容　／　(2)労働市場政策の特徴　／　(3)労働市場政策の経済的効果

第2章　コミュニティの重要性………………………………………*109*

　第1節　コミューンの形成と発展　*110*

　第2節　コミューンの統合と地方分権　*111*

　第3節　コミューンの組織　*118*

　第4節　コミューンへの市民の帰属意識とコミューン開発政策　*121*
　　(1)地域開発政策の2つの基本的コンセプト　／　(2)スウェーデンにおける土地利用計画と建築許可制度　／　〔参考〕わが国における町づくり，地域振興思想　／　(3)スウェーデンにおける地方都市開発事例——カルマル市

第Ⅲ部　福祉国家3つの形態

第1章　福祉国家レジーム3類型論 …………………………… 146
第1節　3累計論の概要　146
第2節　スウェーデンの福祉国家類型論理解の内容　154
第3節　わが国の福祉システムのレジーム論的分析　155

第2章　福祉国家レジーム3類型論と各国家族政策比較 ………… 160
第1節　スウェーデンの家族政策　160
第2節　フランスの家族政策　164
(1)フランスの家族政策の発展 ／ (2)フランスの家族政策の全体像 ／ (3)フランスの家族政策の特徴 ／ (4)フランス政府の自国家族政策評価
第3節　ドイツの家族政策　183
〔参考〕保育所増設に反対するドイツ宗教界保守派の動向（報道）

第3章　福祉国家レジーム3類型論と各国老人介護政策比較 …… 192
第1節　スウェーデンの老人介護政策　192
(1)スウェーデンの老人介護政策の歴史的展開 ／ (2)エーデル改革とスウェーデン型老人介護システムの完成 ／ (3)エーデル改革以降の展開 ／ (4)スウェーデンの老人介護政策の現状 ／ (5)高齢者福祉サービスへの公費投入 ／ (6)社会民主主義レジームとスウェーデンの老人介護システムの関連
第2節　ドイツの老人介護政策　226
(1)ドイツ型介護保険制度の成立 ／ 〔参考〕ドイツの医療制度 ／ (2)ドイツの介護保険制度の現状

終　章　公共部門の機能拡大という国家戦略……………………………… *233*
　　　　――わが国の将来へ向けての国家戦略検討へ――

　　(1) 公共部門の機能拡大　／　(2) 資源再配分機能　／　〔参考〕階層消費と平等消費　／　(3) 所得再分配機能　／　(4) 景気調整機能　／　〔参考〕ペーション首相と会見　人口減の中，福祉国家以外に道はない　／　〔参考〕スウェーデンにおける予算プロセスの改革　／　(5) わが国の将来へ向けての国家戦略策定のヒント

あとがき　*255*

索　　引　*259*

序　章
どこへ行くのか，わが国の経済・社会

（1）　小泉改革の光と影

　2000（平成12）年11月，筆者は3年強に及ぶスウェーデン駐在大使の任務を終えて帰国し，翌年3月，地域振興整備公団総裁に任命された。その数週間後，小泉純一郎内閣が発足する。当時のわが国経済は，IT主導の好況崩壊後の不況を2002（平成14）年1月に脱し，長期にわたる景気上昇期にあった。しかし，景気上昇中とはいっても，実質成長率がせいぜい2％程度の低成長しか実現できず，成長の実感をより明らかに持てる名目成長率の伸びはそれを下回るいわゆるデフレの状況にあり，国・地方を合わせた財政赤字はGDP（国内総生産）の7～8％に達し，GDP比債務残高も天井知らずの上昇を続けるという深刻な状況にあった。

　このような時期に登場した小泉政権は，経済を持続的な成長軌道に再び乗せるため，強力な構造改革路線を敷いた。何よりもまず増税に頼らずに財政構造を改革して，赤字の幅を削減する施策を展開する。同時に，長年にわたってわが国経済の根幹を形成してきた終身雇用，年功序列型の雇用構造を改革するなど，広汎な規制緩和策を実行することにより，企業経営の合理化と競争力の強化を図り，また，金融界に根強く残る不良債権問題の処理を促進した。民の力を活用することを通じて，経済の停滞現象を打破しようとしたのである。

　このような施策の当然の一環として，公的サイドからの民への過剰な介入を極力排除する施策も進められる。財政投融資の規模縮小，政府系金融機関の効率化と機能の削減，公団等の政府機関の改革，そして改革の目玉として，郵政の民営化が実行に移された。筆者が総裁に任命された地域振興整備公団も，筆

者の就任直後に廃止清算が決定され，その実現が私の在任3年間の任務となったのである。

　このような構造改革路線は，バブル崩壊後の長期にわたる経済停滞から脱却する方策としては適切なものであり，小泉首相の業績として歴史に残るはずであった。しかし，いかなる改革も，常に何らかのマイナス面を伴うことは避けられない。その最も重大な現象は，年金，医療，介護，育児など各般の福祉システムにおける機能不全の表面化であり，いろいろな方面での格差の拡大であった。格差は，国と地方，大都市と地方小都市，都市と農村などの間で，また，大企業，中小企業，農林業の間で，さらには，正規雇用と非正規雇用との間で，誰の目にも明らかとなるほど顕在化したのである。出生率の低下という深刻な現象も，育児政策の過小，あるいは不徹底という福祉システムの機能不全の1つと密接な関係があった。

　不公平度の拡大や格差の拡大を目のあたりにしていた国民は，その是正に必要な負担増は受け入れる用意ができつつあった。わが国民の政治的成熟度はそこまで進んでいた。そして何よりも，小泉内閣退任の2006（平成18）年9月までの経済状況は，デフレ下の低成長とはいえ，一応，長期の拡大を続けており，ビジョンの提示と国民の反応を見るのに最も適した状況に近づきつつあったのである。

（2）　社会保障国民会議の成立と報告

　小泉内閣6年余りの在任のあとを受けて，2006（平成18）年9月に安倍晋三内閣が，次いで2007（平成19）年9月には福田康夫内閣が成立する。この間，小泉内閣時代の経済拡大は息長く続いており，各年度実質2％程度の着実な上昇を示していたものの，デフレ傾向は一向に改善されず，名目でのGDPの伸び率は各年度1％程度にとどまり，1994（平成7）年度以降名目成長率が実質成長率を下回る状況は延々と続いたのである。このような状況下で，名目GDPに対する国民負担率はわずかではあるが上昇してはいたものの，財政収支は改善が見られず，GDPに対する財政赤字の比率は，2006（平成18）年度3.4％，

07年度2.7％，08年度4.9％という水準で高止りしたままであり，一般政府債務残高の比率も，2006（平成18）年度から2008（平成20）年度の間170％台でこれまた高止りしていた。

　小泉内閣以来続く社会保障システムの機能不全についても，何らかの形での対処方針を打ち出すことが緊急の課題という認識が一般的となり，2008（平成20）年1月，福田首相は「社会保障国民会議」（座長，吉川洋東京大学教授）を設置し，社会保障制度の総点検に乗り出した。そして，国民会議は2008（平成20）年6月の中間報告において，社会保障制度の検討目的について，「持続可能性の維持」から「機能強化の方策」に切り替えてゆき[1]，同年11月最終報告の提出にこぎつけた（この間に，2008〔平成20〕年9月内閣は福田内閣から麻生太郎内閣に変わっていた）。

　この報告は，**図序‐1**で示すような先進各国の社会保障水準と，そのための安定財源の水準を考慮しつつ，わが国の将来ビジョンとして，必要な医療・介護の効率性を確保すると同時に，最低限のあるべきサービス強化の実現を目指すことを提言し，当面，図序‐1の示す「中福祉・中負担」を目指すべきとした。そのために必要な公的財源の必要額を2015（平成27）年度及び2025（平成37）年度について，**表序‐1及び表序‐2**のとおり提示した。

　この報告書を受けた経済財政諮問会議は，2008（平成20）年12月，報告書に示された改革を具体化するための工程表を発表（**表序‐3**）し，続いて麻生内閣は，総選挙への影響を懸念する与党自民党内の一部の異論を押し切り，「持続可能な社会保障構築とその安定財源確保に向けた中期プログラム」（いわゆる「中期税制プログラム」）を閣議決定したのである。その中で，「税制抜本改革の道筋」と題して，次のとおり記述し，2011（平成23）年消費税引上げを強く示唆した。

「(1)　基礎年金国庫負担割合の2分の1への引上げのための財源措置や年金，

---

[1] 社会保障国民会議最終報告：「制度の持続可能性」を確保してゆくことは引き続き重要な課題であるが，今後は，同時に，必要なサービスを保障し，国民の安心と安全を確保するための「社会保障の機能強化」に重点を置いた改革を進めてゆくことが必要である。

図序-1 社会保障給付に見合った安定的財源確保のイメージ

出所：経済財政諮問会議有識者議員提出資料（2008年11月20日）。

　医療及び介護の社会保障給付や少子化対策に要する費用の見通しを踏まえつつ，今年度を含む3年以内の景気回復に向けた集中的な取組により経済状況を好転させることを前提に，消費税を含む税制抜本改革を2011（平成23）年度より実施できるよう，必要な法制上の措置をあらかじめ講じ，2010年代半ばまでに段階的に行って持続可能な財政構造を確立する。なお，改革の実施に当たっては，景気回復過程の状況と国際経済の動向等を見極め，潜在成長率の発揮が見込まれる段階に達しているかなどを判断基準とし，予期せざる経済変動にも柔軟に対応できる仕組みとする。

　(2)　消費税収が充てられる社会保障の費用は，その他の予算とは厳密に区分

序　章　どこへ行くのか，わが国の経済・社会

表序－1　社会保障の機能強化のための追加所要額（試算）（2015年度）
（社会保障国民会議及び「子ども と家族を応援する日本」重点戦略に基づく整理）

※下記の追加所要額に加え，基礎年金に係る国庫負担割合の2分の1への引上げ分（消費税率換算1％程度（2009年度で2.3兆円））が必要となる。

		改革の方向性（新たな施策）	2015年度	
			必要額（公費ベース）	消費税率換算
基礎年金		○税方式を前提とする場合	約12〜28兆円	3½〜8½%程度
		○社会保険方式を前提とする場合 低年金・無年金者対策の強化 ● 最低保障機能の改善 ● 基礎年金額に係る措置の強化 ● 受給権確保に係る措置の強化（免除の活用、厚生年金適用拡大、強制徴収）等	約2.6兆円	1％弱
医療・介護		医療・介護の充実強化と効率化を同時に実施 急性期医療の充実強化、重点化、在院日数の短縮化 機能分化・機能連携による充実強化（スタッフの充実等） （地域包括ケア、訪問看護・訪問診療の充実等） 在宅医療・介護の継続的サービスの充実等 （グループホーム、小規模多機能サービスの充実等）等	約4兆円	1％強
少子化対策		親の就労と子どもの育成の両立を支える支援 （3歳未満児の保育サービスの利用率　20％→38〜44％） （学齢期（小1〜3年）の放課後児童クラブ利用率　19％→60％） （出産前後に希望どおりに継続就業できる育児休業を取得　第1子出産前後の継続就業率　38％→55％）） すべての子どもの健やかな育成の基盤となる地域の子育て支援（望ましい受診回数（14回）を確保するための妊婦健診の充実等）	約1.3〜2.1兆円	0.4〜0.6％程度
合　　計		○税法方式を前提とする場合	約17〜34兆円	5〜10％程度
		○社会保険方式を前提とする場合	約7.6〜8.3兆円	2.3〜2.5％程度
社会保障の機能強化に加え基礎年金国庫負担割合引上げ分を加味		○税法方式を前提とする場合		6〜11％程度
		○社会保険方式を前提とする場合		3.3〜3.5％程度

注：（1）「社会保障国民会議における公的年金制度に関する定量的なシミュレーション」「社会保障国民会議における検討に資するため行う公的年金制度に関する定量的なシミュレーション（B2シナリオ）」等による。経済前提は「ケースⅡ-1（医療の伸びはケース①）」を用いた。
（2）少子化対策に係る追加費用については，「子どもと家族を応援する日本」重点戦略において示した次世代育成支援の社会的コストの推計を基に，現行の関連する制度の公費負担割合を当てはめて算出した。なお，ここには児童手当等の経済的支援の拡充に要する費用は計上していない。

表序 - 2 社会保障の機能強化のための追加所要額（試算）(2025年度)
(社会保障国民会議及び「子ども と家族を応援する日本」重点戦略に基づく整理)

※下記の追加所要額に加え、基礎年金に係る国庫負担割合の2分の1への引上げ分（消費税率換算1％程度（2009年度で2.3兆円）が必要となる。

	改革の方向性（新たな施策）	2025年度 必要額（公費ベース）	消費税率換算
基礎年金	○税方式を前提とする場合	約15～31兆円	3 1/2～8％程度
	○社会保険方式を前提とする場合 低年金・無年金者対策の改善 ●基礎年金額の強化 ●受給権確保に係る措置の強化 （免除の活用） 厚生年金適用拡大、強制徴収　等	約2.9兆円	1％弱
医療・介護	医療・介護の充実強化と効率化を同時に実施 急性期医療の機能強化、重点化 （スタッフの充実） 機能分化・機能連携による早期社会復帰等の実施 （地域包括ケア、訪問介護・訪問看護・訪問診療の充実等） 在宅医療・介護の場の整備とサービスの充実 （グループホーム、小規模多機能サービスの充実等）	約14兆円	4％強
少子化対策	親の就労と子どもの育成の両立を支える支援 （3歳未満児の保育サービス利用率 20％→38～44％） （学齢期（小1～3年生）の放課後児童クラブ利用率 19％→60％） （出産前後の継続就業率 38％→55％）、育児休業取得 第1子出産前後の継続就業率取得 すべての子どもの健やかな育成の基盤となる地域の支援の充実 （妊婦健診 受診回数（14回）を確保するための妊婦健診の充実）等	約1.6～2.5兆円	0.4～0.6％程度
合　計	○税方式を前提とする場合	約31～48兆円	8～12％程度
	○社会保険方式を前提とする場合	約19～20兆円	5％程度
社会保障の機能強化に加え基礎年金の国庫負担割合引上げ分を加味	○税法式を前提とする場合		9～13％程度
	○社会保険方式を前提とする場合		6％程度

注：(1)「社会保障国民会議における公的年金制度に関する定量的なシミュレーション」、「社会保障の伸びについての検討における試算」等に基づく。経済前提は（ケースⅡ-1（医療の伸びはケース①）を用いた。
(2) 少子化対策に係る追加費用については、「子どもと家族を応援する日本」重点戦略において示した次世代育成支援の社会的コストの推計を基に、現行の関連する制度の公費負担割合を当てはめて算出した。なお、ここには児童手当等の経済的支援の拡充に要する費用は計上していない。

経理し，予算・決算において消費税収と社会保障費用の対応関係を明示する。具体的には，消費税の全税収を確立・制度化した年金，医療及び介護の社会保障給付及び少子化対策の費用に充てることにより，消費税収はすべて国民に還元し，官の肥大化には使わない。」

　さらに2009（平成21）年1月には，「経済財政の中長期方針と10年展望」が閣議決定され，その付属文書としての「比較試算」が内閣府から報告される。この試算は，同年6月，2009（平成21）年度第1次補正予算を反映させる形で更新され，「中長期の道ゆきを考えるための機械的試算」として公表された。この中で，社会保障国民会議で示された社会保障の機能強化——中福祉・中負担の姿——を具体化してゆく過程で，財政収支や政府債務残高のGDP対比の比率が，どのように推移してゆくかがシミュレーションの形で示され，残高GDP比が将来にわたって発散することなく，一定の率に収斂させるためには，消費税率の引上げが避け難いことを強く示唆したのである。

　この試算は，前提の置きかたを変えた数多くのシミュレーションから成っているが，ここでは，その中から，典型的な1つのシミュレーションとその示唆する結論を示しておく。

（1）シミュレーションの前提

①世界経済は，当面の金融危機を早期に克服し，世界経済もわが国経済も順調に回復する（全要素生産性TFPが1％まで上昇）。

②社会保障機能強化の工程表を踏まえて実施に移す。

③2011（平成23）年度から2015（平成27）年度まで，消費税率を毎年1％引上げる（合計5％の引上げ）。

④非社会保障歳出は，横ばいか物価上昇率程度とする。

（2）シミュレーションの結果の概要

　経済が想定通り順調に回復すれば，国の一般会計の基礎的収支（プライマリー・バランスとも言う。歳出総額のうち，国債費を除く各般の支出のうち，税収や税外収入で賄い切れない額を指す。このバランスが均衡していれば，新しい借金に頼らずに政

表序 - 3 社会保障の機能強化の工程表

	2009	2010	2011	2012	2013	2014	2015	(～2025)

社会保障
国民会議最終
報告に基づく
機能強化の課題

年金
- 基礎年金国庫負担割合2分の1の実現
- 基礎年金の最低保障機能強化
- 社会の構造変化に対する対応

  財政検証（2009）　　　　　　　　　　財政検証（2014）

  実現
  制度設計・検討　　　法改正、順次実施

  ● 低年金・無年金者対策の推進
  ● 保険料免除制度の見直し、受給資格期間の見直し等
    （保険料免除制度の見直し、受給資格期間の見直し、厚生年金適用拡大、保険料滞納への強力化）
  ● 在職老齢年金制度の見直し等（→高齢者の就労に配慮した検討・実施）
  ● 育児期間中の保険料免除（→他の少子化対策と歩調を合わせて検討・実施）　　　　　　　　　など

医療
- 急性期医療の機能強化
- 医師等人材確保対策

  診療報酬改定　　　　　診療報酬改定　　　　　診療報酬改定

  （現行）都道府県医療計画（2008～12の5か年）　　　（新）都道府県医療計画（2013～17の5か年）
  　　　　　救急を含む急性期医療の新たな指針の作成

  ● 医師養成数の増加　　　　　　　　　　　　　　　　　　　　（従事医師数の増加）
  ● 臨床研修の見直し、医師と看護師等との
    役割分担の推進（制度的対応）
  ● 救急・産科等の体制強化
  ● 養成数、臨床研修、役割分担の見直し等の
    対応による人材確保
                                                         レセプトオンライン化の完全実施
  レセプトの段階的なオンライン
  請求への切替え

介護
- 介護従事者の確保と処遇改善

  介護報酬改定　　　　　　　　　介護報酬改定　　　　　介護報酬改定

  第4期介護計画（2009～11の3か年）　第5期介護計画（2012～14の3か年）

  ● 急性期の機能分化の推進
  ● 地域包括ケアの推進と在宅医療の強化・充実　　　など

2015年の姿
○ 安心して出産できる体制
○ 救急患者の受入れ、早期回復
○ 社会復帰できる体制の構築

8

序　章　どこへ行くのか，わが国の経済・社会

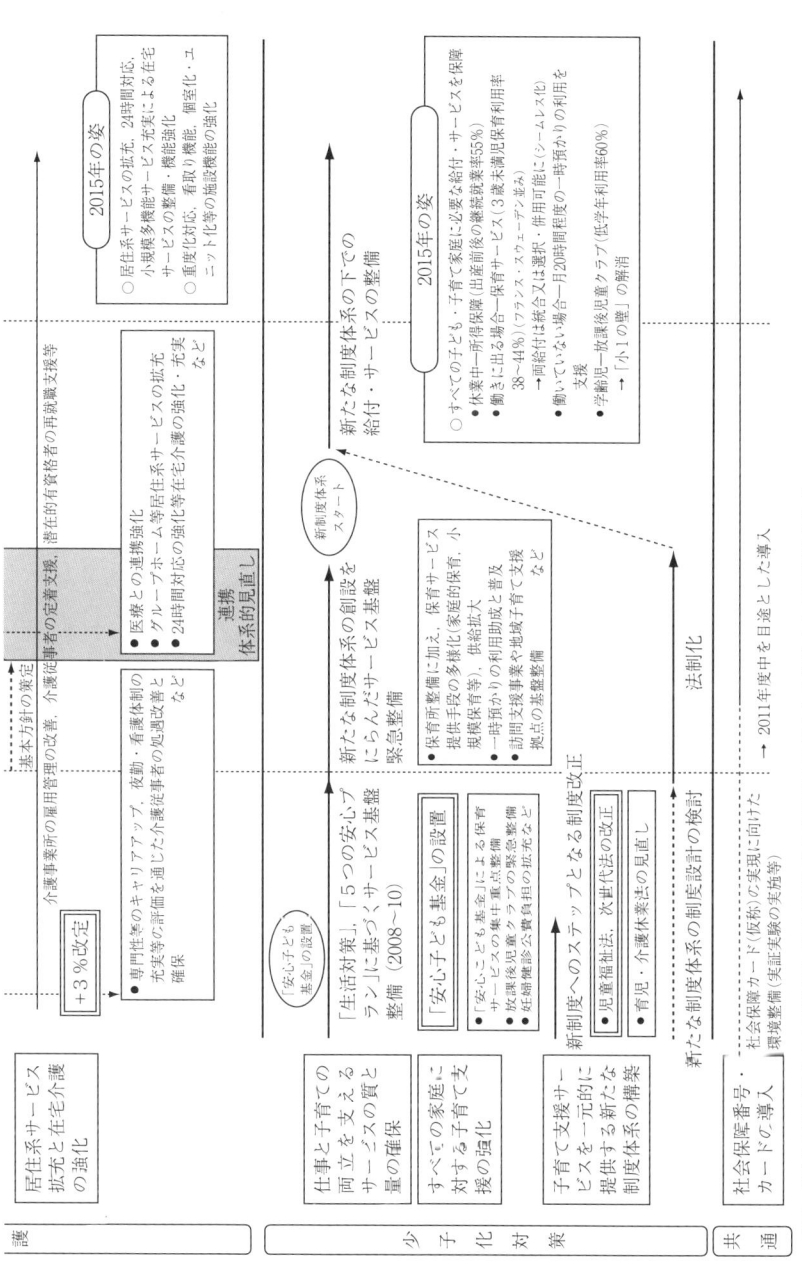

出所：「社会保障国民会議中間報告」及び「同会議最終報告」に描かれた姿をもとに内閣府が作成。

策経費を賄えることになるが，積み上った債務残高の削減には結びつかない。）は，2020（平成32）年初頭には概ね均衡に達し，一般政府債務残高の対GDP比も170％強程度の水準でほぼ収斂する可能性がある。ただし，この170％程度という数字は，先進諸国の中では，圧倒的に高水準であり，将来にわたってこの比率を引き下げ，後世代の負担を少しでも緩和することが，私たち，現世代の国民の義務であるが，このシミュレーションでは，そこまでの道筋は示されていない。なお，経済の回復が想定より遅れた場合や，消費税率の引上げができなかった場合には，債務残高のGDP比は発散してしまうことも合わせて示された。

（3） 金融混乱の勃発と政権の交代

わが国の戦後の景気動向を見ると，拡張期と後退期とを一循環と見て，1951（昭和26）年以降14回の循環を経験しており，現時点は15循環の拡張期にある（**表序-4**）。既に述べたように，ITバブル期とその崩壊による景気後退より成る第13循環は2002（平成14）年1月に底を打ち，直後に，小泉内閣が成立する。第14循環の景気拡張は2002年1月より実に69ヶ月の長期にわたって続き，戦後最長の「いざなぎ景気」（57ヶ月）を超えた。「そんなに長く好景気が続いていたの？」と不審に思われる向きも多いと思われる。まさに「実感なき景気拡張」という言葉が当てはまるのである。

理由は2つある。1つは，わが国のかつての拡張期における高成長の経験から，実質2％以下の成長では，実感が伴わないこと[2]，1つは，成長はしているものの物価の下落傾向が続いており，名目成長率が実質成長率を下回るいわゆるデフレの状況が1994（平成6）年度以来延々と続いていることである。[3]

---

(2) 平均実質成長率の推移を簡単に示すと次のとおりである。
　　　1960年代　10.4％　　　1970年代　5.2％　　　1980年代　3.7％
　　　1990年代　1.5％　　　2000〜2007年　1.6％
(3) 名目成長率が実質成長率を下回り始めた1994（平成6）年度の前年度のGDPの状況と2010（平成22）年度の状況（政府見通しベース）と比較してみよう。

	1993年度	2010年度	2010年／1993年
実質GDP（2000年価格）	465.3	534.8	14.9％
名目GDP	482.6	475.2	△1.5％

序　章　どこへ行くのか，わが国の経済・社会

表序-4　日本の景気循環

		谷	山	谷	期　間（月）			内　　閣（在任年月）
					拡張	後退	全循環	
第1循環			1951年6月	1951年10月		4		1946.5～1947.6 ⎫ 1948.10～1954.12 ⎭ 吉田　茂
第2循環		1951年10月	1954年1月	1954年11月	27	10	37	
第3循環	神武景気	1954年11月	1957年6月	1958年6月	31	12	43	1954.12～1956.12　鳩山一郎 1956.12～1957.2　石橋湛山
第4循環	岩戸景気	1958年6月	1961年12月	1962年10月	42	10	52	1957.2～1960.7　岸　信介
第5循環	オリンピック景気	1962年10月	1964年10月	1965年10月	24	12	36	1960.7～1964.11　池田勇人
第6循環	いざなぎ景気	1965年10月	1970年7月	1971年12月	57	17	74	1964.11～1972.7　佐藤栄作 1972.7～1974.12　田中角栄
第7循環	列島改造景気	1971年12月	1973年11月	1975年3月	23	16	39	1974.12～1976.12　三木武夫 1976.12～1978.12　福田赳夫
第8循環		1975年3月	1977年1月	1977年10月	22	9	31	1978.12～1980.7　大平正芳
第9循環		1977年10月	1980年2月	1983年2月	28	36	64	1980.7～1982.11　鈴木善幸 1982.11～1987.11　中曽根康弘
第10循環		1983年2月	1985年6月	1986年11月	28	17	45	1987.11～1989.6　竹下　登 1989.6～1989.8　宇野宗佑
第11循環	平成景気（バブル景気）	1986年11月	1991年2月	1993年10月	51	32	83	1989.8～1991.11　海部俊樹 1991.11～1993.8　宮沢喜一
第12循環		1993年10月	1997年5月	1999年1月	43	20	63	1993.8～1994.4　細川護熙 1994.4～1994.6　羽田　孜 1994.6～1996.1　村山富市 1996.1～1998.7　橋本龍太郎
第13循環	ITバブル	1999年1月	2000年11月	2002年1月	22	14	36	1998.7～2000.4　小渕恵三 2000.4～2001.4　森　喜朗
第14循環		2002年1月	2007年10月	2009年3月	69	17	86	2001.4～2006.9　小泉純一郎 2006.9～2007.9　安倍晋三 2007.9～2008.9　福田康夫
第15循環		2009年3月						2008.9～2009.9　麻生太郎 2009.9～2010.6　鳩山由紀夫 2010.6～　菅　直人

注：山，谷の認定——景気動向指数検討会（座長：吉川洋東京大学教授）。
出所：筆者作成。

いかに実感を伴わないとは言え，一応続いていた景気の拡張局面も終る時がくる。2007（平成19）年10月，景気は山に達し，下降局面に入る。景気局面の転換のきっかけは，言うまでもなくアメリカ発の金融混乱であった。既に2006（平成18）年7月には，根強い上昇基調にあったアメリカの住宅価格は下げに転じ，続いて同年12月には，サブ・プライム・ローン会社の破綻が始まった。

　世界的な影響が強く認識されたのは，2007（平成19）年8月9日のBNPパリバ銀行のファンド子会社によるサブ・プライム関連の資産凍結（戻払しの停止）の発表であった。これをきっかけに，米国のサブ・プライム・ローンの信用の崩落とサブ・プライム・ローンを組み込んだ複雑な金融商品の持つリスクが顕在化し，世界的な金融混乱に陥った。2008（平成20）年3月にはベアー・スターンズが危機に陥り，2008（平成20）年9月の米国の巨大証券会社リーマン・ブラザーズの破綻に至って，混乱はピークに達する。同年12月には金融のあらゆる面に広く事業を拡張していたシティ・グループが危機に陥り，アメリカ政府は救済に乗り出さざるを得なかった。

　世界的金融混乱は，世界の実体経済に大きな影響をもたらし，一部で100年に一度の不況到来という声も聞こえるほどの深刻な状況がもたらされた。

　わが国経済の受けた影響を若干の指標により例示的に以下に示しておく。

　①最も経済動向を総括的に示すマクロ指標実質GDP成長率を見ると，リーマン・ショック後の2009（平成21）年1～3月期に年率換算で△15.8％まで悪化している。

　②鉱工業生産指数の水準は，リーマン・ショック前後の2008（平成20）年7～9月の水準105.4から2009（平成21）年2月には67.2まで46％も落ち込んだ。例えば，自動車などの輸送機械工業の生産水準は，ほぼ2分の1にまで落ち込んだのである。

　③設備投資の先行指標である機械受注（船舶・電力を除く民需）の水準は，2008（平成20）年7～9月の水準から2009（平成21）年7～9月には，約30％減少した。

　↘　驚くべきことに，名目ベースのGDPは1993年の水準から全く増加してないのである。

④賃金指数について見ると，2008（平成20）年7～9月の水準に比べ，2009（平成21）年9月には，15％程度の低下を示した。

⑤内閣府の調査によると，実際の需要と潜在的な供給力の差を示す需給ギャップは，2009（平成21）年1～3月期に約40兆円の需要不足を示し，ギャップは8.1％に達した。

⑥日経平均株価も，2008（平成20）年7～9月の12,000円程度の水準から，2009（平成21）年1～3月期には8,000円程度の水準に落ち込んだ。

⑦東証一部上場の日本を代表する主要企業の純利益は，リーマン・ショック前の2007（平成19）年度の水準を100とすると，翌2008（平成20）年度には赤字転落企業が続出したため，全体としてほぼ0の水準にまで落ち込んだ（日経調べ）。

金融面の放漫な拡大の招いた大混乱は，このような実体経済面の著しい収縮—景気後退をもたらしたのである。日米欧先進3極の政府及び金融当局はこのような事態に対応して，次々と思い切った施策を打ち出した。主な例を挙げると次のとおりである。

金融面の主な対策

①政策金利の引下げに代表される金融緩和措置。

②中央銀行やそれに類する機関による特定の金融資産（国債，社債，株式など）の買入れ。

③破綻金融機関の処理または破綻リスクに直面した金融機関の救済のための公的資金の投入。

④銀行等の信用供与に際して，資金需要者の信用補完のための公的保証等の措置。

⑤金融機関等の保有する不良資産の処理の支援。

財政面の主な対策

①実体経済の需要喚起のための財政措置。

②上記金融面の措置のうち，③〜⑤は通常，財政措置を伴う。

今回の金融混乱と経済面での収縮は，当局の思い切った措置の効果もあり，

どうにか収拾に向かう。歴史的に見れば，1929（昭和4）年にニューヨーク証券取引所を襲った株価の大暴落（1929年10月24日「暗黒の木曜日」）に始まる世界大恐慌が，当局の初動対応措置の遅れ及び不徹底により，景気後退がとめどもなく進み，後退局面から回復に向かうまで概ね5年，回復後もとの水準に復帰するまでに概ね25年かかったことと比較すると，後退は激烈ではあったが，比較的短期に収拾に向かったと言うことはできよう。わが国について見ると，表序-4に示したように，米国におけるサブ・プライム・ローン問題の表面化後の2007（平成19）年11月に始まった戦後の第14循環の景気後退局面は，途中，リーマン・ショックという極めて厳しい局面はあったものの，13ヶ月という比較的短期で収束し，2009（平成21）年3月には底を打って再び拡張局面（第15循環）に入った(4)（なお，景気の山，谷の年，月の認定は，現在では景気動向指数検討会——座長，吉川洋東京大学教授——の検討に委ねられている。第14循環の山を2007（平成19）年10月，谷を2009（平成21）年3月とするのは仮決定である）。

　今回の経済大変動の動きを極めて簡略に総括すると以上のとおりであり，生産，消費，雇用など国民生活全般に深刻な影響をもたらしたが，とりわけ財政面への影響は甚大なものがあった。すなわち景気の深刻な後退に伴う税収の激減がある一方で，政府当局による需要喚起のための諸措置による歳出増があり，財政収支の著しい悪化が避けられなかったのである。このような状況は(5)，日米

---

(4) 例えば，リーマン・ショック直前の鉱工業生産指数の水準から比較して2009（平成21）年2月には54％程度にまで落ち込んでいたが，2010（平成22）年4月には，93％にまで回復している。
　　このような日本経済の回復基調を受けて，2010（平成22）年6月22日，政府は2010（平成22）年度の成長率を当初予算編成時の名目0.4％，実質1.4％の見通しから上方修正し，名目1.6％，実質2.6％とし，2011（平成23）年度の見通しを名目1.7％，実質2.0％とした。しかし，両年度とも名目実質の逆転は続く見通しとなっている。
(5) 欧州では，財政規律の不十分であったギリシャという「経済的に弱小な部分」に，財政赤字に伴ういわゆるソベリン・リスクが本年に入って次第に表面化し，その深刻さが明らかになるに従い，EU共通通貨ユーロの弱点という感覚が広がり，欧州発の金融混乱が発生した。欧米当局による財政規律強化への努力が続いていることは記憶に新しいところである。（ソベリン・リスクとは，簡単に言えば，主権国家の信用にかかわるリスクであり，当該国の国債に対する信用リスクを言う）。

欧先進3極いずれにおいても見られる現象であったが，米，欧においては，景気の底入れ，回復をにらみつつ，財政赤字対策を中心とする出口戦略に政治の関心が移ってゆきつつあるのに対し，もともと極めて財政状況が悪く，長年のデフレ現象に苦しむわが国への衝撃は特に甚大であったと言わざるを得ない。

折も折，2009（平成21）年8月の総選挙では，民主党の大勝，自民党の没落という政治の地殻をゆるがす大変動が起こり，2009（平成21）年9月民主党を主軸とする鳩山由紀夫内閣が成立する。この政権は，経済を順調な回復軌道に乗せ，デフレ現象を克服し，中長期の成長戦略を確立するという自民党政権から引き継いだ困難極まる政治課題と，民主党が選挙戦を通じて国民に示した「マニフェスト」（選挙公約）の早期の実現という課題を，極端に悪化した財政状況の中で何らかの形で実施する課題を負って出発したのである。

新政権の苦心の財政運営のあとを**表序-5**に総括的に示した。まず2009（平成21）年度の欄に注目してほしい。麻生政権は2009（平成21）年度入りをまって，当面の経済危機に対応するため，総額14兆円弱の大型補正予算を編成したが，財源は国債をもってすることとし，当初予算の国債発行額33兆円は44兆円に増額された。当時既に確実と見込まれていた税収減の補正計上は先送りした。

続いて鳩山内閣は2009（平成21）年11月「明日の安心と成長のための緊急経済対策」を閣議決定し，そこで盛り込まれた諸施策は，麻生内閣時に成立した第1次補正予算の見直しにより捻出した財源によることを基本とすることとし，同時に経済縮小に伴う当初予算比10兆円以上の税収減に対処するため，第2次補正予算を編成した。麻生内閣時に既に決定していた44兆円強の国債発行額は，53兆円強にまでふくれ上がり，国の一般会計税収総額が，公債発行総額を下回るという終戦直後の1946（昭和21）年度予算以来の危機的状況に陥った。

翌2010（平成22）年度予算は，麻生自民党内閣で決定した2009（平成21）年度1次補正後，国債発行総額44兆円の枠内で編成するという形で，財政規律をぎりぎり守る方針が設定され，そのため，行政刷新会議の事業仕分けによる成果として，歳出削減1兆円，特別会計や政府系機関に留保されていた積立金等の資金（いわゆる「埋蔵金」）の活用1兆円，合計2兆円を捻出し，子ども手当などの

マニフェスト関連経費を含む歳出需要に応じることとして編成された。それでも国債発行総額が税収を上回る状況は継続しており，一般政府の財政収支はGDP比対比で8％の赤字を引き続き示し，国，地方を通じる債務残高の対GDP比率も上昇を続け，OECDベース（暦年）では200％に近づくという危機的状況は継続したのである。さらにIMFの長期的な予測によれば，2015年には250％に達するとし，BISによれば，2020年300％，2040年600％という破滅的状況になるという。OECDが公表する先進各国の財政状況の比較を，**表序 - 6**，**表序 - 7**に示す。日本の財政が先進国内では圧倒的に不健全であることが読みとれる。

　2010（平成22）年2月，財務省は，「平成22年度予算の後年度歳出・歳入への影響試算」を発表した（**表序 - 8**）。これは2010（平成22）年度予算で前提とした歳出面での各種制度や税制などの歳入面での制度をそのまま適用するとした場合の財政の姿を2013（平成25）年度まで試算したものである。この試算によると，歳出需要と税収等の歳入の差額は2010（平成22）年度の44.3兆円から年をおって拡大し，将来にわたって発散してゆく姿が示されている。税収総額を上回る国債発行が必要という状況にも全く改善のきざしはない。しかも注意すべきは，この試算は2010（平成22）年度の制度を前提として歳出需要を算定しており，民主党マニフェストの積み残し分，例えば「子ども手当」の残り半分や，農家の戸別所得補償制度の米以外の農産物・畜産物，漁業への拡大，年金制度の改革，高速道路無料化の拡大などの措置による歳出増は含まれていないのである。

　麻生内閣の下で策定された「中福祉・中負担」の実現ビジョンを組み込んだ「中期税制プログラム」や基礎的財政収支の赤字解消，国，地方の債務負担のGDP比の収斂の姿も，試算の前提となる諸条件が大きく変わってしまったと言わざるを得ない[6]。米国発金融混乱が財政力の極めてぜい弱なわが国にもたら

---

[6] 例えば麻生内閣時の将来シミュレーションの前提と，2009（平成21）年度，2010（平成22）年度の財政状況を対比すると次のとおりである。

	シミュレーション前提		現在時点の状況
基礎的財政収支	2009.1　現在	2009.6　現在	2010.4　現在
2008（年度）	△17.3（兆円）	△19.6（兆円）	△16.1（兆円）
2009	△21.6	△38.8	△40.6
2010	△20.5	△28.6	△33.5

した深刻な影響と，民主党新政権のマニフェスト重視，将来ビジョンの欠如という財政運営がもたらした結果は，危機的としか言いようがないのである。

2010（平成22）年6月，鳩山内閣は，沖縄普天間基地を巡る諸問題の処理や，政治資金の問題などを原因とする支持率の低下を前にして総辞職を余儀なくされた。鳩山内閣が処理できなかった上記の諸問題は民主党菅直人新政権に引き継がれたが，これらの問題に加えて，わが国の経済，社会の将来の方向を左右する重要な政治課題が山積している。すなわち，

(1) 環境，医療，介護，科学技術などの分野で将来性のある成長戦略をビジョンとして打ち出し，国民の力を結集する。
(2) 上記の重要な一環として，福祉システムの機能不全を修正し，国民の安全，安心，公平などの潜在的要請に応じる。
(3) 上記2点を実現するための絶対条件として，国，地方を通じる財政の健全化と財政力の確保を実現する。
(4) そのための中期財政フレームを策定し，歳出，歳入の具体的な道筋を示す。
(5) 上記各政治課題の検討を踏まえた新しい選挙用マニフェストを国民に示し，支持を求める。

これらの政治課題は，2010（平成22）年7月の参議院選挙に向けて鋭意検討が行われ，一応の結論は発表されてはいるが，なお，具体的な内容は乏しいと言わざるを得ない。財政状況の悪化をここまで放置してきたツケが，今，国民の誰もが認識できる状況にまで立ち至っているのであり，今こそ，将来にわたる長期ビジョンの上に立って，次世代，次々世代の人々に誇るに足る日本を引き継ぐため，現世代の人々の最善の努力が求められるのであり，その方向に国

↘ 長期債務残高GDP比
2008（年度）	147%	147%	156%
2009	150	163	174
2010	152	170	181

※ 2010（平成22）年度の基礎的財政収支の△33.5兆円という水準は，消費税1％当たり約2.5兆円の税収増になるという事実を単純に当てはめると，実に消費税率約14％に相当する。

表序-5 危機的財政状況

		2008年度決算	2009年度当初	2009年度第1次補正後予算	2009年度第2次補正後予算	備考	2010年度当初	備考
歳入	税収	(億円)442,673	(億円)461,030	(億円)461,030	368,610	所得税収 13兆円を下回る。1982年の12.8兆円以来27年ぶり低水準 法人税収 前年比 60%以上の減	(億円)373,960	[行政刷新会議事業仕分け] 歳出削減 約1兆円 歳入確保 約1兆円 当初予算としては過去最大 自民党政権下の2009年第1次補正後とほぼ同額に抑制。
	税外収入	117,729	91,510	122,576	122,422		106,002	
	公債金	331,680	332,940	441,130	534,550	税収が公債金を下回るのは1946年度以来。	443,030	
	合計	892,082	885,480	1,024,736	1,025,582		922,992	
歳出	国債費	191,665	202,437	202,437	192,515		206,491	
	地方交付税等	156,792	165,733	165,733	165,733	[第2次補正] 明日の安心と成長のための緊急経済対策 既定経費の節減 △73,411 うち第1次補正執行停止 △26,969 その他の経費 2,274	174,777	[マニフェスト関連] 子ども手当国負担 17,465億円 月額 13,000円 高校実質無償化 3,933億円 農業戸別所得補償 5,618億円
	一般歳出	498,517	517,310	656,566	667,334	72,013	534,542	
	うち社会保障関係費	225,617	248,344	288,069			272,686	
	合計	846,974	885,480	1,024,736	1,025,582		922,992	
その他参考	公債依存度	39.2%	37.6%		52.1%	{小渕内閣1999年度 42.1% 過去最大2003年度 42.9} 37.4%	48.0%	
	一般会計プライマリー・バランス	(億円)△140,015	(億円)△130,503		(億円)△342,035	1946年度	(億円)△236,539	IMF予測 2015年予測 250% BIS予測 2020 300% 2040 600% スイスの経営開発国際研究所(IMD) 60%に収束 2084年
	公債残高	(兆円)546		(兆円)592	(兆円)601		(兆円)637	
	対GDP比	110%		127%	127%		134%	
	国及び地方の長期債務残高	(兆円)770		(兆円)816	(兆円)825	1992年度 301兆円の2.7倍	(兆円)862	
	対GDP比	(172.1)% 156		172%	(189.3)% 174		(197.2)% 181	
係数	一般政府財政収支GDP比	(△4.0)%			(△8.3)%		(△8.0)%	
	政府部門プライマリー・バランス	(兆円)△16.1		(兆円)△40.6			(兆円)△33.5	

注:( )内はOECD暦年ベース。
出所:筆者作成。

序　章　どこへ行くのか，わが国の経済・社会

表序 − 6　財政収支の国際比較（対 GDP 比）

暦　年	1995	1996	1997	1998	1999	2000	2001	2002
日　本	△6.7	△6.9	△5.8	△7.2	△8.5	△8.2	△6.5	△7.9
米　国	△4.1	△3.2	△1.9	△0.9	△0.7	1.9	△2.2	△5.5
英　国	△5.8	△4.2	△2.2	△0.1	0.9	3.7	0.6	△2.0
ドイツ	△9.7	△3.3	△2.6	△2.2	△1.5	1.3	△2.8	△3.6
フランス	△5.5	△4.0	△3.3	△2.6	△1.8	△1.5	△1.6	△3.2
イタリア	△7.4	△7.0	△2.7	△3.1	△1.8	△0.9	△3.1	△3.0
カナダ	△5.3	△2.8	0.2	0.1	1.6	2.9	0.7	0.1

暦　年	2003	2004	2005	2006	2007	2008	2009	2010
日　本	△8.0	△6.6	△5.2	△3.5	△3.0	△4.0	△8.3	△8.0
米　国	△6.3	△5.8	△4.6	△3.6	△4.2	△7.7	△12.2	△11.6
英　国	△3.7	△3.6	△3.3	△2.7	△2.7	△5.3	△12.6	△13.3
ドイツ	△4.0	△3.8	△3.3	△1.6	0.2	0.0	△3.2	△5.3
フランス	△4.1	△3.6	△3.0	△2.3	△2.7	△3.4	△8.2	△8.6
イタリア	△3.5	△3.6	△4.4	△3.3	△1.5	△2.7	△5.5	△5.4
カナダ	△0.1	0.9	1.5	1.6	1.6	3.1	△4.8	△5.2

※数値は一般政府ベース。ただし，日本及び米国は社会保障基金を除いた値。
　仮にこれらを含めれば，以下のとおり。

暦　年	1995	1996	1997	1998	1999	2000	2001	2002
日　本	△4.7	△5.1	△4.0	△5.8	△7.4	△7.6	△6.3	△8.0
米　国	△3.3	△2.3	△0.9	0.3	0.7	1.5	0.6	△4.0

暦　年	2003	2004	2005	2006	2007	2008	2009	2010
日　本	△7.9	△6.2	△4.8	△3.4	△3.1	△4.4	△9.1	△9.1
米　国	△5.0	△4.4	△3.3	△2.2	△2.8	△6.5	△11.2	△10.7

注：(1)　本資料は OECD "Economic Outlook 86" による2009年12月時点のデータを用いており，2010年度予算（政府案）の内容を反映しているものではない。
　　(2)　日本の財政収支については，単年度限りの特殊要因を除いた数値。
出所：OECD "Economic Outlook 86"（2009年12月）。

表序 - 7　債務残高の国際比較（対 GDP 比）

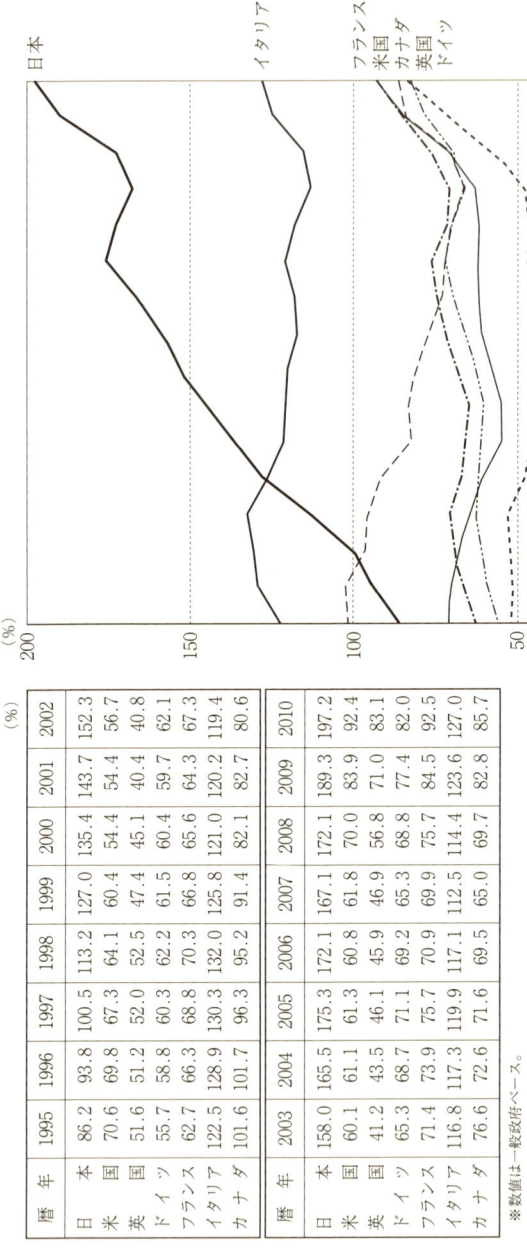

暦　年	1995	1996	1997	1998	1999	2000	2001	2002
日　本	86.2	93.8	100.5	113.2	127.0	135.4	143.7	152.3
米　国	70.6	69.8	67.3	64.1	60.4	54.4	54.4	56.7
英　国	51.6	51.2	52.0	52.5	47.4	45.1	40.4	40.8
ドイツ	55.7	58.8	60.3	62.2	61.5	60.4	59.7	62.1
フランス	62.7	66.3	68.8	70.3	66.8	65.6	64.3	67.3
イタリア	122.5	128.9	130.3	132.0	125.8	121.0	120.2	119.4
カナダ	101.6	101.7	96.3	95.2	91.4	82.1	82.7	80.6

暦　年	2003	2004	2005	2006	2007	2008	2009	2010
日　本	158.0	165.5	175.3	172.1	167.1	172.1	189.3	197.2
米　国	60.1	61.1	61.3	60.8	61.8	70.0	83.9	92.4
英　国	41.2	43.5	46.1	45.9	46.9	56.8	71.0	83.1
ドイツ	65.3	68.7	71.1	69.2	65.3	68.8	77.4	82.0
フランス	71.4	73.9	75.7	70.9	69.9	75.7	84.5	92.5
イタリア	116.8	117.3	119.9	117.1	112.5	114.4	123.6	127.0
カナダ	76.6	72.6	71.6	69.5	65.0	69.7	82.8	85.7

※数値は一般政府ベース。

注：本資料はOECD "Economic Outlook 86" による2009年12月時点のデータを用いており，2010年度予算（政府案）の内容を反映しているものではない。

出所：OECD "Economic Outlook 86" (2009年12月)。

序　章　どこへ行くのか，わが国の経済・社会

表序-8　平成22年度予算の後年度歳出・歳入への影響試算

　本試算は，一定の経済前提を仮置きした上で，平成22（2010）年度予算における制度・施策を前提とした後年度負担額推計等に基づき，平成22年度予算が平成25（2013）年度までの歳出・歳入に与える影響を機械的に試算したものであり，平成23（2011）年度以降に実施の可能性がある新規施策については加味していない。

[試算]　　　　　　　　　　　　　　　　　　　　（　）書きは対前年度伸率　（単位：兆円）

		21年度 (2009年度)	22年度 (2010年度)	23年度 (2011年度)	24年度 (2012年度)	25年度 (2013年度)
歳出	国債費	20.2	(2.0%) 20.6	(9.3%) 22.6	(10.9%) 25.0	(11.4%) 27.9
	地方交付税等	16.6	(5.5%) 17.5	(△1.7%) 17.2	(△1.6%) 16.9	(0.1%) 16.9
	一般歳出	51.7	(3.3%) 53.5	(1.3%) 54.1	(0.1%) 54.2	(2.4%) 55.5
	社会保障関係費	24.8	(9.8%) 27.3	(4.7%) 28.5	(2.7%) 29.3	(4.1%) 30.5
	公共事業関係費	7.1	(△18.3%) 5.8	(△0.8%) 5.7	(△0.9%) 5.7	(△0.0%) 5.7
	その他	19.8	(3.0%) 20.4	(△2.6%) 19.9	(△3.4%) 19.2	(0.5%) 19.3
	決算調整資金繰戻	―	0.7	―	―	―
	計	88.5	(4.2%) 92.3	(1.7%) 93.9	(2.4%) 96.1	(4.4%) 100.3
税収等	税収	46.1	(△18.9%) 37.4	(3.6%) 38.7	(2.4%) 39.7	(2.7%) 40.7
	その他収入	9.2	(15.8%) 10.6	(△63.2%) 3.9	(8.8%) 4.2	(△0.2%) 4.2
	計	55.3	(△13.1%) 48.0	(△11.1%) 42.6	(2.9%) 43.9	(2.5%) 45.0
差額		33.3	(33.1%) 44.3	(15.7%) 51.3	(1.9%) 52.2	(6.0%) 55.3

注：(1) 平成21（2009）年度は当初予算額。
　　(2) 「差額」は，「歳出」の計から「税収」及び「その他収入」の計を単純に差し引いた額である。
　　(3) 基礎年金国庫負担割合の2分の1への引上げに伴う歳出増加額見合い分については，平成23（2011）年度以降の財源が未定であることから，試算上「税収等」に加算せず，「差額」に含めている（23年度2.5兆円，24年度2.6兆円，25年度2.8兆円）。
　　(4) 本試算は将来の予算編成を拘束するものではなく，計数は試算の前提等に応じ変化するものである。
出所：財務省（平成22年2月）。

民とともに信念を持って歩む政治が必要である。

　序章としては長大にすぎる論稿であることは承知の上で，筆者が持つ危機感の求めるままに，わが国の置かれた現況を記してみた。その背景には，筆者自身が1997（平成9）年から2000（平成12）年までの3年間，大使として高福祉高負担国家スウェーデンに駐在した時の忘れ難い強烈な印象がある。

　2000（平成12）年10月末に帰国を命じられるまでの3年余り，この北欧の美しい国に滞在するという稀有の経験を通じて世界の先進諸国の間で極めて有名となっているスウェーデン型経済モデル，高福祉高負担システムの実態に政治，経済，生活，文化等あらゆる面で身をもって体験し，わが国一般の常識となっている反高負担の主張がこの国では全く適用されないことに強い驚きとともに深く印象づけられることとなった。

　わが国の反高負担の常識は簡単に言えば，次のようにまとめることができる。

　まず第1に，世界先進国でも1，2を争う高い国民負担（租税及び社会保険料負担）は手厚い高福祉の提供と教育全般にわたる高率の公共負担を伴うものではあっても，経済活動面において雇用面で著しいコスト増をもたらし，産業全般にわたり国際競争力の弱体化をもたらす。とりわけ，製造業については，国内での生産活動は国際競争上成り立たず，低い労働コストと低い国民負担を持つ地域，国家への生産拠点移転を促進することになる（わが国ではこの現象は産業空洞化という一見，極めてわかりやすい用語で語られる）。このことは国内における効率的な生産への努力を困難にすることにより，国内での技術進歩の種をつむことにもなり，さらに国際競争力を弱体化するというマイナスのスパイラルをもたらすであろう。

　第2に，就労者側から見てもあまりにも手厚い福祉施策は厳しい労働への嫌悪感を増進させ，自己研鑽の意欲を減退させるという無視できぬ現象を生み出す（この現象は就労者側からのモラルハザードというこれまた一見，極めてわかりやすい用語で呼ばれる）。

　第3に，あまりの高負担に耐えかねた有為の人材，特に高稼得能力と高い資

産を持つ人材の国外逃避をもたらし、この面からも一国の経済力、技術力、競争力の減退をもたらすであろう。

　読者はこの3点の主張をどうお考えだろうか。筆者自身、スウェーデン滞在により、この国の実態に触れるまでは、これらの主張にも一面の真実を含んでいるのではないかと漠然と考えていた。しかし、現実のスウェーデンではこのような現象は全く実現していないということは、最も基本的な経済統計を一覧して見るだけで明らかである。先進諸国内でも有数の高成長を実現し国際競争力の強さは世界でも有数であることは自他ともに許すところであり、わが国の状況とはあまりにも大きな差がある。国民もまた、著しく高率の負担を当然のこととして受け入れ、そのことへの反発はほとんど認められない。このことは高負担の「甘受」という用語では説明できない。むしろ、喜んで受け入れていると言うべきであろう。

　この現象は一体、どう説明すべきなのだろうか。

　より具体的に言えば、第1に高福祉高負担システムは経済の成長を阻害するというようなことは起こらず、むしろ逆に、成長を促進するのはなぜだろうか。

　第2に、高福祉高負担システムは、いかなるメカニズムの下で、経済的に高度に発達した社会ほど、ややもすると陥り易い各般の「格差の拡大」を押し留め、さらには縮小し、公平公正な社会を実現してゆくのだろうか。

　そして第3に、高福祉高負担システムはいかなるメカニズムの下で中央と地方、都市と農林業地域の経済力の拡大を押し留め、縮小し、先進諸国の見果てぬ夢——国土の均衡ある発展という夢——に近づいてゆくのだろうか。

　以上、3点の問題提起に対して、何らかの形で理論的説明が可能であればそのことを通じて、以上3点の解決に難渋している社会、特にわが国にとって改善に向けての政策への何らかのヒントが得られるのではないか。この際、高福祉高負担システムを基盤とする福祉国家の成長戦略、各般の格差是正戦略、そして安全、安心、公平な社会へ向けての人間中心の戦略を真剣に分析することは、危機的状況に置かれたわが国の将来戦略を検討する上で、大いに参考となるのではないか。筆者はそう考えたのである。

本書は以上のような問題意識に立つ論稿であり，ここに提起した3つの問題に対する高福祉高負担システムの機能の理論的説明の第一歩を示そうとするものである。その際，考察の出発点はスウェーデンと言えども，経済発展の初期の段階から高福祉高負担システムを持っていたわけではないという極めて当たり前の事実から始める必要がある。すなわち，ごく普通の貧しい北欧の農業国家から，一歩一歩，経済的発展を実現してゆく過程で繰り返し繰り返し国民の公共面での負担増（増税，社会保険料の増加）を求めてゆくのである。現実に実現した高福祉高負担システムのいわば静態的（スタティック）な分析では3つの問題提起への解答を見出すことは困難であり国民負担増のプロセスの分析――動態的（ダイナミック）なアナリシス――を通じて初めて問題への解答のヒントが得られるのである。

第Ⅰ部
高福祉高負担という国家戦略
―― 福祉国家スウェーデンはなぜ元気なのか ――

第1章
福祉国家における成長促進効果

第1節　高福祉高負担システムへの着手と展開

　まず，主要な先進国における税（国税と地方税）及び社会保険負担の合計額（国民負担額）がGDPに対して占める割合（国民負担率）を示すと**表Ⅰ-1-1**のとおりである。

　この表Ⅰ-1-1を見るとわが国の低さに対して，スウェーデンやドイツ，フランスの高さは際立っている。特にスウェーデンの50％超という高さは信じ難いほどのものであり，減価償却費を含むグロス概念のGDPの代わりに，ネット概念の国民所得に対する国民負担率を見ると70～75％に達する。すなわちこの負担率は所得の実に4分の3に近い額が公共部門に流れ込むことを意味しているのである。これほどの高負担率が，本格的な経済発展が始まる前から存在していたはずはなく，どこかの時点で思い切った増税路線が政策的に採られたと考えるのが自然である。まずスウェーデンを例にとり，その過程を見てその政策の意図した目的を以下に分析してみよう。ダイナミック・アナリシスの始まりである。

第2節　スウェーデンにおける福祉国家形成過程

（1）　戦間期──ハンソン社会民主党内閣の政策

　1932（昭和7）年，この国では，革新政党「社会民主党」の党首ペール・ア

表 I-1-1 税・社会保険料負担の GDP 比（OECD, 2004 年）　（単位：％）

日　本	スウェーデン	米　国	英　国	フランス	ド　イ　ツ	EU 15ヶ国
26.4	50.4	25.5	36.0	48.4	34.7	39.7

注：EU 加盟国は，2004年以降，旧東欧諸国12ヶ国の加盟により，現在27ヶ国であるが，これらの新規加盟国は従来からの加盟国15ヶ国との経済格差が大きいため，これらを除く従来加盟国の集計結果を示した。
出所：OECD: Revenue Statistics, 2006.

　ルヴィン・ハンソン（1885〜1946年）が首相となる。この年は人類の長い歴史の中でも特筆すべき暗い年と言えよう。1929（昭和4）年10月の「暗黒の木曜日」，ニューヨークでの株価の大暴落が発生し，見せかけの繁栄に浮かれていた世界経済に冷水を浴びせ，長く辛い大不況が世界を襲う。1932（昭和7）年，社会生活は崩壊寸前となり，失業率の異常なまでの上昇が見られ，経済はどん底に沈んでいた。そんな時，ドイツではヒトラー率いるナチスが選挙で第一党となり政権掌握の第一歩を印していた。歴史は第2次世界大戦に向かって巨大な歯車が回転し始めていたのである。

　こんな中で内閣を組織したハンソン首相は1946（昭和21）年まで14年間連続して国家を指導し，この過酷な大戦の間，ついに中立を守り通すことに成功する。さらに内政面では社会民主党の基本的な立脚点「弱い人，貧しい人にも人間らしい生活を」という立場を忘れることなく厳しい政治，財政状況の中で後のスウェーデン型福祉国家の基礎となる枠組みを着実に作り出していく。その中でも「女性の機会均等，男女平等，家庭の束縛からの解放」を目指す「家族政策」の枠組みの確立努力は注目に値する。そのための重要な政策として，育児にかかる家庭の負担の一部を社会全体で負担しよう，また子供を持っても夫婦ともに社会に出て働き活動できる環境を整備しようとする「育児の社会化」の枠組み作りに着手するのである。(7)(8)

---

(7)　ハンソン時代に実施された家族政策の枠組み作りの大要を示すと次のとおりである。
　　 1924年　児童福祉法：両親による子供の私物化，酷使や虐待の防止。
　　 1935年　基礎年金法：保険方式を廃止し，賦課方式による年金（全国一律250クローネ／年の給付），補助金増額。
　　 1937年　先払養育手当（児童扶養手当）の限定的導入：養育費立替払制度，母親に対 ↗

第Ⅰ部　高福祉高負担という国家戦略

　当時のスウェーデンは，国力や経済力では未だ貧しい欧州辺境の農業主体の国家であったが，ハンソンの努力は大戦終結後の経済成長の中で見事に実を結んでゆく。福祉国家へ向けての着実な第一歩を大宰相ハンソンは政治生命を賭けて作り出したのである。1946（昭和21）年，ハンソンは退勤途上，心臓ショッ

　　　　　　　　する出産給付制度の導入。
　　　1941年　児童に対する限定的な現物給付制度の導入。
　　　1944年　公的保育施設の制度化，保育所と幼稚園及びホームヘルパーに対する補助金の交付。
　　　1946年　国民年金法成立：賦課方式，均一拠出，均一給付（1,000クローネ／年）。
　　　1948年　児童手当法成立：16歳以下の全ての児童対象。
　　　　　　　住宅庁の設立：低金利住宅ローンと住宅補助金制度（多子家庭に有利な設計であり，家族政策の一環という性格を持つ）の導入。

(8)　注(7)において，ハンソン首相治下の14年間における福祉国家形成の枠組み作りの努力を，家族政策面に主眼点を置いて示したが，より広く観察すると，現時点でスウェーデン型福祉システムの基本的特徴と考えられているいくつかの原則の枠組みが，次のとおり，既に姿を現しつつあることが注目される。

①福祉普遍主義

　年金であれ，医療であれ，その他の福祉サービスであれ，さらには教育サービスの分野であれ，公的部門の介入は，受益者の所得水準，資産保有状況，就業の態様などの状況にかかわりなく原則として一律に行われるシステムを福祉普遍主義と言う。このような考え方をミーンズ・テスト不用のシステムとも言う。受益者側から見ると，各般の福祉教育システムにおける公的部門の介入を受けるに当たり，個人としてその必要性を証明する必要がないことを意味する。

②福祉公的供給主義

　保育，介護，職業訓練などの各般の福祉サービスや教育の分野でのサービスの提供主体は，原則として公的機関とする主義を言う。ハンソンの時代に福祉サービス体系の端緒的仕組みが形成されたが，その提供主体は全て公的機関であった。その後，福祉システムの発展過程を通じて公的主体供給システムの持つ非効率，高コスト体質に対する反省も出てくるが，施設運営の一部または全部の民間主体への委託や，バウチャー制度（受益者にバウチャーを交付し，公営・民営を問わず，受益者の好む施設の利用を認める制度）の導入などにより，競争条件の確保を図り，非効率，高コストを避ける手法が導入されている。それでも，民営の主体の占める割合は，保育，介護，義務教育いずれの分野でもせいぜい10％程度にどどまる。

③平和的協調的労働市場

　ハンソン以前の労働市場は，尖鋭な労働運動と保守的資本家との間のはげしい労働争議が繰り返されていたが，ハンソン首相治下で労使の平和的，協調的な対話の中で解決してゆくシステムの形成が図られた。詳しくは第Ⅱ部に詳説する。

④政治的合意形成システムの形成

　政権保有政治勢力と反対勢力，その他各般の分野を代表する人々との間の対話を重視し，譲歩と妥協の上に立って政治を運営するシステムが作られてゆく。

クに見舞われ急死するが，国民から「最愛の父なる人物」と慕われたのである。

（2）　戦後成長促進期——エランデル社会民主党内閣前期

　欧州主要部をほぼ焦土と化すほどの甚大なダメージを残した第2次世界大戦終結後の1946（昭和21）年，ハンソン首相の急死を受けて若き社民党党首ターゲ・エランデル（1901～1985年）の内閣が成立する。彼は前任のハンソン首相が在任中に残した遺産である公平・公正・機会均等の標語に沿った福祉社会形成への基本的枠組みに血肉をつけるという政策をひとまず棚上げし，市場の自由な活動により経済の自律的成長を図り，経済規模の拡大をまず優先するという政策を採用する。かくして在任14年後の1960（昭和35）年にはこの国の1人当たりGDPはアメリカに次ぐ水準に達し，世界トップクラスの富裕国に変身していたのである。

（3）　福祉国家形成期——エランデル社会民主党内閣後期以降

　この段階での対GDP比国民負担率は，現在のわが国の水準とほぼ同じ27～28％ほどであった。エランデル首相はこの時期を捉えて高い所得水準それ自体が経済社会発展の目標ではありえず，それが国民全般の「豊かさ」の実感と結びつく時，初めて意味を持つと考え，福祉国家形成へのビジョンを国民に提示しつつ，税率4.2％の消費税の導入に踏み切る。

　以後，20年余りにわたって，若干の負担増→福祉水準の引上げ→国民の受益感覚への訴え→若干の負担増→さらなる福祉水準の引上げ，という政策の流れが定着してゆく。その過程を示す図Ⅰ-1-1をじっくりご覧願いたい。これは，現在の感覚で言えば，増税路線に他ならずその主役は1960（昭和35）年に4.2％の税率で導入された消費税（後に近代的な付加価値税に改組）と，1960（昭和35）年に14％弱の税率であった県（ランスティング）と市町村（コミューン）の住民税であった。20年余り経過した1983（昭和58）年，付加価値税率は23.46％に達し，住民税率は30％の大台を超える。増税の主役2税の活躍により，対GDP比国民負担率は50％の大台を超え，ほぼ現在の水準に到達したのである。

第Ⅰ部　高福祉高負担という国家戦略

図Ⅰ-1-1　高福祉

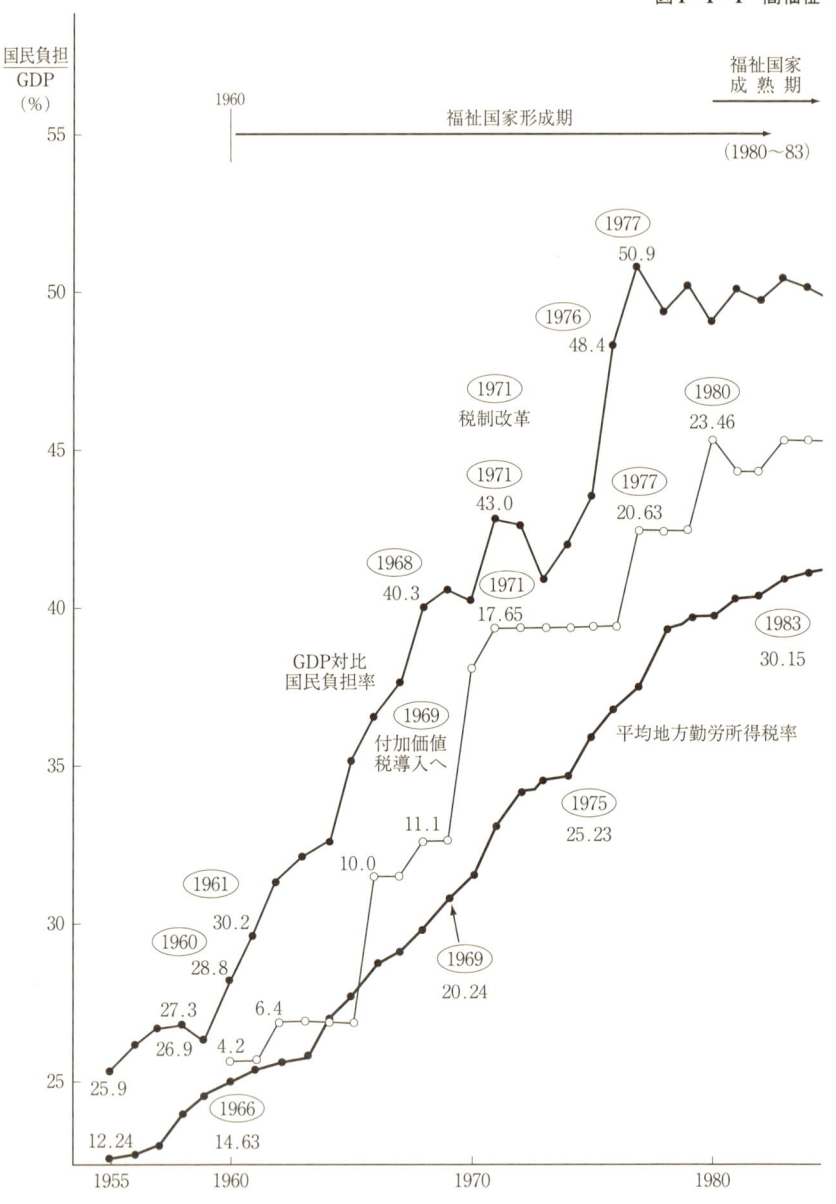

福祉国家成熟期

福祉国家形成期
（1980～83）

国民負担/GDP（％）

1977　50.9
1976　48.4
1971　税制改革
1971　43.0
1980　23.46
1968　40.3
1977　20.63
1971　17.65
GDP対比国民負担率
1969　付加価値税導入へ
1983　30.15
1975　25.23
1961　30.2
1960　28.8
1969　20.24
1960　27.3
26.9
6.4
平均地方勤労所得税率
25.9
4.2
12.24
1966　14.63
11.1
10.0

出所：筆者作成。

30

第1章 福祉国家における成長促進効果

高負担社会への道

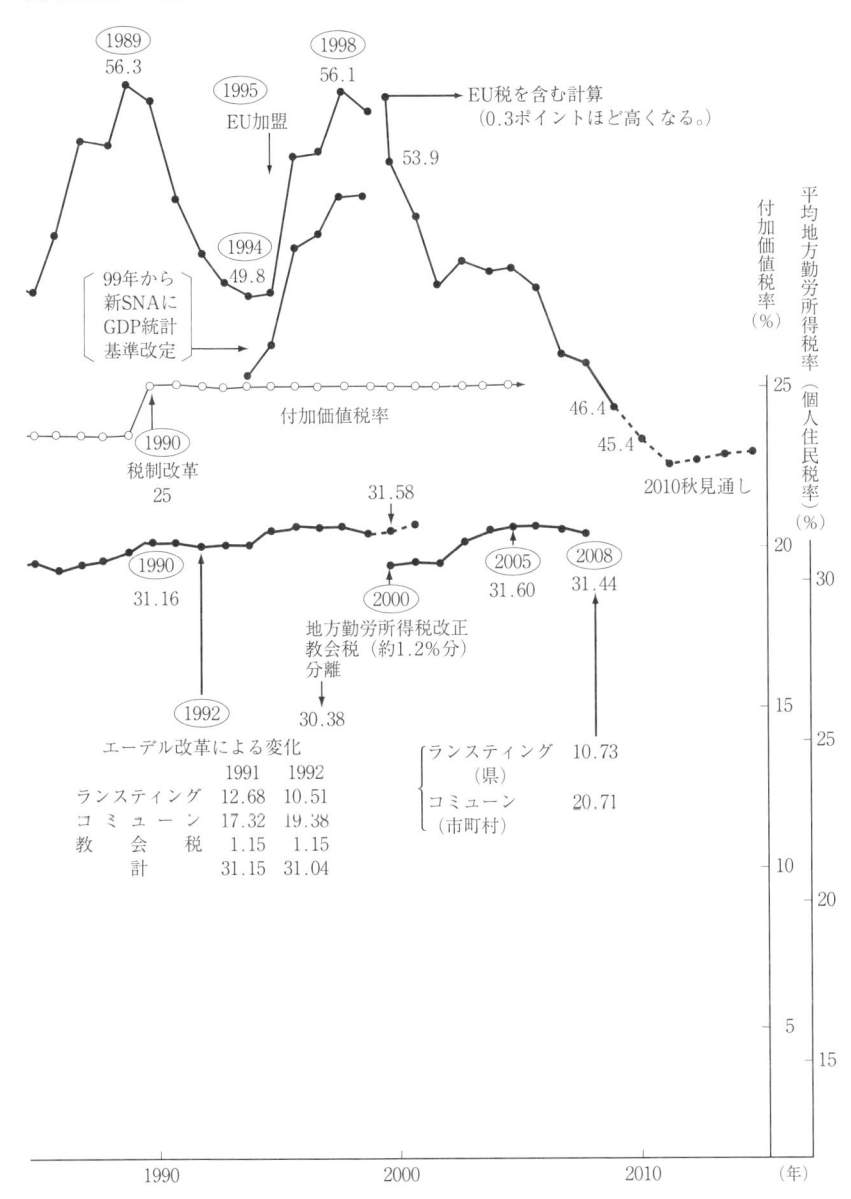

- 1989　56.3
- 1995　EU加盟
- 1998　56.1
- EU税を含む計算（0.3ポイントほど高くなる。）
- 53.9
- 1994　49.8
- 99年から新SNAにGDP統計基準改定
- 付加価値税率
- 46.4
- 45.4
- 2010秋見通し
- 1990　税制改革　25
- 1990　31.16
- 31.58
- 2000
- 2005　31.60
- 2008　31.44
- 地方勤労所得税改正　教会税（約1.2%分）分離
- 30.38
- 1992　エーデル改革による変化

	1991	1992
ランスティング	12.68	10.51
コミューン	17.32	19.38
教会税	1.15	1.15
計	31.15	31.04

- ランスティング（県）　10.73
- コミューン（市町村）　20.71

付加価値税率 (%)

平均地方勤労所得税率（個人住民税率）(%)

第Ⅰ部　高福祉高負担という国家戦略

　福祉国家形成ビジョンの下での増税路線を主導したエランデル首相は，実に在任連続23年という華やかな記録を残して1969（昭和44）年に退任する。後継のパルメ首相もこの路線を忠実に継承する。1932（昭和7）年のハンソン内閣成立に始まる社民党政権は結局，1976（昭和51）年に石油ショック後の経済不況下で中道右派政権が成立するまで，実に44年間にわたる長期間，政権与党として，高福祉高負担国家の形成に成功し，その間，国民の支持を受け続けたのである。エランデル首相は合意形成型の穏健な政治手法をスウェーデン政治過程に定着させ，スウェーデン型福祉国家形成の祖として，国民より「スウェーデン国民の父」とまで尊敬される大政治家となったのである[9]。

　このような増税路線は，長期ビジョンの下で，経済的弱者の味方という明確なメッセージを伴うものであったとしても，やはり負担増は国民の抵抗を受けないはずがない。特に増税の主役を務めた付加価値税と住民税はいずれも基本的に所得比例であり，累進性はほとんどなく，高負担はもっぱら高所得者によって担われているのではないかという，わが国の一部にある推測はここでも通用しない。それでも社民党の路線を国民が受け入れた背景として指摘すべき点は，政策実現過程における漸進主義である。国民負担をほぼ倍に引き上げ，極めて高水準の福祉システムを実現するまで，20年余りを要している。その過程で負担増に伴う，福祉水準引上げの受益感覚を着実に引き出してゆくのである。

　このことは，もう1つ，国民の負担増の進行に対し，経済，社会，特に各産

---

(9)　ターゲ・エランデル首相は，1969（昭和44）年，23年間の首相在位という記録を残して，充分に余力を持ちつつ退任するが，彼は，その余力を注入すべき新しい課題を持っていた。地球という，全ての生物に豊かな恵みをもたらすこの奇跡的な宇宙の「環境の保全」という永遠の課題への献身である。1972（昭和47）年に，国連地球環境委員会のストックホルム誘致を実現し，世界のトップリーダー達にこの問題の重要性を認識してもらう任務に没頭するのである。
　1970（昭和45）年，30歳になったばかりの筆者は，外務省の組織した人間環境調査団（団長・村上孝太郎前大蔵事務次官）の最年少メンバーとして団員となり，ストックホルムを訪問し，団長やその他の団員とともにエランデル前首相との会談に立ち会った。東方の小国日本からの使節団を前にして，エランデル氏は精魂込めて地球環境問題の持つ重要性を力説し，団員達がビジョン政治家の名に恥じない迫力に圧倒された記憶は今も心にしみついている。

表 I-1-2　先進主要国における公共部門の支出と国民負担対 GDP 比（2004年）

(単位：％)

	スウェーデン	フランス	ドイツ	英国	米国	日本
税及び社会保険料負担	50.4	48.4	34.7	36.0	25.5	26.4
公共部門財政赤字	(+)1.0	3.6	3.8	3.7	5.5	6.6
計　潜在的国民負担率	49.4	52.0	38.5	39.7	31.0	33.0
公共部門の支出						
社会保障給付費	31.9	29.1	28.4	21.4	16.6	18.6
教育費公的負担	6.2	5.8	4.2	5.0	5.0	3.4
その他の支出	11.3	17.1	5.9	13.3	9.4	11.0

注：正確に言えば、「その他の支出」欄は、社会保障給付費及び教育費公的支出を除くすべての公共部門の支出から公共部門の雑収入を控除したものの対 GDP 比率を示している。
出所：OECD 調査。

業におけるコスト増への着実な対応を可能にしたことも着目する必要がある。

　さらにこの漸進主義的増税路線を可能とした背景としてこの国における財政赤字への強い回避傾向を指摘しなければならない。スウェーデン国民の感覚では財政赤字は、本来、現在の世代が負担すべき公的費用を「理由もなく」次世代以降に先送りするものであり、極めて無責任と考えるのである（この考え方はスウェーデンだけではなく、多かれ少なかれ西欧先進諸国に共通するものであり、EU のユーロ参加条件が国、地方を通じる財政赤字を GDP 比 3％以内、累積赤字の総額を GDP 比60％以内に抑制しようとする政策に端的に現れている）。エランデル首相がビジョン付き増税路線に舵を切った時、この国の財政は国、地方を通じて健全であり、赤字累積もほとんどなかったのである。このような条件の下で増税と国民の受益感覚を結び付ける政策が有効に機能したと言える。

　図 I-1-1 に示すような20年間近くに及ぶ漸進主義的増税路線のもたらした財政の姿を主要先進国と比較すると表 I-1-2 のような結果が得られる。スウェーデンやフランスのような典型的な高負担国家は、高い負担に見合って社会保障給付費及び教育費公的負担が極めて高水準であり、高負担を国民の受益感覚に有効に結び付けている姿を見てとれよう。また、スウェーデンの漸進主義的増税路線約20年間の国民負担と社会保障給付費の変化を簡易化して示すと表 I-1-3 のようになる。

表 I-1-3　国民負担と社会保障給付費の変化

	1950年代末 → 1980年代初頭
税及び社会保険料のGDP比	26〜27% → 50%
付加価値税率（1960年，税率4.2%で導入）	0 → 23.46%
県（ランスティング）と市町村（コミューン）の平均住民税率	14%台 → 30%台

＊このような負担増はそのまま社会保障給付費に反映してゆく。

	1960年 → 1980年 → 2003年
社会保障給付費のGDP比	10.9% → 31.9% → 31.9%
（参考）　日本の場合	4.9% → 10.8% → 18.6%

＊社会保障給付費の増加は家族政策，老人介護政策，労働市場対策などの充実をもたらす。中でも家族関係社会支出の高水準に直結して行く。
出所：筆者作成。

（4）　先進福祉国家における公的支出内容の概観

先に，福祉国家形成過程における政策意図とその実現のための政策努力をスウェーデンを例にとって示してきたが，次に福祉国家における家族政策の充実とその効果について考察してゆきたい。それでは，そのように形成された福祉国家における福祉関係の公的支出の内容はどうなっているのか，その姿の概略は図 I-1-2のとおりである。スウェーデンと日本の社会保障給付費水準の大きな差は，医療，年金ではなく，「福祉その他」の水準の差でほとんど説明できることに注目してほしい。その他の福祉支出とは，介護や児童保育などのサービス，職業訓練などの再チャレンジ関係の支出及び生活保護が主であり，この面でのスウェーデンと日本の差は実に4.4倍に及ぶのである。次に，この「福祉その他」のうち，家族関係社会支出だけを取り出して比較してみると図 I-1-3のようになる。スウェーデンと日本の両国について見ると，スウェーデンの3.54％に対し，わが国は0.75％に過ぎず，その差は実に4.7倍にも達する。この国の家族政策に教育費の公的負担を含めた施策の内容は2本の柱から成り立っている。第1の柱は，育児に伴う直接コストの一部を社会全体で担うための家族手当の充実，子弟の教育のためのコストの大部分の公的負担であり，第2の柱は，子供を持っても夫婦そろって社会に進出し仕事を継続できる環境を整備するための育児休暇制度の確立と，保育や幼児教育の施設の設備と保育料など

第1章 福祉国家における成長促進効果

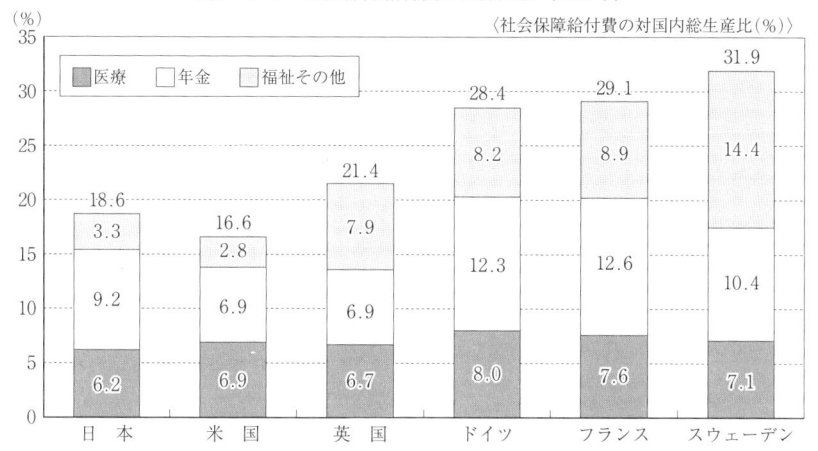

図Ⅰ-1-2 社会保障給付費の国際比較（2003年）

〈社会保障給付費の対国内総生産比（%）〉

■医療　□年金　□福祉その他

国	医療	年金	福祉その他	合計
日本	6.2	9.2	3.3	18.6
米国	6.9	6.9	2.8	16.6
英国	6.7	6.9	7.9	21.4
ドイツ	8.0	12.3	8.2	28.4
フランス	7.6	12.6	8.9	29.1
スウェーデン	7.1	10.4	14.4	31.9

注：社会保障給付費のGDP比を見ると，日本はヨーロッパの国々よりも低く，アメリカより高い。なお，同資料によると「イタリア」は26.0%である。

出所：OECD: Social Expenditure Database (2007) 等に基づき，厚生労働省政策統括官付社会保障担当参事官室で算出。

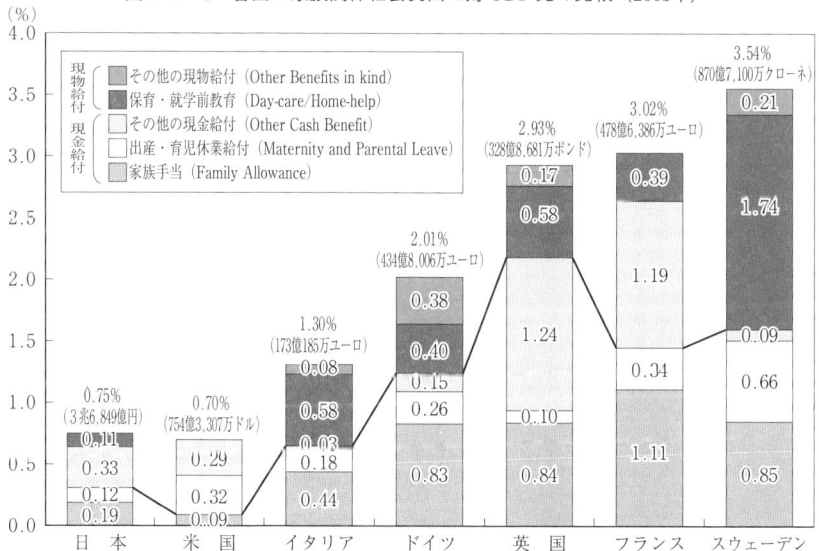

図Ⅰ-1-3 各国の家族関係社会支出の対GDP比の比較（2003年）

現物給付
- その他の現物給付（Other Benefits in kind）
- 保育・就学前教育（Day-care/Home-help）

現金給付
- その他の現金給付（Other Cash Benefit）
- 出産・育児休業給付（Maternity and Parental Leave）
- 家族手当（Family Allowance）

国	家族手当	出産・育児休業給付	その他の現金給付	保育・就学前教育	その他の現物給付	合計
日本	0.19	0.12	0.33		0.11	0.75%（3兆6,849億円）
米国	0.09		0.32	0.29		0.70%（754億3,307万ドル）
イタリア	0.44	0.18	0.03	0.58	0.08	1.30%（173億185万ユーロ）
ドイツ	0.83		0.26	0.40	0.15 0.38	2.01%（434億8,006万ユーロ）
英国	0.84	0.10	1.24	0.58	0.17	2.93%（328億8,681万ポンド）
フランス	1.11	0.34	1.19	0.39		3.02%（478億6,386万ユーロ）
スウェーデン	0.85	0.66	0.09	1.74	0.21	3.54%（870億7,100万クローネ）

出所：OECD: Social Expenditure Database (2007)（日本のGDPについては内閣府経済社会総合研究所「国民経済計算（長期時系列）」）による。

の大部分の公費負担，この2つである。そのため，GDPの3.54％という高率の家族政策公費負担と教育費のGDPの6.2％という高水準の公的負担が投入され，一般市民は，この負担を受け入れたのである。家族政策の2つの体系のうち，特に重要なのは，第2の柱であり，家族政策に投入される公費のGDP比3.54％のうち，70％近くの2.40％がこの分野に充てられている。

（5） スウェーデンの家族政策概観

保育所サービスの充実に関しては，エランデル首相の増税路線に対応して，次の3項目について改善・充実が漸進的に進んだ。

まず第1は，言うまでもなく，保育所施設そのものの漸進的整備である。まず，各種の保育所や幼稚園の施設の整備を進め，1975（昭和50）年には全日制，定時制等の各種保育所と幼稚園を「就学前児童プレスクール」として統一的に取り扱う措置が採られた。幼児教育と保育とを一体化して「エデュケア」として取り扱う措置を世界的にも早期に採用したのである。翌1976（昭和51）年には児童保育法が施行され，7～12歳の学齢児童の学童保育を行う余暇センターの設置を地方自治体（市町村：スウェーデンではコミューンと呼ばれる）に義務づける措置が採られた。就学前学校と余暇センターについて，スウェーデン全土で，わが国で言う「待機児童」がほぼ解消するのは1990年代半ばまでかかったのである。このような状況を受けて，1995（平成7）年には「社会サービス法」が改正され，両親が就労または就学している1～12歳の児童について保護者の要請があれば，コミューンは保育の場の提供を保証することを義務づけた。さらに，1996（平成8）～1998（平成10）年にかけて保育行政全般の所管法を社会サービス法から学校法に移し，所管官庁も社会省から教育省に移す措置が採られている。

第2に，就学前学校や余暇センターで提供されるサービス・レベルの向上と，担当保育士の確保及び能力向上の努力が行われる。

そして第3に，就学前学校や余暇センターを利用する児童の保護者にかかる負担の大幅軽減である。スウェーデンではこの種の公共サービスの提供に関し

表 I-1-4 保育費に関する保護者負担の世帯所得に対する割合

| 1990年 | 約 10% | 1997年 | 約 16% | 2000年 | 約 19% |

注：筆者が大使在任中、口頭で聴取した数字であり、やや正確性に欠ける恐れがある。

表 I-1-5 児童向け学校及び保育所の料金設定（料金の上限）

(2004年1月以降)

子供の数	未就学児童向け学校及び保育所（就学前学校）		導入時	就学児童向け学校及び保育所（学童保育）	
	月額料金(所得比)	月額最高額		月額料金(所得比)	月額最高額
1 人目	3 %	1,260クローネ（約16,380円）	1,140	2 %	840クローネ（約10,920円）
2 人目	2 %	840クローネ（約10,920円）	760	1 %	420クローネ（約 5,460円）
3 人目以降	1 %	420クローネ（約 5,460円）	420	1 %	420クローネ（約 5,460円）

注：現在3，4，5歳児は1日3〜5時間は無料（国の方針は年間525時間、1日約3時間であるが、自治体〔コミューン〕によっては、4，5時間無料とするところもある）。
出所：医療経済研究機構『スウェーデンの医療保障制度に関する調査研究』(2008年版)より筆者作成。
1クローネ=13円として計算。

ては，いわゆる「福祉公的供給主義」が原則であり，コミューン財源の大幅投入により保護者負担を低廉に保つことはコミューンに財政力さえあれば制度的には可能であったが，1990年代に入ってバブル景気崩壊後の厳しい景気後退の下でコミューン財政も逼迫し，保護者負担の増加が観察された（表 I-1-4）。

このような状況を受けて政府は2002（平成14）年1月，保育料の上限制（マックス・タクサ方式と呼ばれる）を導入した（表 I-1-5）。導入直後は，コミューンの任意採用であったが，2003（平成15）年には全コミューンで導入され，2004（平成16）年には若干の引上げが行われた。

児童1人を朝から夕方まで1日平均11時間，週5日間保育するのに要する経費は，施設費の償却費，人件費，各種経費の合計で約10,000クローネ／月と言われ，保護者負担は，概ねその5％程度にとどまると考えられ，著しく低所得の階層に属する世帯でも複数の子供を持って就業を継続できる水準であることがわかる。

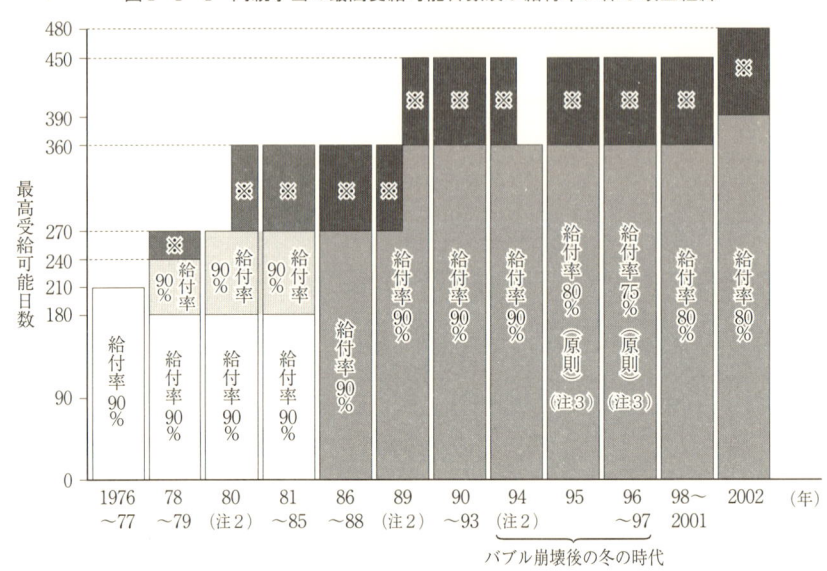

第Ⅰ部　高福祉高負担という国家戦略

図Ⅰ-1-4　両親手当の最高受給可能日数及び給付率に係る改正経緯

年	最高受給可能日数	給付率
1976～77	210	90%
78～79	270	90%（※部分）／90%
80（注2）	270	90%／90%
81～85	360	90%／90%
86～88	360	90%
89（注2）	450	90%
90～93	450	90%
94（注2）	360	90%
95	450	80%（原則）（注3）
96～97	450	75%（原則）（注3）
98～2001	450	80%
2002	480	80%

（94～97：バブル崩壊後の冬の時代）

- □　旧制度における一般両親手当（子の出生後9ヶ月以内に支給された）
- ＋■　旧制度における特別両親手当（子が8歳に達するまでの間に支給された）
- ＋■　1986年改正後の両親手当（1986年から1989年6月までは、子が4歳に達するまでの間に支給された。1989年7月以降は、子が8歳に達するまでの間に支給）

注：(1) ※印は、所得水準にかかわらず、定額の両親手当を支給する期間を示す。当該両親手当の額は、1987～2002年においては、1日につき60クローネ。（2003年より1日につき90クローネ。2006年7月1日より1日につき180クローネ。）
(2) 1980年、1989年、1994年の帯の長さが途中で変わっているのは、年の途中で制度改正が行われたことによるもの。
(3) 1995年及び1996年においては、いわゆる「パパの月」、「ママの月」の期間中の給付率を10ポイント嵩上げする特例が設けられていた。

出所：井上誠一『高福祉高負担国家スウェーデンの分析』に基づき、筆者作成。

　育児休暇制度の確立のための基盤となっている育児休暇期間の延長と、休暇中の所得保障制度の推移もまた、政府の努力を如実に示している（図Ⅰ-1-4）。育児休暇中の所得保障は中央政府経営の両親保険制度より給付される。保険料は、給料報酬の2.2%、全額雇用主負担であり、勤労者が育児休暇をとると両親保険制度より従前所得の一定率が給付される。現在は390日までは80%、90日間は定額給付である。合計480日という給付期間は、ほぼ2年間に相当する。
　なお、390日という期間をフルに使用するためには、パパ、ママいずれも最

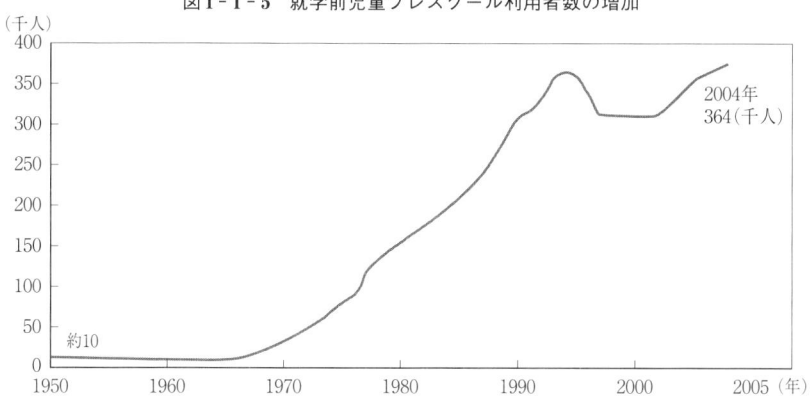

第1章　福祉国家における成長促進効果

図 I-1-5　就学前児童プレスクール利用者数の増加

(千人)

2004年
364(千人)

約10

注：スウェーデンの生誕児童数は概略年10万人強であり，プレスクールの主たる対象児童は2〜5歳児であるから，350千人前後という利用者数は，その80〜90％に該当する。
出所：スウェーデン政府資料により筆者作成。

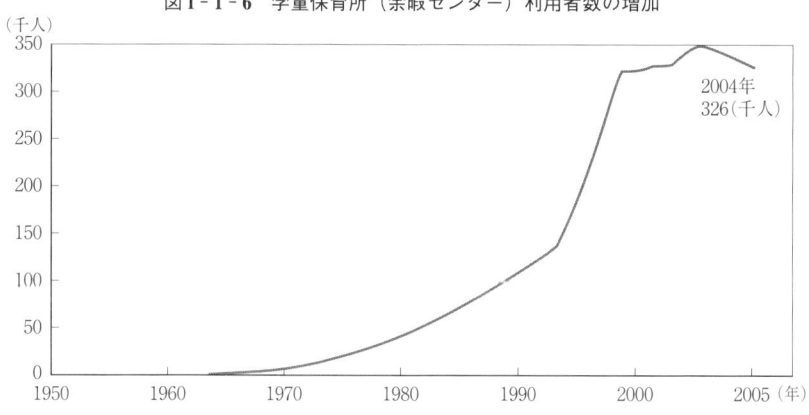

図 I-1-6　学童保育所（余暇センター）利用者数の増加

(千人)

2004年
326(千人)

出所：スウェーデン政府資料により筆者作成。

低2ヶ月は育児休暇をとらねばならない。これをパパの月，ママの月と言う。

(6)　家族政策の効果

このような，子供を持っても両親ともに就労を継続できるための環境整備を中心とする家族政策の充実がもたらした驚くべき効果を図 I-1-5，図 I-1-

39

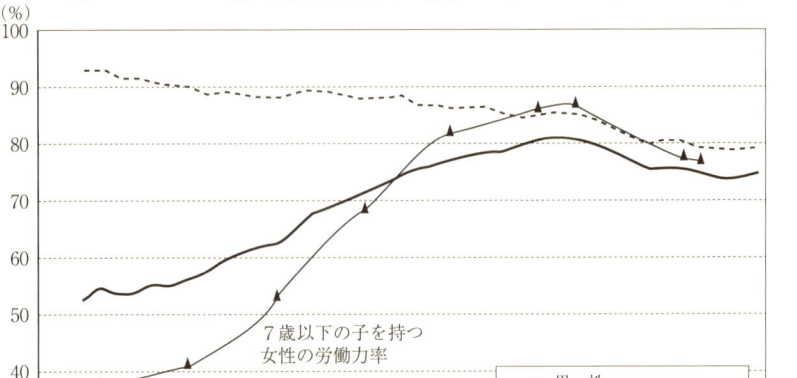

第Ⅰ部　高福祉高負担という国家戦略

図Ⅰ-1-7　15～64歳の男女別労働力率の推移：スウェーデン（1960～2000年）

注：(1) 特に7歳以下の子を持つ女性の労働力率の顕著な上昇は注目に値する。彼女達の働く意欲と能力を高く評価すべきであろう。
　　(2) 男女の就業率が1990年頃がピークで、その後やや低下しているのは、夫妻ともに就業する形態が常態となり、世帯所得が上昇していることに伴い、就業者のライフ・スタイルが弾力化し、成人教育コースなど好みの生活スタイルへの自由な選択が可能となったためと説明されている。
出所：財務省財務総合政策研究所「北欧諸国の出生率変化と家族政策」（津谷典子慶應大学教授）。

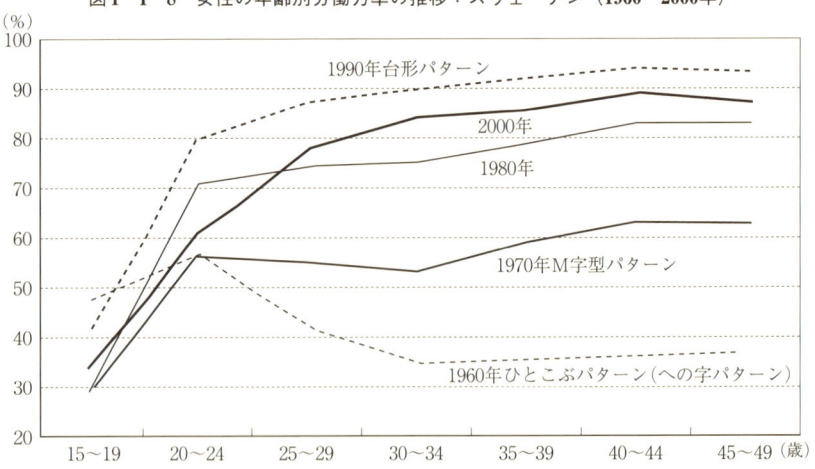

図Ⅰ-1-8　女性の年齢別労働力率の推移：スウェーデン（1960～2000年）

出所：財務省財務総合政策研究所「北欧諸国の出生率変化と家族政策」（津谷典子慶應大学教授）。

第1章 福祉国家における成長促進効果

図Ⅰ-1-9 製造業における平均賃金の男女比（男性を100とした場合の女性の値）の推移

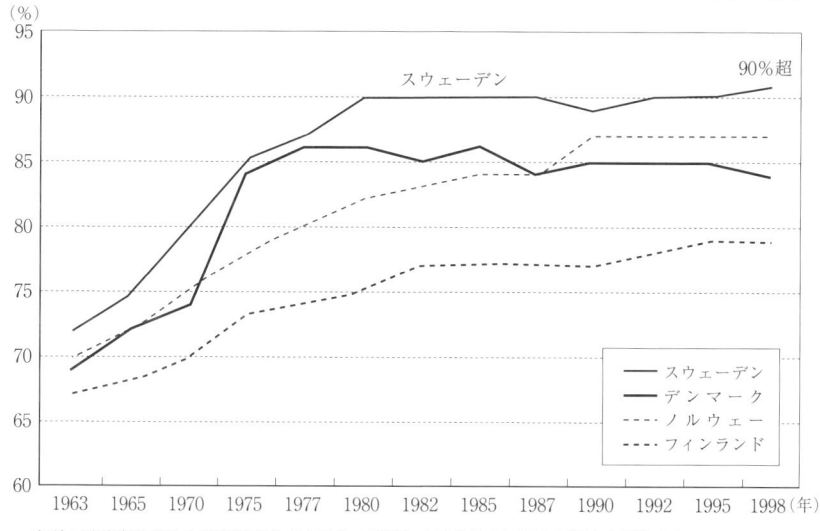

（グラフ：スウェーデン、デンマーク、ノルウェー、フィンランドの1963年～1998年の推移。スウェーデンは90%超）

出所：財務省財務総合政策研究所「少子化の要因と少子化社会に関する研究会報告書」。

図Ⅰ-1-10 男女間賃金格差

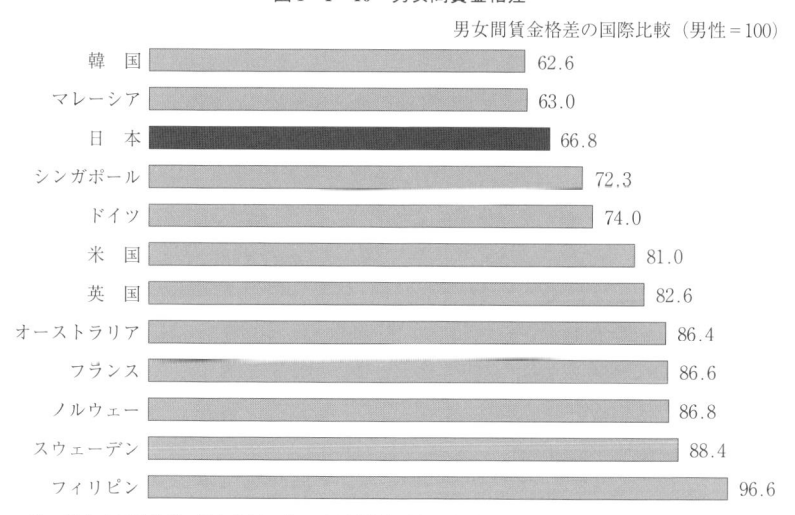

男女間賃金格差の国際比較（男性＝100）

韓国	62.6
マレーシア	63.0
日本	66.8
シンガポール	72.3
ドイツ	74.0
米国	81.0
英国	82.6
オーストラリア	86.4
フランス	86.6
ノルウェー	86.8
スウェーデン	88.4
フィリピン	96.6

注：日本は正社員間の男女比較。他の雇用形態を含む国もある。
出所：2007年版『男女共同参画白書』より。

第Ⅰ部　高福祉高負担という国家戦略

図 Ⅰ-1-11　就業男女の帰宅時間国際比較

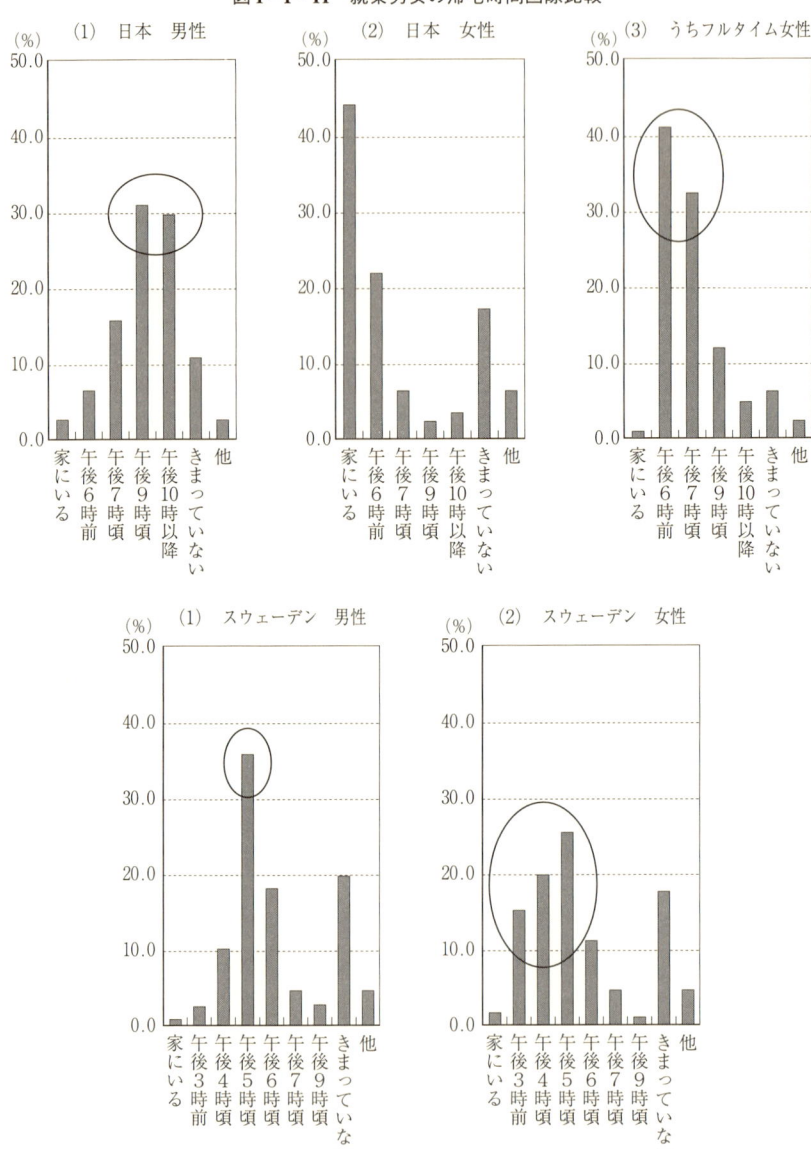

(1) 日本　男性

(2) 日本　女性

(3) うちフルタイム女性

(1) スウェーデン　男性

(2) スウェーデン　女性

出所：内閣府調査。「スウェーデン，フランスとドイツの家族政策と家庭生活」(2005年)。

6に示した。女性の家庭からの解放の必須の条件であるプレスクール（保育所と幼稚園）及び余暇センター（学童保育所）を利用する児童数は着実に増加したのである。それに応じて女性の家庭からの解放も漸進的に進み，女性の就職率は年を追って上昇する（図Ⅰ-1-7）。女性の年齢別就業率のパターンも，就業率の低い国のひとこぶパターンまたはM字型パターンから台形パターンに移行してゆくことがよくわかる（図Ⅰ-1-8）。

また，女性の就職率の上昇は，パート的働き方を選択する女性を増加させ，男女の賃金格差は年を追って縮まり，同一価値労働同一賃金の原則の実現に近づいていく（図Ⅰ-1-9，図Ⅰ-1-10）。夫婦のどちらかが，プレスクールや学校の終業時にあわせて子供を迎えに行くライフスタイルが一般的となり，午後6〜7時には夫婦子供そろって一家団らんを楽しむことがごく普通となる。ライフ・ワーク・バランスなどと言わなくても，ごく自然にそのような状況が出現したのである（図Ⅰ-1-11）。夫婦そろって働くライフスタイルの普及は，当然，労働力供給の増加をもたらし，経済成長の確保に貢献する。

第3節　雇用の創出効果と経済成長促進効果

（1）　就業構造の変化

福祉国家形成過程における男女を通じての就業構造の変化（当然これは産業構造の変化のコインの裏側である）をマクロ的に見ると図Ⅰ-1-12のとおりである。

この図によって，エランデル首相による福祉国家ビジョンの下での漸進的増税路線が本格化した1960年代半ばと，現在のスウェーデン型福祉国家形成がほぼ完成した2000（平成12）年段階の就業構造の変化を見ると，製造業等の部門で30％から19％へ，農林水産業部門で12％から2％へといずれも激減し，民間サービス業等の部門で43％から47％に微増しているほかは，公共部門が15％から32％へと倍増以上の伸びを示した。これは，就業構造の変化を示す数字であり，就業者の実数は民間部門で30万人の減，公共部門で70万人の増となり，差引きこの35年間で40万人の就業機会が作り出されたのである。

第Ⅰ部　高福祉高負担という国家戦略

図Ⅰ-1-12　スウェーデンにおける就業構造の変化（各部門の就業者の全就業者に占める割合）

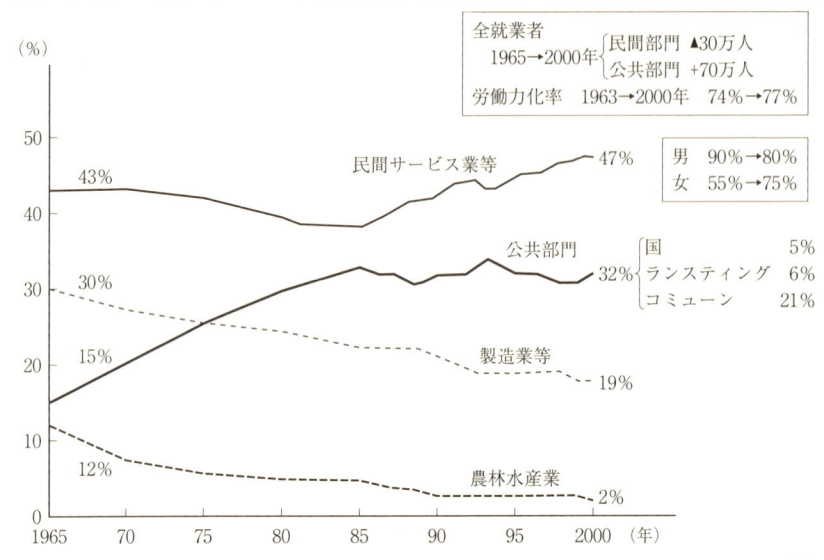

全就業者　1965→2000年　民間部門 ▲30万人／公共部門 +70万人
労働力化率　1963→2000年　74%→77%

男　90%→80%
女　55%→75%

民間サービス業等　43% → 47%
公共部門　15% → 32%
　国　5%
　ランスティング　6%
　コミューン　21%
製造業等　30% → 19%
農林水産業　12% → 2%

注：国有企業は，「公共部門」の中に含まない。「製造業等」は，鉱業，製造業のほか，電力，ガス事業，地域暖房，水道事業等を含む。「民間サービス業等」とは，建設業，商業，宿泊業，飲食業，輸送，通信，郵便，金融等をいう。
出所：スウェディッシュ・インスティチュート資料。

コミューンにおける部門別公務員比率（1998年）

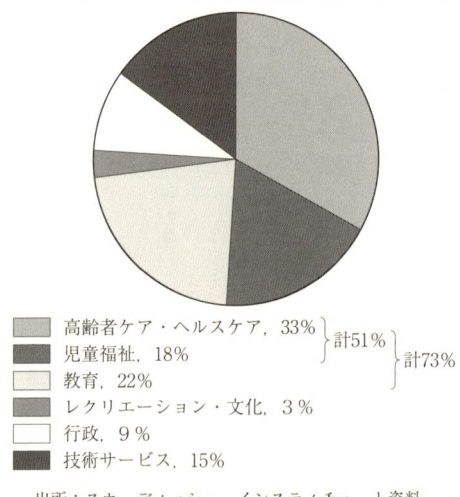

- 高齢者ケア・ヘルスケア，33%　｝計51%　｝計73%
- 児童福祉，18%
- 教育，22%
- レクリエーション・文化，3%
- 行政，9%
- 技術サービス，15%

出所：スウェディッシュ・インスティチュート資料。

44

2000（平成12）年における公共部門の就業者32％の内訳は，国5％，ランスティング（日本の県に当たる広域地方自治体）6％，コミューン（日本の市町村に当たる基礎的自治体）21％であり，就業機会の増加はコミューンに集中している。コミューンの公務員の部門別比率は図Ⅰ-1-12の下図に示されているが，介護等33％，児童福祉18％，教育22％であり，この3部門で73％を占めている。既述したようにこの国の福祉サービスは公的供給主義を原則としており，福祉国家形成過程において，コミューンによる雇用機会の提供が急増し，福祉サービス，教育サービスに適性を持つ女性の大量進出が可能となった（コミューン就業者の80％程度が女性であると言われる）。結果として，1965（昭和40）年から2000（平成12）年の間に男性の就業率は90％から80％に低下する一方，女性の就業率は55％から75％に急増し，現在では男女とも80％近い就業率でほぼ拮抗するに至るのである。

　女性の就業率の上昇はわかるが，男性の就業率はなぜ10％も下がったのだろうか。筆者もこの疑問をある人口学者にぶつけてみた。彼が笑いながら答えた内容はほぼ次のとおりであった。

　「私の考えでは，その理由は2つあります。1つは，夫婦そろって働くことが常態となり，世帯としての所得が上昇し，家計に余裕ができたことにより，それまでbread-earnerとして家計を支えてきた夫が，自分のライフ設計を好みの形で作り直そうとする弾力的な対応が可能になりました。一方で，福祉国家形成の1つの施策分野として『成人教育』の充実が進み，仕事を中断して好みの分野の修養に方向転換する夫が増えたのです。例えば機械工が金融論を学び直して銀行マンへとか，介護士や保育士が大学へ入り直して作業療法士の資格をとろうとするなどの例が挙げられます。また，妻が有能で稼得能力も高く，企業でハイレベルの職務に就くとか，大学教授になるとか，政治家になるとか，能力相応の活躍をしている場合，世帯として夫が専業主夫になるのが最適という例も，私自身の友人の中に何人かいます。彼等はそれで人生を謳歌しているのです。決して女性に仕事を奪われて失業したわけではないのです。」

　もう1つ，ある日本の経済学者が筆者に次のように質問したことが忘れられ

ない。経済全般として，公共部門ばかり肥大化し，産業の基盤である製造業等の比率が19％にまで下がるのは極めて不健全であり，国際競争力の上で，将来にわたって持続可能とは到底思われないがどうかという質問である。読者ならどう答えられるだろうか。

経済学的には，かつて，「農は国のもとである」とか「商業は国のもとである」とか（重農主義，重商主義など）の基本的考え方の下で経済政策が遂行された時代があった。最近でも国際競争力の基盤は製造業であり，この部門が経済全体を支える（例えば，「鉄は国家なり」とか「繁栄のみなもとは自動車にあり」とか）と素朴に信じている人が意外に多いことは事実である。しかし，経済学の基本的考え方は，物的な財とサービスとには，財としての性格に基本的な差違はなく，財を生産する側の産業構造と，財を需要する側の需要構造とは，両者の一致に向けて，年月の経過と社会情勢の変化に応じて変化してゆくべきであり，一度成立した産業構造が，そのまま固定化するとすれば，それは経済成長の停滞を意味すると考えるのが常識化している。1990（平成2）年のバブル崩壊後20年にわたるわが国経済の停滞は，充分に豊かになった経済社会の求める産業構造と，それに応じた雇用構造への変換が，円滑に進まなかったことが1つの大きな原因であると考えるべきであり，経済社会の変化により，例えば，福祉や教育面でのサービスの増大を求める需要構造に対して，生産側で対応できなかったことに主たる原因があると考えるべきなのである。ここで例として挙げた福祉や教育面でのサービスの需要は，国民全体の中での所得分布において，比較的に中堅以下の所得層の需要が大きく，国民全体の需要構造に応じてこれらのサービス供給を増加させるには，スウェーデンの例で示したように，公的部門の介入により，供給価格を低下させて供給量を増やす政策──大きな政府への移行──が必要だったのである。

もう1つ付け加えておくことがある。福祉，教育サービス等の供給が国民の需要構造に合致するよう産業構造を変化させなかったとすれば，どこかの分野で需要に見合わないほどの過大な供給が行われているはずである。筆者が驚くのは，わが国では国際競争力維持のため製造業のウエイトが高い状況が続いて

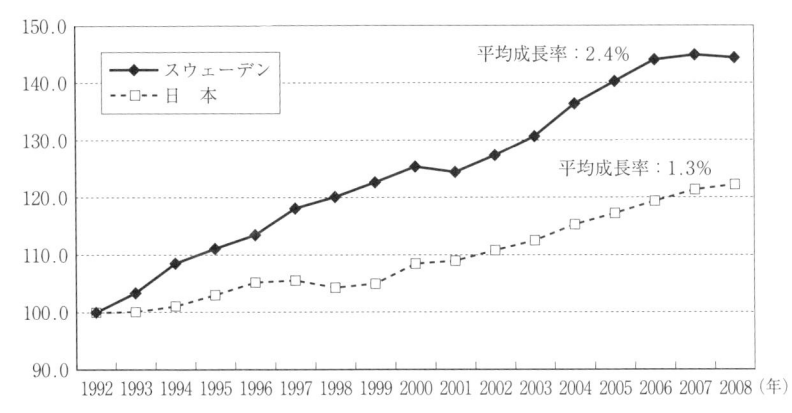

第1章　福祉国家における成長促進効果

図 I-1-13　労働生産性の推移

出所：OECD：Economic Outlook84 より作成。1992年を100としている。

おり，わが国の成長確保の上でこのことが効果的に働いたと素朴に信じている人が専門家の中にも存在することであった。わが国の産業構造や雇用構造の下で，製造業の占める割合は，実は19％を割り込んでおり，スウェーデンを下回っているのである。わが国もスウェーデンも，この製造業比率でスウェーデンは世界に冠たる高い国際競争力を誇り，わが国もスウェーデンほどではないが，国際的には他の先進国に遜色ない競争力を持つ。要するに，産業構造や雇用構造における製造業の比率は，高度の発展段階に達した対外開放型の先進国においては国際競争力の強弱には無関係と考えるべきであろう（図 I-1-13）。それではわが国の産業構造において，福祉や教育サービスの提供の比率の少なさをカバーしている分野はどこだろうか。すぐに出てくる答は，まず土建業であろう。まだ貧しく，高度成長を実現していた時代には，民間，公共両部門を通じて土木・建設への需要が大きく，それに見合う産業構造・雇用構造として土建業の比率が高かったことは，むしろ望ましかったのであり，わが国の高成長を支えたことは疑いない。しかし，世界で1，2を争う富裕国の水準に到達した段階でも，この産業構造を固定してしまったことは，その後のわが国経済の停滞をもたらす重要な要素となったのである。特に，地方経済において，地域のリーディング・カンパニーが今に至るも土建業である場合が多く，道路や

港湾・空港などのインフラストラクチャ投資のウエイトを下げるべき時に，土建業に代わるリーディング・カンパニーを見出し得なかったことが，地域経済の沈滞を招いているという事実を直視すべきだと考える。さらに言えば，わが国産業構造の下で，国民の需要構造に到底合致していないと思われる分野として，ブランド商品を中心とする高額のレジャー用品やファッション用品の生産・流通分野がある。これらの分野への需要は，福祉や教育サービスへの需要が主として中堅以下の所得層からくる場合が多いのに対して，主として中堅以上，あるいは相当以上の富裕層からくる場合が多い。例えば世界中で流通しているいわゆるブランド商品のうち，わが国で消費される割合は，ゴールドマン・サックスの試算によると，2004（平成16）年には40％を超えていた[10]（ゴールドマン・サックスはわが国の経済力の停滞と，中国や韓国などの富裕層の抬頭により，2015〔平成27〕年には30％程度に低下すると見込んでいる）。ちなみに，ブランド商品のふるさと欧州のシェアは，2004（平成16）年には16％に過ぎなかった。スウェーデンでの筆者の経験によると，この国でブランド商品を入手することは至難であった。もともと売れないから売っていないのである。それでも人々は，自分の好みにあったレジャー用品やファッション商品を適切な価格で購入し，それを使いこなして，町をさっそうと歩いているのである。生産・供給構造と国民全体の需要構造の一致の重要性に関する筆者の主張をおわかりいただけたであろうか。さらに言えば，ブランド・ファッションで身を固めた若者が銀座をさっそうと歩く時，豊かさを実感して満足しているのだろうか。筆者の見るところ，そうであればあるほど，欲求不満にさいなまれているように感じられるのである。

（2） 成長戦略としての福祉国家形成

産業構造や雇用構造が，高福祉・高負担型スウェーデン・モデルへの20年以

---

[10] ブランド商品消費の世界に占める日本の割合は，計算方法によって，到底40％どころではないという計算も存在する。鹿島茂著『悪女入門――ファム・ファタル恋愛論』（講談社現代新書，2003年）に表れた数字は，70％としている。

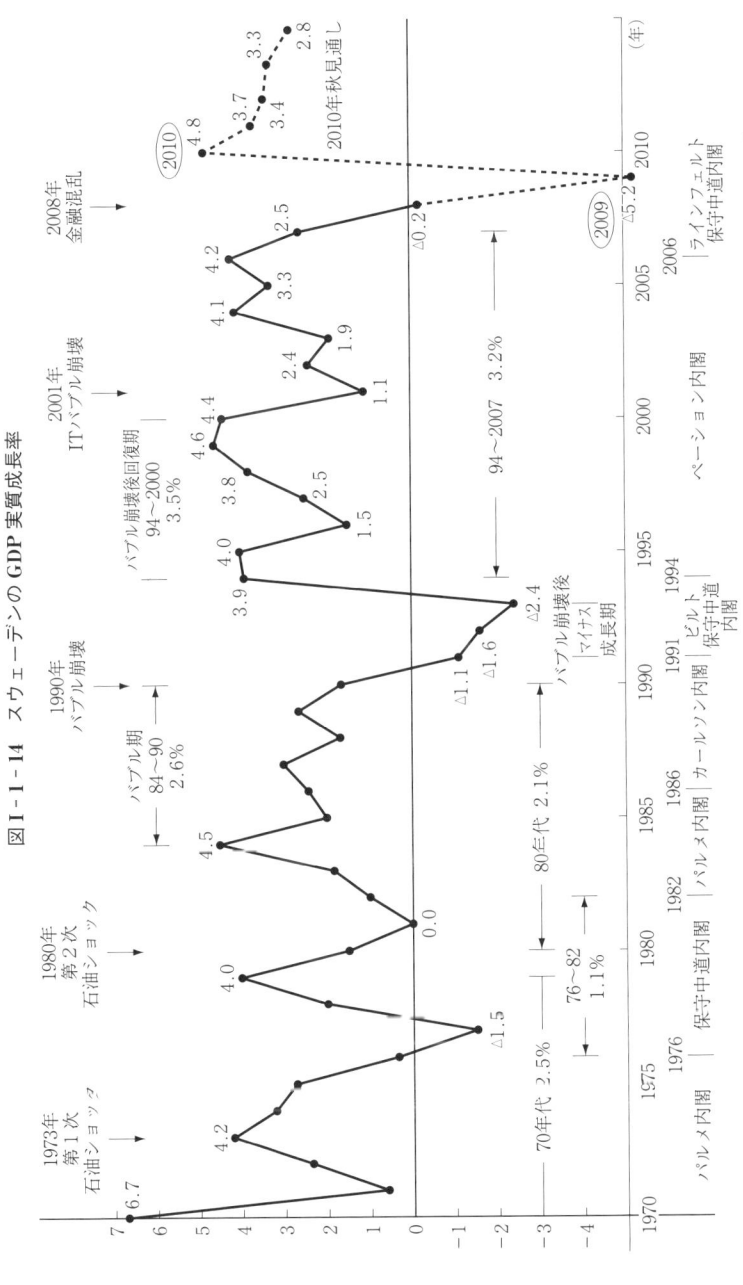

第1章　福祉国家における成長促進効果

図Ⅰ-1-14　スウェーデンのGDP実質成長率

注：2010年秋の政府見直しによると、今回の世界的金融混乱による2008年及び2009年の成長率低下は2010年にはほぼもっとも低い姿が示されており、スウェーデン当局の自国経済への自信を示している。
出所：筆者作成。

49

上に及ぶ漸進的移行の過程で，時代の要請に応じた適切な生産供給構造と需要構造との一致を実現していったことをダイナミックに分析した。このことは，さらに，期せずして福祉国家スウェーデンの成長戦略の意味をも持つことになる。

　介護，保育，教育というような分野で女性の大量進出がもたらされ，世帯所得は夫1人がbread-earnerであった過去と比較すると，夫婦で収入が得られることとなり，世帯所得は格段に豊かになる。その源資の大部分は言うまでもなくコミューン住民が「分」に応じて負担する住民税であり，住民税自体の持つ累進構造は既述のとおり極めて小さいにしても，比較的に見て中堅所得層以上の人々の負担した額が，中堅所得層以下の人々に流れ込む（特に子育て中の世帯や老人達）形となる。このことは，すなわち，GDPの増加そのものであり，内需主導型の成長戦略そのものであったと言えよう。しかも，豊かになった世帯は，その場でこの相当部分を消費するのであり，地域的に見ると，ここにケインズ経済学の教える乗数過程が進行を始める。乗数を小さくする要因――いわゆるリーケージ――はほとんど無視するに足るものであり，乗数過程はこの地域内でとどこおりなく完結する。「福祉国家は成長する」という，わが国の人々から見ると一見矛盾するような標語が，現実の効果として表れたのである。

　実際にスウェーデン経済の示した景気循環と経済成長率の軌跡を（図Ⅰ-1-14）に示す。序章の表序-4に示したわが国の景気循環や成長率と比較してほしい。これは最も基礎的な統計であり，スウェーデン経済のパフォーマンスの良さは議論の余地がないはずである。世界的金融混乱による影響にも極めて柔軟に対応していることも注目に値するであろう。

〔参考〕　乗数効果及びリーケージとは何か

　ジョン・メイナード・ケインズ（1883〜1946年）は，1936年，『雇用，利子および貨幣の一般理論』を公刊し，当時全世界をおおっていた世界大恐慌の中で，経済の潜在的供給能力に比して大幅な需要不足の状況がとめどなく続く状況の下で，経済学に革命的な変化をもたらすことになる。乗数理論はケインズ経済学の骨格を成すもので，当初，「投資乗数論」として展開された。

それによると，投資が増加すれば，当然，生産・所得も同額増加するが，それは第1次的効果に過ぎず，最終的には初めの投資のk倍の生産，所得の増加がもたらされる。この倍数kを乗数と呼んだのである。

(1) 最も簡易なモデルによる説明

——政府部門も国際取引も存在せず，生産主体と消費主体しか存在しない経済を考える——

この経済において，生産総額（所得総額）を Y とし，消費主体による消費総額を Cp，生産主体による投資総額を I とすると，当然，次の恒等式が成立する。

$$Y = Cp + I \qquad \cdots\cdots ①$$

ケインズの独創は，消費主体による貯蓄 Sp が金利水準によって市場で決定される——すなわち金利の高低が資本の総量を決定する価格の役割を果たす——という従来型の経済学の常識をしりぞけ，金利水準にはそのような機能はないと断じ，消費水準は所得水準の関数として決まると考えた。

$$Cp = cY + a \qquad \cdots\cdots ②$$

②式は，ケインズの言う消費関数を最も単純な形で示したものである。ここで「c」は限界消費性向と言い，a は，たとえ所得が0でも生きるために必要な消費量（定額）を示す。

「c」を限界消費性向と呼ぶ理由は次のとおりである。

今，所得が ΔY だけ増加すれば，消費も ΔCp だけ増える。

$$Cp + \Delta Cp = c(Y + \Delta Y) + a \qquad \cdots\cdots ②'$$

②′式から①式を控除すると，定数 a は消えて，

$$\Delta Cp = c \Delta Y$$

となる。

$$\frac{\Delta Cp}{\Delta Y} = c \qquad \cdots\cdots ③$$

すなわち，c は所得の増分に対する消費の増分の割合を示しており，平均消費性向（$\frac{C}{Y}$）とは異なる数値となり，これを限界消費性向と呼ぶのである。

実はこの単純な経済の変数は，Y, Cp, I の3つしかなく，Y, Cp の2つがモデルの動きの結果として決定される内生変数（従属変数）であり，I は外生

変数(独立変数)と考えると，実はこの経済の動きを解析するための「経済モデル」は①②の2式で完結している。投資を外生変数と考えるのは，投資額は金利等の変化によって従属的に決定されるのではなく，生産主体がモデル外部から独立して決めるものとするからである。ケインズは，投資決定理論として，詳細な投資関数論を展開し，生産主体が投資額を決定する具体的な条件を分析したのであるが，ここで①②式からなる単純モデルでは，それはあくまでもモデル外のこととするのである。

(2) 単純経済モデルの処理

$$Y = Cp + I \qquad \cdots\cdots ①$$

$$Cp = cY + a \qquad \cdots\cdots ②$$

経済モデルによって決定される変数(従属変数) Y, Cp

経済モデル外から与えられる変数(独立変数) I

定数 c, a

②式を①式に代入

$$Y = (cY + a) + I$$

$$(1-c)Y = a + I \qquad \cdots\cdots (イ)$$

I が $\varDelta I$ だけ増加した場合の Y の増分 $\varDelta Y$

$$(1-c)(Y + \varDelta Y) = a + (I + \varDelta I) \qquad \cdots\cdots (ロ)$$

(ロ)−(イ)　$(1-c)\varDelta Y = \varDelta I$

$$\frac{\varDelta Y}{\varDelta I} = \frac{1}{1-c} \qquad 〔(1-c) は限界貯蓄率である〕$$

この場合，投資が一単位増加すれば総生産は $\dfrac{1}{1-c}$ 単位増加する。

例えば，限界消費性向 c が 0.75 とすると $\dfrac{1}{1-c}$ は 4 となる。

投資の増加は4倍の生産増をもたらす。

これをケインズの「投資乗数」という。

(3) 投資乗数はなぜ発生するか

I が $\varDelta I$ だけ増加すれば(イ)式より第1次的に Y は $\varDelta I$ だけ増加する(1次

増加)。

このことは(ロ)式より，消費の増加により Y は $c\Delta I$ 増加する（2次増加）。

このことは(ロ)式よりさらに消費が増加し，Y は $c^2\Delta I$ 増加する（3次増加）。

$$\vdots$$

最終的な Y の増加は，

$$\Delta Y = \Delta I + c\Delta I + c^2\Delta I + c^3\Delta I + \cdots\cdots = \Delta I(1+c+c^2+c^3+\cdots\cdots)$$

$$\frac{\Delta Y}{\Delta I} = 1+c+c^2+c^3+\cdots\cdots+c^{n-1}+\cdots = \lim_{n\to\infty}\frac{1-c^n}{1-c} \quad \text{となる。}$$

ここで c は1より小さいから $\lim_{n\to\infty} c^n = 0$

従って

$$\frac{\Delta Y}{\Delta I} = \frac{1}{1-c} \qquad\qquad \text{証明終り}$$

(4) 政府部門と海外部門とを導入して経済モデルをやや現実に近づける。

1. マクロ均衡式

$$Y = Cp + I + G + X - M \qquad \cdots\cdots ①$$

　↓　　↓　　↓　　↓　　↓　　↓
総生産　消費　投資　政府支出　輸出　輸入

2. 消費関数

$$Cp = c(Y-T) + a \qquad \cdots\cdots ②$$

　　　　　↓
　　租税等政府への支払

　　　従って $(Y-T)$ は可処分所得を示す。

3. 租税関数

$$T = tY - b \qquad \cdots\cdots ③$$

　　↓　租税のかからない最低限の額

限界租税負担率

　　すなわち $\frac{\Delta T}{\Delta Y} = t$

4. 輸入関数

$$M = mY + q \qquad \cdots\cdots ④$$

　　↓　生産0でも必要な最低限の輸入

限界輸入性向

すなわち $\dfrac{\Delta M}{\Delta Y} = m$

(5) 経済モデルの処理

モデルによって決定される従属変数　Y, Cp, T, M

モデル外から与えられる独立変数　I, G, X

定数　　　　　　　　　　　　　c, t, m, a, b, q

②〜④式を①式に代入する。

$$Y = c\{Y-(tY-b)\}+a+I+G+X-(mY+q)$$

$$\{1-c(1-t)+m\}Y = I+G+X+cb+a-q \quad \cdots\cdots（イ）$$

政府は需要不足による不況に応じて政府支出 G を ΔG だけ増やした場合の生産増 ΔY とすると，

$$\{1-c(1-t)+m\}(Y+\Delta Y) = I+G+\Delta G+X+cb+a-q \quad \cdots\cdots（ロ）$$

（ロ）式から（イ）式を引くと

$$\{1-c(1-t)+m\}\Delta Y = \Delta G$$

すなわち　$\dfrac{\Delta Y}{\Delta G} = \dfrac{1}{1-c(1-t)+m}$

これを政府支出乗数と呼ぶ

ここで定数に現実に近い数字

$c=0.75$　$t=0.30$　$m=0.15$ を入れると

$$\dfrac{\Delta Y}{\Delta G} = 1.6$$

(6) 政府部門や海外部門を導入すると，最も単純なモデルの乗数4が1.6まで劇的に減少する理由は何か。

（答）ΔG による第1次的所得増は，第2次的消費増をもたらす過程で，政府部門の限界税率による吸収，及び海外部門の限界輸入性向による吸収によって，第2次所得増効果を小さくするからであり，同じことは，第3次，第4次……の効果にも言える。

この現象を乗数効果における「リーケージ」（漏れ）と言う。

(7) わが国で作成された現実の経済モデル（例えば，内閣府のモデル，日経セ

ンターモデル，各種経済調査機関の開発したモデルなど）では，政府支出乗数は1.6より小さく，1.2〜1.3程度が通常である。

　その主たる理由は，リーケージ現象が，限界税率や限界輸入性向によるもののほか，多くの要因によって発生するからである。例えば，
　○政府支出の一部は用地補償等にまわり，これは有効な需要にならない。
　○政府支出の一部は累積した在庫の減少により賄われ，生産増──所得増にならない。
　○第2次的効果における消費増は，限界消費性向より低い率で出てくる可能性が高い。すなわち，消費者は臨時所得と考えて貯蓄にまわすという行動に出る可能性がある。など……

(8) ケインズ型景気調整政策の限界

1. リーケージを考えると，乗数効果は期待するほど大きくない。
2. 政府支出を一度ふくらませる（ΔG）と，景気が回復しても元にもどすことは政治的に極めて困難であり，政府赤字が累積してゆくことは避け難い（政府支出の硬直・不可逆性）。

乗数効果による所得増が，限界税率を通じて政府の租税収入にはね返る額は期待ほど大きくなく，この場合，結局増税によって財政再建を検討せざるを得ず，政治的困難性はさらに増加する。

3. 合理的期待仮説

一般消費者は，政府支出による所得増があってもこれを一時的と考え，将来増税によっていずれ回収されるという全く「合理的な」判断によって消費を抑え，貯蓄にまわすはずである。

(9) 減税の乗数効果

既述の最も単純な経済モデル（家計と企業の2部門モデル）に政府部門を追加する。

　　マクロ均衡式

$$Y = Cp + G + I \qquad \cdots\cdots ①$$

　　　　　　　　↓
　　　　　　政府支出

消費関数
$$Cp = c(Y-T) + a \qquad \cdots\cdots ②$$
↓
政府租税収入

経済モデルによって決定される従属変数　Y, G

経済モデル外で決定される独立変数　　G, I, T

定数　　　　　　　　　　　　　　　　c, a

②式を①式に代入
$$Y = c(Y-T) + a + G + I$$
$$(1-c)Y = -cT + a + G + I \qquad \cdots\cdots (イ)$$

T が ΔT だけ減少した場合の Y の増分を ΔY とすると
$$(1-c)(Y + \Delta Y) = -c(T - \Delta T) + a + G + I \qquad \cdots\cdots (ロ)$$

(ロ)式から(イ)式を引くと
$$(1-c)\Delta Y = c\Delta T \qquad \frac{\Delta Y}{\Delta T} = \frac{c}{1-c}$$

($c = 0.75$ なら $\frac{\Delta Y}{\Delta T} = 3$) これを減税乗数という。

政府支出乗数 $\frac{1}{1-c}$ ($c = 0.75$ なら 4) より減税乗数 $\frac{c}{1-c}$ ($c = 0.75$ なら 3) が小さい理由

　政府支出増, 減税による第1次生産増効果は, 政府支出増 ΔG はそのまま生産増になるのに対し, 減税の場合の生産増は $c\Delta T$ となるからである。

⑽　均衡財政措置の乗数効果

(9)のモデルにおいて, 政府支出を ΔG だけ, 同時に政府租税収入を ΔT だけ増加する ($\Delta G = \Delta T$)――均衡財政措置――の場合の生産増 ΔY はどうなるか。

(イ)式より
$$(1-c)(Y + \Delta Y) = -c(T + \Delta T) + a + G + \Delta G + I \qquad \cdots\cdots (ハ)$$

(ハ)式から(イ)式を引くと
$$(1-c)\Delta Y = -c\Delta T + \Delta G$$

$\Delta G = \Delta T$ ならば
$$\frac{\Delta Y}{\Delta G} = 1$$

均衡財政措置は支出増と税収増の生産増減効果が打ち消しあって生産増に結び付かないという結論は誤りであって，支出増（同時に税収増）と同額の生産増をもたらす。これを均衡財政措置の乗数効果と言う。

⑾　スウェーデンにおいて，ビジョン付き増税過程が漸進的に進行した過程では，財政収支の均衡を常に意識しつつ，福祉サービスや教育サービスの充実も漸進的に行われたのであり，極めて大胆に言えば，この間にケインズ経済学の言う均衡財政措置の需要増加乗数効果が，極めてリーケージが小さい形で働くとともに，主として女性向けに膨大な雇用機会が創出されたのである。

2009（平成21）年6月26日，東京大学の伊藤元重は，読売新聞紙上において，ケインズ的モデルにおける均衡財政措置の乗数効果が1であることを説明しつつ，次のような論旨を展開している。以下に原文のまま引用する。

「ただ，残念ながら均衡財政乗数の話は，日本の場合にはそのままでは当てはまらない。巨額の政府債務を抱え，かつ大幅な財政赤字を出している現状を前提にすれば，増税による税収の一部は債務返済ないしは赤字の穴埋めに使わなくてはならないからだ。

単純なケインズ経済学によれば，増税をしてもその税収をすべて債務返済のために使い財政支出を増やさなければ，景気にはマイナスの効果が出てくる。これは誰にでも直感的に分かることだ。国民の税負担が増えれば，それだけ消費や投資などの活動が抑えられるからだ。

ここで興味深い問題が出てくる。一方で，増税をしてもその税収をすべて使い切れば景気にはプラスに働く。他方で，増税をしてもそれをすべて債務返済のために使ってしまえば，景気にはマイナスに働く。

それでは，増税をしてもその一部だけを債務返済に回して，残りを財政支出増に回したら，景気にはマイナスに働かず，かつ一部は借金の返済に充てるための税収を残しておくことが可能であるはずだ。理論的には確かにそのようなことが可能であることがわかる。

より一般的には，増税をしながらもその一部を景気刺激のための財政支出

に回すことで，景気刺激と財政健全化の間のバランスをとることが可能となるのだ。財政支出に回す割合を増やすほど財政健全化への貢献は小さくなるし，財政健全化により多くの税収増分を使えば，景気刺激効果は期待できなくなるのだ。

　日本のあるべき増税の姿を考えるとき，増税と歳出増のバランスの問題を意識すべきである。」

さらに伊藤は，筆者が本書で「合理的期待仮説」として解説したことと同じ論拠に立って，次のように述べている。以下に原文のまま引用する。

「ところで，以上で展開した議論は基礎的なケインズ的モデルに基づいた考え方である。ケインズ学派とは対立する古典派の考え方によれば，政府債務を軽減するような増税も景気を悪化させることはないという。リカード仮説と呼ばれる考え方である。

　政府の債務は将来世代にとっての増税を意味する。多くの国民は将来の自分や子供たちの増税に備えて消費を控えようとするだろう。もし政府が増税をして債務を減らす努力をすれば，増税そのものは消費を抑える効果を持つ。ただ，債務が減ることは将来の税負担を下げるという期待を通じて，消費を増やす効果を持つだろう。両者の効果は打ち消しあい，増税しても景気は悪くならないという。

　ケインズ学派の考え方が正しいか，古典派の考え方が正しいのかという学問論争は別として，どちらの立場にたっても増税は景気を悪くするとは限らないのだ。国民レベルで正しい増税の議論をもっとすべきではないだろうか。」

第4節　出生率の上昇と中長期的潜在成長力の確保

スウェーデンの福祉国家形成過程を通じて，スウェーデンの人々は安心して

子供を持てる環境の下で，育児と就業の両立が可能となり，順調な経済発展とともに，世帯所得の増加と女性の自活能力の上昇という果実を手に入れた。ハンソンの敷いた女性の家庭からの解放という基本的な枠組みは，エランデル以下の歴代の政権によって20年以上にわたって着実に血肉を付けられ，ついにスウェーデン型高福祉高負担システムは完成の域に近づいた。

そして，そのことは先進諸国の悩みの種となった少子化現象に歯止めをかけることに成功したのである。1人の女性が生涯産む子供の数の平均値を「合計特殊出生率」と言い，長期にわたって人口減少を回避できる出生率を「人口置換水準」と言う。一般には，この人口置換水準は2.07程度と考えられている。この国も御他聞にもれず，経済発展に合わせて出生率の低下が見られ，1950年代の2.3程度から1999（平成11）年には1.50まで低下した。しかし，この水準がスウェーデンの戦後史上の最低値であり，バブル経済崩壊後の不況からの脱却もあって，手厚い家族政策の効果が顕著に現れ，以降毎年のように出生率の着実な上昇が観察され，2006（平成18）年には，1.85，2007（平成19）年には1.88，2008（平成20）年には1.91，2009年には1.94という水準に達している。わが国の出生率が年々低下を続けて，ここ数年1.3近辺に沈んでいることと比較してほしい。スウェーデン当局は，1.8を超える水準の下で，将来にわたる長期的成長ポテンシャルと，この国の年金，医療などの福祉システムの持続性と安定性に自信を深めているのである（図Ⅰ-1-15）。

スウェーデンの出生率の変化をもう少し詳しく見ると，第2次世界大戦後2.3前後で推移していたが，経済成長が進み，1人当たりGDPの水準が米国に次ぐところまで上昇した1960年代の半ば，1965（昭和40）年に2.39のピークを記録したあと漸次下落の方向に向かった。1983（昭和58）年にはボトム1.61を記録したが，それ以降顕著な上昇過程に入る。その理由として，スウェーデンの人口学者は次の2点を挙げる。

第1に，家族政策の充実の効果である。国民負担増は1980（昭和55）年初頭に限界に達し，家族政策体系も現在の姿がほぼ完成しつつあり，その効果が出生率の上昇転換として現れた（出生率は，2～3年の遅行指標である）。

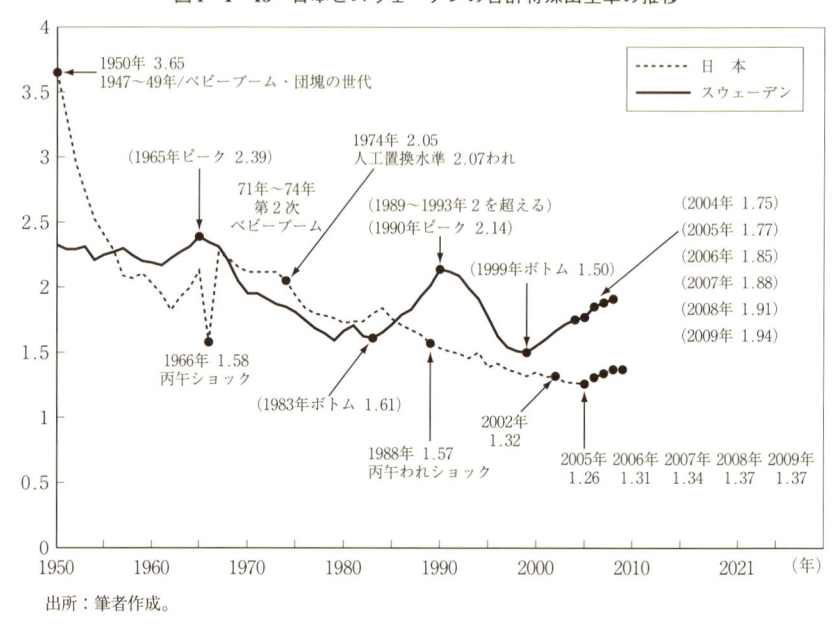

第Ⅰ部　高福祉高負担という国家戦略

図Ⅰ-1-15　日本とスウェーデンの合計特殊出生率の推移

```
1950年 3.65
1947～49年/ベビーブーム・団塊の世代
(1965年ピーク 2.39)
1966年 1.58
丙午ショック
71年～74年
第2次
ベビーブーム
1974年 2.05
人工置換水準 2.07われ
1988年 1.57
丙午われショック
(1983年ボトム 1.61)
(1989～1993年 2を超える)
(1990年ピーク 2.14)
(1999年ボトム 1.50)
2002年
1.32
(2004年 1.75)
(2005年 1.77)
(2006年 1.85)
(2007年 1.88)
(2008年 1.91)
(2009年 1.94)
2005年 2006年 2007年 2008年 2009年
1.26   1.31   1.34   1.37   1.37
```

------- 日本
——— スウェーデン

出所：筆者作成。

　第2に，バブル景気の進行である。バブルの本質は土地，株式などの資産インフレであり，世帯の持つ資産の急増が出生率上昇に結び付き，バブルのピークを記した1990（平成2）年には，出生率も2.14のピークを記録した。この出生率は出産バブルとも言える数字と考える。

　その後バブル崩壊とともにスウェーデンは厳しい景気後退に見舞われる。遅行指標である出生率は，1992（平成4）年までは2以上の水準を維持したが，その後は出産バブルの後始末とも言うべき現象が現れ，出生率の低下が続いた。景気そのものは1994（平成6）～95（平成7）年には底入れしたが，遅行指標である出生率は，1999（平成11）年の1.50をボトムとして再び上昇過程に入ったと認められる。[11]

------

[11]　スウェーデンと同様に，家族政策の成功によって出生率の上昇に成功した国としてフランスがある。この国でも，女性の就業率の上昇率と夫婦そろっての就業による家族所得の上昇が見られ，1994（平成6）年に1.65まで低下していた出生率は，2008（平成20）年には2.02に，2009（平成21）年には1.99に達し，人口置換水準にまでほぼ回復した。これに↗

第5節　児童手当と住宅手当

　以上，スウェーデンの家族政策がどのような経緯を経て現在の姿にまで発展し，その過程でどのような政策的効果をもたらしたかをダイナミックに分析してきた。ここで，この国の家族政策の体系の現時点での全体像を整理すると，次のようになる。
(1)　児童手当は所得制限なしで受給でき，3人以上は多子加算がある。
(2)　住宅手当：子育てのためという性格をあわせ持つ。
(3)　480日（約2年間）育児休暇取得が可能。390日までは，所得の80％を保障。
(4)　保育所は12歳までコストの95％近くを公費負担。保育の要請があれば，12歳までは預からなければいけないという法律規定がある（待機児童は存在しない）。

　(3)(4)各項目の詳しい説明は，ダイナミック・アナリシスの中で行ったので残された(1)(2)の児童手当と住宅手当について触れておこう（OECDの統計では，スウェーデンの住宅手当制度は家族政策に含めていない）。

（1）　児童手当

　家族政策のうち，子供を持っても両親そろって就業を継続できる環境整備施策の充実過程をダイナミックに分析し，そのことが女性の労働力化率の上昇に結び付いていった過程を示した。児童手当は，家族政策のもう1つの柱である育児に伴う直接コストの一部を世帯負担から社会全般の負担に移してゆく施策

↘対して，ドイツの出生率は，わが国とほぼ同じ1.3台の水準で低迷している。もう一度図 I-1-3を見てほしい。ドイツの家族政策への支出はかなりの規模に達しているものの，子を持つ女性は家事と育児に専念すべきだとする，男女の機能分担に関する保守的感覚が強く，高水準の家族政策支出も家族手当に重点が置かれ，女性の就業と育児の両立のための環境整備への支出のウエイトが小さいことが，出生率の低迷をもたらしていると考えられている。ドイツ政府もこの点を認識しており，2004（平成16）年以降保育所政策重視の方向に政策転換を行いつつある。フランス，ドイツの家族政策については第Ⅲ部で詳説する。

第Ⅰ部　高福祉高負担という国家戦略

表Ⅰ-1-6　一般児童手当の額（年額）（1970年以降）

(単位：クローネ)

年	手当額	年	手当額
1970年	900	1983年～1984年	3,300
1971年～1972年	1,200	1985年～1986年	4,800
1973年	1,320	1987年～1989年	5,820
1974年～1975年9月	1,500	1990年	6,720
1975年10月～1977年6月	1,800	1991年～1995年	9,000
1977年7月～1978年3月	2,100	1996年～1997年	7,680
1978年4月～1978年12月	2,260	1998年～1999年	9,000
1979年	2,500	2000年	10,200
1980年1月～1980年9月	2,800	2001年	11,400
1980年10月～1982年	3,000	2005年10月	12,600

出所：社会保障研究所編『スウェーデンの社会保障』（東京大学出版会，1987年），National Social Insurance Board, "Social Insurance Facts"（各年版），Folksam, "Vårtrygghet"（各年版），及び井上誠一『高福祉高負担国家スウェーデンの分析』（中央法規出版，2003年）より引用。

表Ⅰ-1-7　多子加算手当の額（年額）

(単位：クローネ)

年	第3子	第4子	第5子以降
1982年	750　(25%)	1,500　(50%)	1,500　(50%)
1983年～1984年	1,650　(50%)	3,300　(100%)	3,300　(100%)
1985年～1986年	2,400　(50%)	4,800　(100%)	4,800　(100%)
1987年	2,910　(50%)	5,820　(100%)	5,820　(100%)
1988年	2,910　(50%)	9,312　(160%)	9,312　(160%)
1989年	2,910　(50%)	11,058　(190%)	13,968[2]　(240%)
1990年	3,360　(50%)	12,768　(190%)	16,128[2]　(240%)
1991年～1994年6月	4,500　(50%)	9,000　(100%)	13,500　(150%)
1994年7月～1994年12月	4,500　(50%)	9,000　(100%)	9,000　(100%)
1995年	2,400　(27%)	7,200　(80%)	9,000　(100%)
1996年～1997年	なし[4]	なし[4]	なし[4]
1998年～1999年	2,400　(27%)	7,200　(80%)	9,000　(100%)
2000年	2,724　(27%)	8,160　(80%)	10,200　(100%)
2001年	3,048　(27%)	9,120　(80%)	11,400　(100%)

注：(1)　( )内は，一般児童手当の額に対する割合。
　　(2)　第6子以降は，9,312クローネ（一般児童手当の額の160%）。
　　(3)　第6子以降は10,752クローネ（一般児童手当の額の160%）。
　　(4)　1995年末までに生まれた第3子以降の子については，従前の多子加算手当の額を保障。
出所：SCB, "Siffror om Sverige '90", National Social Insurance Board, "Social Insurance Facts"（各年版），Folksam, "Vårtrygghet"（各年版），及び井上，前掲書より引用。

であり，その推移を見てみよう。

　まず第1に指摘できることは，家族手当（わが国の児童手当，あるいは，民主党の新政策「子ども手当」がこれに近い）の漸進的充実である。その経緯は**表Ⅰ-1-6，表Ⅰ-1-7**のとおりであるが，12,600クローネ／年，1,050クローネ／月を基準とする水準は，1クローネ13円程度で換算すれば，わが国の旧児童手当よりは高水準だが，特に注目するほどの高さではない[12]。スウェーデンの家族政策が女性の家庭からの解放に重点を置いていることの顕著な現れである。

（2）　住宅手当

　スウェーデンの住宅手当制度は，手当支給の要件及び支給額に関して，子供の数が重要な要素となっており，すべての子供を伸び伸びとした住宅環境の下で育てることができるように設計されていることから，重要な育児政策の1つとして位置づけることができる。すなわち，この国の標準居住水準は子供の数に応じて**表Ⅰ-1-8**のように設定されており，住宅手当はこの標準を達成するための政策手段なのである。

表Ⅰ-1-8　スウェーデンの標準居住水準

子供の数（人）	標準面積（m²）	子供の数（人）	標準面積（m²）
1	80	3	120
2	100	4	140

　例えば，夫婦・子供1人で月収2万クローネ，月額家賃3,500クローネの2寝室アパートに住む世帯で，もう1人子供ができたとしよう。この場合，従前のアパートに住み続けることは子供2人にとって公平ではないと考える。なぜなら，子供1人の時は1部屋を占有できたのに，2人になると2人1部屋となるからである。この世帯が，子供のために月額家賃5,000クローネの3寝室アパートに

---

[12]　わが国の旧児童手当は，基本的には5,000円／月（第1，2子，所得制限付き）であった。民主党新政権のマニフェストで明記された子ども手当は26,000円／月であり，中堅以下の所得層の受益の多い育児と就業を両立させるための基盤整備向けの財政負担の貧弱さに比し，あまりにもバランスを失すると言えるだろう。なお，2010年度予算では，このマニフェストの半額13,000円／月が予算化された。

住み替えた場合，家賃増加額の一部600クローネの補助を受けることができる。福祉普遍主義を基本とするこの国で，住宅手当制度は，世帯の所得，子供の数，住居の面積，家賃水準などのミーンズテストに依存する例外的な制度と言えよう。

第6節　教育改革

（1）福祉国家形成過程における教育改革

次に，エランデルのビジョン付き増税路線による公的支出増のもう1つの主な対象となった教育改革について簡単に説明したい。実は，筆者がスウェーデン在任中に親しく付き合った老齢の基礎学校（義務教育9年の学校，わが国の小・中学校に相当する）教師はエランデル首相の増税路線開始（1960〔昭和35〕年）のきっかけは，教育改革実現の意欲にあったのではないかと話してくれた。

スウェーデンにおける教育改革の歩みを，エランデル首相によるビジョン付き漸進的増税過程での措置を中心として，概略的に示すと次のとおりである。

1842年　法律により国民学校が各教区に設立され，初等教育を供給することを義務づけた。この国における義務教育制の始まりである（学級60〜80人の生徒で構成）。

1868年　地域の高等教育機関として最初の国民高等学校が設立された。これはデンマークからスウェーデンに伝えられたものであり，北欧特有の寮設備のついた成人教育機関として発展する端緒となった。生涯教育という考え方のモデルでもある。

1882年　両親に対して初等教育への子女の出席を義務づけ，義務教育制を完成させた。

1950年　9年制の基礎学校が導入され，学校制度における平等化の礎が置かれた。

1962年　9年制の基礎学校の抜本的改革が行われ，基礎学校の課程は，3年ごとに低学年，中学校，高学年の3段階に分け，最初の6学年の間は，主として1人のクラス担任の教師の指導の下に置くなどの制度

第1章　福祉国家における成長促進効果

　　　　　が確立された。これ以降，「絶えざる改革」が教育システム及び教
　　　　　育内容に加えられ，教育先進国と言われる現在の地位を得るに至っ
　　　　　ている（「基礎学校学習指導要領」の確立と漸進的改良）。
1968年　コミューン運営の成人教育の開始。
1971年　普通科高等学校及び各種の職業学校を総合制高等学校に一本化。
1974年　労働者の成人教育請求権導入。
1975年　成人教育助成法，教育休暇中の所得補償。
1975年7月1日　就学前学校法成立。全日制，時間制各種保育所の統一的取
　　　　　扱い（この段階で1～5歳児の25％が利用）。
1976年　児童保護法改正。
　　　　　現行保育体系の整備確立。
　　　　　児童保育法施行。
　　　　　7～12歳の学童を対象とする余暇センターの設置をコミューンに義
　　　　　務づけ——6ヶ月～12歳までの公的保育制度化完成。
1980年　社会サービス法。
　　　　　コミューンによる福祉サービス（含む保育サービス）の基本原則の確立。
1991年　地方自治法改正（コミューンの自主決定権の拡大）。
　　　　　基礎学校の教育内容のコミューン自主決定強化。
1993年　高等教育法改正。
　　　　　大学の教育内容自主決定強化。
1995年　1991年の地方自治法改正に基づき，基礎教育の新カリキュラム導入。
　　　　　社会サービス法改正。
　　　　　両親が就労または就学している1～12歳の児童について要請があれ
　　　　　ば，コミューンは保育の場の提供を保証することを義務づけた。
1996年　7月，保育行政の中央政府における所管　｝　保育（ケア）と幼児教
　　　　　を社会省から教育省に移す。　　　　　　　育（エデュケーション）
1997年　保育行政の所管法を社会サービス法から　　の融合——エデュケア
　　　　　学校法に移す。　　　　　　　　　　　　の思想。

成人教育拡充に関する5ヶ年計画策定。
1998年　内閣や議会から独立して保育行政を監視する中央行政庁（わが国の地方支分部局に当たるが独立性は強い）を社会庁から学校庁に移す。
　　　　――行政の移管完了――
　　　　6歳児の就学前教育施設設置をコミューンに義務づけ（基礎学校の敷地利用が多い）。
　　　　6歳から年間525時間のエデュケアの無料授講を制度化。
　　　　従来から存在した定時制就学前学校（わが国の幼稚園に類似）は，就学前学校としてすべての6歳児に開放された（1クラス20人編成。午前午後3時間ずつ保育を行う2部制）。
　　　　義務教育7～16歳（9年間）の事実上の1年前倒しと説明された。
　　　　就学前学校（プレスクール）カリキュラム発効。
　　　　改正義務教育カリキュラム発効。
2003年　1月より525時間の無料授講，4歳児からに拡大。
2010年　7月より上記無料授講，3歳児からに拡大を検討。
　　　　　　　（以上主として複数の人々からの口頭説明をまとめたものである。）

　この改革のながれの中で特に注目すべきは，1962（昭和37）年，エランデル首相の漸進的増税路線の始まったばかりの時期に行われた9年制基礎学校の抜本改革であり，この改革を手始めとしてやつぎばやに実施された改革は，この国の教育史上「教育爆発」と呼ばれている。この改革の中心ビジョンは「コースの総合化」と呼ばれ，従来のドイツ型のシステム，すなわち10歳前後の段階で高等教育を目指すジムナジアム・コースと職人・技師を目指す実科コースに区分する中世以来のシステムを総合化しようとするものであり，ここに，現在の基礎学校9年間（義務教育）の形が確立されたのである。

（2）　教育システムの現状
　現在の基礎学校（Grundscola）の教育の現状を示すと次のとおりである。

①基礎学校在学，1,000人程度。私立の生徒数比率1995／96年2.2％，2002／03年5.2％，2005／06年7％（義務教育レベルの公的供給主義は，年を追うにつれて，私学のウエイトが増えることによって若干ずつ修正されているが，基本は変わっていない。）

②基礎学校の現状

　　義　務　制　　7～16歳

　　学　　　期　　8月下旬～翌6月上旬

　　授業時間　　1・2年生　　6時間／日　｜
　　　　　　　　3年生～　　　8時間／日　｜を超えてはならない。（1994年）

　　最低学習総時間　6,665時間

③基礎学校　低・中学校（6年間）

　　生徒：20人／1学級

　　（専任教員：学級毎に1人，2教室兼任の補助教員1人。）

　2学級担任3人制は，若い補助教員の訓練習熟目的と，特に算数・理科の授業でうまくついていけない児童の個別指導目的があると言われる。なお，わが国では1学級40人が上限となっている。

④外国語教育

　英語は一部で1年生から，通常2年生から，遅くとも4年生から。第2外国語（独，仏，西）6～7年生から。

　基礎学校終了後，前期高等教育，さらに大学教育が待っているが，その状況の概略を示すと次のとおりである。

①高校への進学率98％

　高校を卒業すると，子供は一人前とみなされ，両親の扶養義務は原則としてなくなり，大学へ行くにしても就職するにしても，親元から独立するのが原則である。

②高校→大学への進学率は1年以内20％程度，3年以内40％程度。

　大学学期，8月下旬～1月中旬，1月中旬～6月初旬。

第Ⅰ部　高福祉高負担という国家戦略

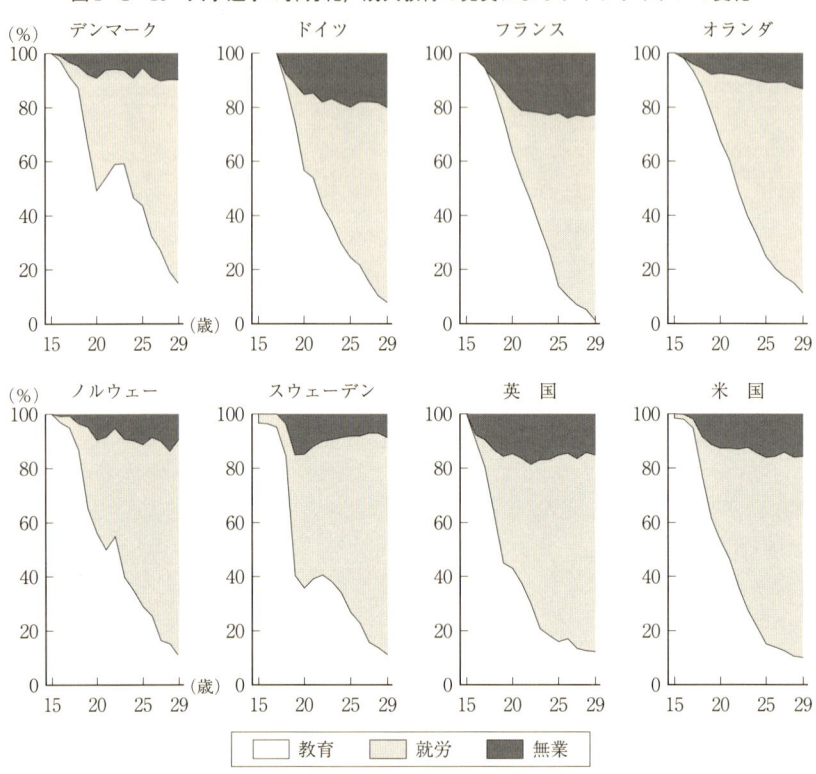

図Ⅰ-1-16　大学進学の弾力化，成人教育の充実によるライフサイクルの変化

注：若者のライフサイクルの比較（2006年，アメリカは2005年）。
出所：OECD：Economic Survey Sweden, 2008/20 Supplement No. 2., 宮本太郎『生活保障』岩波新書，2009年，178頁。

大学までの授業料は原則無料（親の養育義務は原則高校まで）。
大学脱落率は，初年度30％，卒業比率50％。
大学の学費は原則学生負担（奨学金，教育ローン，アルバイト）。

大学入学に関しては以下のようなスウェーデン独特の仕組みがある（北欧諸国にも同様の仕組みがある）。
大学入試は原則としてなく，高校からの内申書により入学の可否が決定され，高校時代に相当の成績を示していないと希望大学や学部へのストレートの入学

は難しい。1969（昭和44）年にいったん就職し，5年以内（現在は4年以内）の勤務経験があれば，大学入学に有利になる制度が導入された。

大学入学に関する北欧独特のこのシステムは，大学進学の弾力化をもたらし，成人教育の充実とあいまって，教育，就労に関するライフ・サイクルに北欧独特の特徴をもたらした。このことは，社会全体に好ましい流動性を賦与し，雇用構造や就業構造に好影響をもたらしているという評価がある（図 I - 1 - 16）。このことがスウェーデンの国際競争力に若干でも貢献しているかどうかは不明だが，スウェーデン国民に選択の幅の拡大をもたらし，住み易さに貢献していることはほぼまちがいないと思われる。

第7節　高福祉高負担型福祉国家の成長促進効果

以上の説明に基づき，国民の高負担を伴う高福祉政策が経済に及ぼす成長促進効果を要約して示せば，次の3点となろう。

第1に短期的な効果として，女性は，結婚し，子供を持てば，育児と家事に専念すべきであり（house-keeper），男性は外へ出て勤労に励むべきである（bread-earner）という保守的，貴族的な男女機能分担論を克服し，女性の家庭の束縛からの解放をもたらした。この結果，女性の経済界への大量進出が可能となり，一方で女性に適した職場として，保育，介護，教育等の福祉サービス面で大量の雇用機会が生み出された。このような形で短期的な経済成長が確保された。

第2に，中期的な効果として，各家庭経済面で見ると，夫婦ペアともに継続的にフルタイムに近い形で働くライフ・スタイルが一般的となり，夫婦の収入合計の増加をもたらした。このような状況は，夫婦が例えば40代に達するまでに3人以上の子供を持つ経済的基盤を有効に作り出し，人口置換水準2以上という特殊出生率に，社会全体として近づいてゆくという好ましい結果をもたらした。世帯収入の増加は，当然のことながら中期的な経済成長を促進する効果をもったことは言うまでもない。

第Ⅰ部　高福祉高負担という国家戦略

　第3に長期的な効果として，人口置換水準2に近い合計特殊出生率水準の実現に着目する必要がある。豊かな社会における少子高齢化傾向の進行はある程度は避け難いが，特殊出生率が2に近いということは，将来ともに長期にわたる潜在成長率を望ましい範囲（例えば実質2～3％の水準）に維持することを可能にする。このことは，少子高齢化によって，年金生活者などの老齢人口のウエイトが多少は増加したとしても，年金，医療，介護などの福祉システムの持続的，安定的維持を可能にする。現世代の人々が現在享受している豊かな社会の恵みを，次世代以降の人々に引き継いでゆくことが可能となるのである。[13]

---

[13]　スウェーデンは，1999年1月世界的に有名な思い切った年金改革を施行した。確定給付型賦課年金という従来型のシステムは，少子高齢化の進行とともに次第に後世代の負担が拡大し，システムとして持続可能性に疑問が生じるという事態を解決するため，この改革は，確定拠出型賦課年金という革新的なアイデアに踏み切るものであった。具体的には，将来にわたって，年金原資を負担する現役勤労世帯の年金負担率を所得の18.5％に固定し，その総額の枠内で年金受給者に年金額を配分する（配分方法は受給者の現役時代の年金負担金支払累計を基準として算定）ものであった。将来の現役世代の負担率は固定されるのであるから成長率が下がったり，出生率が下がって現役勤労人口が減少したりすれば年金受給者の受給額に必然的に跳ね返ることになる。スウェーデン政府は，将来ともに実質成長率が2％の水準を確保でき，特殊出生率が1.8で推移するという前提の下で長期試算を行い，現行確定給付型システムにおいては，年金受給額を現役世代所得の70％で推移する（これを年金の所得代替率という）という設計になっているのに比べ，新制度でも所得代替率60％は確保できるという結果を示した。スウェーデン国民は年金制度の安定確保のためには後世代の負担の軽減の必要性が避けて通れないことを十分認識した上で，所得代替率10％程度の低下は受忍できるとしてこの改革を受け入れたのである。この1999年という年は，バブル崩壊の成長率の低下の記憶が生々しく，この年の特殊出生率も1.5とスウェーデン戦後史上最低値を記録していたが，自らが実現してきた高福祉高負担政策の成長促進効果に自信を持ち，政府の計算が楽観的に過ぎるという意見はほとんど見られなかった。その後の成長率と出生率の回復プロセスを見ると，国民のこの自信が裏切られることはなかったことを示している（図Ⅰ-1-15）。OECDも少子高齢化の進行に伴う財政システムの動揺を未然に防いだ国として，スウェーデンのこの年金改革を高く評価している。なお，わが国の2004年の年金改革もスウェーデンのこの改革思想を一部踏襲している。

第2章
福祉国家における所得再分配効果

第1節　ジニ係数による分析

　高福祉高負担システムの下で，所得配分の不公平の修正，所得配分の格差の拡大阻止と減少に向けてどのような効果が現れているのかを次に検討してみよう。所得や資産の分布の不公平度を示す指標としてジニ係数がよく知られている。係数は0と1の間の値で表され，完全に平等な時，最小値0をとり，不公平度が大きいほど1に近づく。イタリアの統計学者ジニ（C. Gini, 1884～1965年）が考案したものである。

　まずジニ係数の基本的考え方を簡単な例で説明したい。

　(1) 5人の構成員（A, B, C, D, E）が100の所得を分け合う4つのケースを考える。

	完全公平	一般的なケース		完全不公平
		第1ケース	第2ケース	
A	20	10	5	0
B	20	15	10	0
C	20	20	18	0
D	20	25	27	0
E	20	30	40	100
計	100	100	100	100

　(2) この4つのケースについて所得累積グラフを作成する。これはローレンツ曲線と呼ばれる。

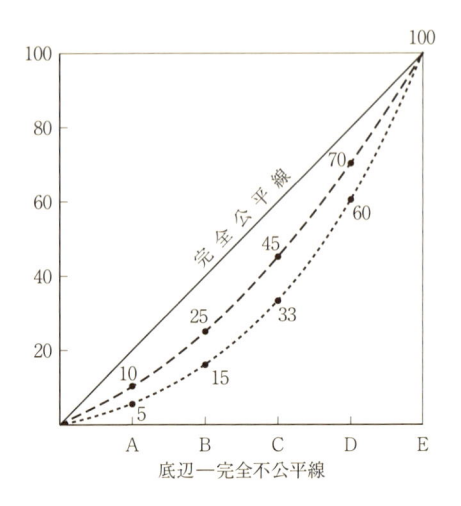

第Ⅰ部　高福祉高負担という国家戦略

　(3)こうして作図された各ローレンツ曲線と，対角線で示される完全公平線とで囲まれた「バナナ」のような形の図形の面積と，完全公平線と完全不公平線と累積総額を示すたて軸が作る直角三角形の面積の比率を計算したものが，ジニ係数である。図面から各ケースのジニ係数を算出することは容易である。結果は次のとおりである。

```
                              ジニ係数
  完全公平ケース                 0
  一般的なケース   第1ケース    0.200
                 第2ケース    0.308
  完全不公平ケース               1
```

　すなわち，バナナの図形がやせ細るほどジニ係数は0に近づき，公平度が増し，バナナの図形が下に垂れ下がってメタボになるほど，ジニ係数は1に近づき，不公平度が増す。

　以上，ジニ係数の基本的知識を得た上で，まず，OECDの計算により先進各国のジニ係数の比較表（表Ⅰ-2-1）を検討してみよう。当初所得と再分配後所得の2つのジニ係数が国毎に比較されている。

　当初所得は各人の得た所得そのまま，再分配後所得は国や公共団体が税や社

表Ⅰ-2-1　ジニ係数各国比較（1995年）

	当初所得	再分配後所得	係数の変化
スウェーデン	0.49	0.23	−0.53
オーストラリア	0.46	0.31	−0.34
ベルギー	0.53	0.27	−0.48
フィンランド	0.42	0.22	−0.48
フランス	0.39	0.23	−0.41
ドイツ	0.44	0.28	−0.35
イタリア	0.51	0.35	−0.32
日本	0.34	0.27	−0.22
オランダ	0.42	0.25	−0.40
米国	0.46	0.34	−0.25

出所：OECD: *Economic Surveys*; *Sweden*, 1999.

会保険負担を徴収し，社会保障等の支出を行った後の所得を意味する。当初所得で最も不公平な分配構造を持つ国はベルギー（0.53），次いでイタリア（0.51）である。この両国は，大貴族，大地主，大企業の所有者などが高い所得を得ており，ジニ係数は大きい。意外なのは，スウェーデンがその次に不公平な国だということであろう（0.49）。この国はベルギーなどと同じく王国で，旧貴族，大地主，大資本家などの勢力が温存されているのである。日本は当初所得で見る限り，一番公平な分配構造を持っていることがわかる。敗戦後のハイパーインフレ，農地改革，財閥解体や財産税賦課などを受け，また，その後の経済発展の中で中流階級の繁栄が見られ，このような結果になったのである。ただし，これは1995（平成7）年というやや古いデータであり，最近のデータは，もう少し不公平度が大きくなっている。

次に再分配後のジニ係数を見るとフィンランドやスウェーデンなど北欧の福祉国家の公平度が最も高くなっていることは一目でわかる。スウェーデンの例では，当初所得から再分配後所得へのジニ係数の改善度合いは53％に達し，この表では最大である。日本は当初所得と再分配後所得の改善度合いはたった22％，スウェーデンの半分以下で，この表では最小である。折角，当初所得のレベルで比較的公平だったのに再分配後では，不平等な国の部類に属しているのである。

ただし，税や社会保険負担は，金額表示で所得階層毎に把握することは容易

表 I-2-2 ブルーカラー被用者所得階層別公的負担額（2000年）

（単位：クローネ，％）

		ブルーカラー被用者グロス給与水準（年収）					
			2人の子供を持つ平均的片親世帯	推定全被用者平均			
		100,000	150,000	230,000	250,000	300,000	400,000
被用者1人当たり使用者負担コスト	A=B+C	138,200	207,400	317,900	345,600	415,100	553,400
社会保険料使用者負担	B	38,200	57,400	87,900	95,600	115,100	153,400
法定社会保険料負担	B_1	32,900	49,400	75,700	82,300	99,200	132,200
（受取グロス給与比）	(B_1/C)	(32.9)	(32.9)	(32.9)	(32.9)	(33.1)	(33.1)
労使協約による保険料負担	B_2	5,300	8,000	12,200	13,300	15,900	21,200
（受取グロス給与比）	(B_2/C)	(5.3)	(5.3)	(5.3)	(5.3)	(5.3)	(5.3)
被用者受取りグロス給与	C	100,000	150,000	230,000	250,000	300,000	400,000
源泉控除額	D	28,800	47,400	77,300	85,500	111,600	163,300
勤労所得税（国・地方）	D_1	21,800	36,900	61,200	68,000	90,600	142,000
（受取グロス給与比）	(D_1/C)	(21.8)	(24.6)	(26.6)	(27.2)	(30.2)	(35.5)
社会保険料本人負担	D_2	7,000	10,500	16,100	17,500	21,000	21,300
（受取グロス給与比）	D_2/C	(7.0)	(7.0)	(7.0)	(7.0)	(7.0)	(5.3)
差引被用者手取り給与	E=C-D	71,200	102,600	152,700	164,500	188,400	236,700
消費に伴う間接税負担（推計）	F	15,300	22,000	32,700	35,300	40,400	50,700
（受取グロス給与比）	(F/C)	(15.3)	(14.7)	(14.2)	(14.1)	(13.5)	(12.7)
再差引被用者純手取り収入	G=E-F	55,900	80,600	120,000	129,200	148,000	186,000
被用者ベース公的負担率	(C-G/C)	(44.1)	(46.3)	(47.9)	(48.3)	(50.7)	(53.5)
使用者ベース公的負担率	(B_1+D+F/C+B_1)	(57.9)	(59.5)	(60.7)	(61.1)	(62.9)	(65.1)

出所：スウェーデン納税者連合資料により筆者作成。

である一方，社会保障等の支出を行った場合の所得階層別の受益額は，年金や失業保険などの現金給付の算定に関しては容易であるが，サービスや現物給付の形の支出については，金額表示での把握は容易ではなく，ジニ係数算定上は，医療，介護，保育のサービス給付の計上にとどめている。

このことを考慮した上での再分配後の所得のジニ係数の改善度は，特に高福祉高負担国家においてさらに高いと考えられる。

この点を考慮し，スウェーデンについて，個別家計における夫婦子供2人のケース（子供2人は就学前学校を利用する年齢と仮定する）で保育サービスと家族手当の受益と，税及び社会保険料負担との関係を所得階層別に検討してみたい。

まずその前提として，スウェーデン家計における所得税，住民税，社会保険

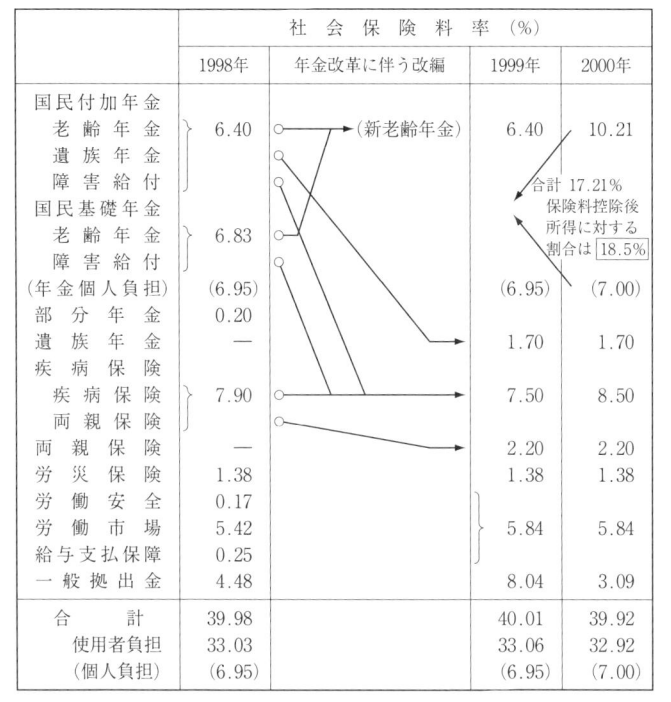

第2章 福祉国家における所得再分配効果

表 I-2-3 スウェーデンの社会保険料率

	社 会 保 険 料 率 （％）			
	1998年	年金改革に伴う改編	1999年	2000年
国民付加年金 老齢年金 遺族年金 障害給付	6.40	(新老齢年金)	6.40	10.21
国民基礎年金 老齢年金 障害給付	6.83			合計 17.21％ 保険料控除後 所得に対する 割合は 18.5％
（年金個人負担）	(6.95)		(6.95)	(7.00)
部 分 年 金	0.20			
遺 族 年 金	—		1.70	1.70
疾 病 保 険 疾 病 保 険 両 親 保 険	7.90		7.50	8.50
両 親 保 険			2.20	2.20
労 災 保 険	1.38		1.38	1.38
労 働 安 全	0.17			
労 働 市 場	5.42		5.84	5.84
給与支払保障	0.25			
一 般 拠 出 金	4.48		8.04	3.09
合　　　計	39.98		40.01	39.92
使用者負担	33.03		33.06	32.92
（個人負担）	(6.95)		(6.95)	(7.00)

注：1999年の年金改革に備えて，社会保険料率配分の組替えが行われた。

料負担の所得別の負担状況を表 I-2-2 に示す（2000〔平成12〕年の係数）。この年のブルーカラー被用者の平均であるグロス年収230,000クローネのケースをまず見てほしい（この年前後のレートでは1クローネは大体15円程度の水準である）。

　国，地方の所得税の源泉控除額に社会保険料本人負担及び消費に伴う間接税負担（25％税率の付加価値税が主であり，エネルギー税など個人負担分の推計が可能な間接税を含む）を被用者ベースの公的負担として示し，その負担率は47.9％となっている。この負担率を所得別にながめるとまず驚くのは累進度の低さであろう。住民税の一律課税や付加価値税のウエイトの高さから予想されたことではあるが，そこには，公的活動に対して，各自が一市民として「応分の」負担をするということへの抵抗感の低さがうかがわれる。

第Ⅰ部　高福祉高負担という国家戦略

表Ⅰ-2-4　世帯ベースの公的負担と出産・育児施策の受益額

(単位：クローネ，%)

		2人の子供を持つ平均的片親世帯	比較的低所得世帯			2人の子供を持つ平均的世帯			比較的富裕な世帯		
			夫	妻	計	夫	妻	計	夫	妻	計
受取グロス給与	A	150,000	150,000	100,000	250,000	200,000	150,000	350,000	400,000	250,000	650,000
源泉控除額	B	47,400	47,400	28,800	76,200	67,100	47,400	114,500	163,300	85,500	248,800
勤労所得税	B_1	36,900	36,900	21,800	58,700	53,100	36,900	90,000	142,000	68,000	210,000
(受取グロス給与比)	(B_1/A)	(24.6)	(24.6)	(21.8)	(23.5)	(26.5)	(24.6)	(25.7)	(35.5)	(27.2)	(32.3)
社会保険料本人負担	B_2	10,500	10,500	7,000	17,500	14,000	10,500	24,500	21,300	17,500	38,800
(受取グロス給与比)	(B_2/A)	(7.0)	(7.0)	(7.0)	(7.0)	(7.0)	(7.0)	(7.0)	(5.3)	(7.0)	(6.0)
差引手取給与	$C=A-B$	102,600	102,600	71,200	173,800	132,900	102,600	235,500	236,700	164,500	401,200
消費に伴う間接税負担	D	22,000	22,000	15,300	37,300	28,500	22,000	50,500	50,700	35,300	86,000
(受取グロス給与比)	(D/A)	(14.7)	(14.7)	(15.3)	(14.9)	(14.2)	(14.7)	(14.4)	(12.7)	(14.1)	(13.2)
再差引純手取り収入	$E=C-D$	80,600	80,600	55,900	136,500	104,400	80,600	185,000	186,000	129,200	315,200
間接税を含む租税負担	$F=B_1+D$	58,900			96,000			140,500			296,000
社会保険料本人負担を含む公的負担	$G=F+B_2$	69,400			113,500			165,000			334,800
子供2人家計の受益額	H	158,800			158,800			158,800			158,800
児童手当	H_1	22,800			22,800			22,800			22,800
保育所公費負担	H_2	136,000			136,000			136,000			136,000
税負担に対する受益率の比率(受益率)	(H/F)	(269.6)			(165.4)			(113.0)			(53.6)
手取給与に対する児童手当の比率	(H_1/C)	(22.2)			(13.1)			(9.7)			(5.7)

注：児童手当については，第1子・第2子各11,400クローネ／年。保育所公費負担については，1人当たり保育コストを80,000クローネ／年として，その15％に当たる12,000クローネを家計負担，68,000クローネを公費負担とした。
出所：筆者作成。

もう1つ，この国の負担の特徴は，個人の負担する社会保険料が年金分7％だけなのに対し，企業の負担する分が法定分だけで32.9％に及び，高率となっていることである（この負担率にも累進的性格は全くない）。この高率の社会保険料を含む使用者ベースの公的負担率は，最下欄に示すように，所得水準によって57.9〜65.1％という高率であり，累進度も意外に低いことが一目でわかる。参考までに，スウェーデンの社会保険料負担の内容を表Ⅰ-2-3に示す。

この負担に対して受益の方はどうだろうか。表Ⅰ-2-4は，保育所に通う子供2人の世帯の負担と受益を比較したものである。2人の子供を持つ世帯の平

均の家計収入は350,000クローネという統計をベースとして作成したものであるが，租税その他の負担は世帯ベースではなく個人ベースで課されるので，夫と妻の収入配分を適宜仮定して計算している。個人負担のうち社会保険料は年金に充てられるので，税負担のみをとって受益と比較すると，平均的世帯でも税負担に対する受益の超過率は13.0％に及び，それより低所得階層の受益超過は急速に拡大することが一目瞭然である。

高福祉と高負担システムの下では，多くの子供を持つ家庭など福祉サービスを受益する立場にある家計であって，平均所得以下である場合，受益が負担を大幅に上回り，その分は高所得で豊かな生活を享受している家計の支払う負担額によって補塡され，結局所得再配分効果が発生する状況が見てとれるのである。

経済的弱者（市場経済における弱者）の味方であることを表看板とする左翼政党・社会民主党が，増税路線をとり続けた理由もここにあり，このような政策の遂行が国民の支持を受け続け，他国に例を見ない長期政権を維持できた理由もまさにここにあると言えよう。

第2節　日本におけるジニ係数の推移

日本のジニ係数については，わが国の内閣府は原則3年毎に計算結果を公表している（表Ⅰ-2-5）。（なお計算の方法が若干異なるので，OECDの調査との連続性はない。）この調査によると，当初ジニ係数は1996（平成8）年から2008（平成20）年にかけて，調査年毎に不公平度が増加していることが注目される。この原因の1つは高齢化の進展であり，65歳以上で年金を受ける高齢者層の当初所得水準は，働く世代の水準より低いのが通常であり，高齢化が進んで高齢者のウエイトが増えるとジニ係数は上がる。しかし，最近のジニ係数の急速な上昇はこの要因だけでは説明がつかず，働く若い世代の間で，パート，派遣，フリーターなどの低収入しか得られない非正規雇用者のウエイトの増大やIT分野やブランド商品関連分野などで高収入を得る者の所得拡大が指摘される。さ

第Ⅰ部　高福祉高負担という国家戦略

表Ⅰ-2-5　所得再分配によるジニ係数の変化

年	当初所得の格差	再分配所得の格差	改善度	社会保障による改善度	税による改善度
1996	0.4412	0.3606	18.3	15.2	3.6
1999	0.4720	0.3814	19.2	16.8	2.9
2002	0.4983	0.3812	23.5	20.8	3.4
2005	0.5263	0.3873	26.4	24.0	3.2
2008	0.5318	0.3758	29.3	26.6	3.7

注：1999年以前の現物給付は医療のみであり，2002年以降については医療，介護，保育である。
出所：内閣府調査。

表Ⅰ-2-6　当初所得階級別所得再分配状況

当初所得階級	当初所得(A)(万円)	再分配所得(B)(万円)	再分配係数(B−A)/A(％)	拠出(万円) 税金	拠出(万円) 社会保険料	受給(万円)
総　数	445.1	517.9	16.4	49.7	50.8	173.3
50万円未満	4.4	298.1	6,650.1	9.9	13.5	317.1
50～100	74.1	295.5	298.6	12.2	17.2	250.7
100～150	120.2	283.9	136.2	11.0	17.1	191.8
150～200	172.0	283.7	64.9	15.8	21.7	149.1
200～250	223.8	330.3	47.6	20.8	26.9	154.2
250～300	273.6	350.6	28.1	23.0	36.0	136.0
300～350	320.9	403.1	25.6	27.0	40.8	150.1
350～400	371.7	391.0	5.2	28.3	44.7	92.2
400～450	420.6	428.9	2.0	34.6	50.5	93.4
450～500	472.8	494.3	4.5	37.6	54.3	113.3
500～550	522.3	541.3	3.6	44.1	60.4	123.6
550～600	572.7	557.3	△2.7	47.9	63.2	95.7
600～650	618.7	564.5	△8.8	52.4	72.6	70.8
650～700	669.3	670.0	0.1	57.9	74.2	132.8
700～750	722.0	671.6	△7.0	61.8	78.1	89.4
750～800	772.6	712.9	△7.7	76.6	85.5	102.3
800～850	821.4	734.3	△10.6	75.8	90.7	79.4
850～900	872.0	804.9	△7.7	81.9	96.7	111.4
900～950	918.8	811.0	△11.7	90.6	103.6	86.4
950～1,000	973.6	846.4	△13.1	99.5	102.5	74.8
1,000万円以上	1,466.1	1,256.6	△14.3	205.8	130.1	126.4

出所：内閣府調査。

らに，当初所得から再分配後所得へのジニ係数の改善度合いは，高福祉国家に比べて格段に小さいことにも注目する必要がある。また，最近では，当初所得のジニ係数の大幅な不公平化に改善度が追いつかず，再分配後所得も1999（平成11）年以降0.38前後で推移していることにも注目してほしい。ところで，もう1つ，内閣府は非常に興味深い表を示している。当初所得の階層別に当初所得から再分配後所得への移行状況を示す表Ⅰ-2-6である。当初所得の低い階層ほど再分配後所得への再分配係数は高くなることは当然だが，この表を見ると，年収650万円程度以下の階層の人々で再分配係数はプラス，つまり，負担より受益のほうが大きく，それ以上の階層では，再分配係数はマイナスになっている。

既述のとおり，受益額にはサービスや現物給付の計上範囲は限られているので，この点も考慮すると平均以下の所得層の受益超過はより大きいと考えられる。

第3節　相対貧困率による分析

OECDは，所得配分の不公平度を国別に比較する手法として，ジニ係数のほかに，「相対貧困率」という概念による分析を行っている（表Ⅰ-2-7）。相対貧困率とは，国民1人ひとりの所得を順番に並べ，ちょうど真中の額の人（中間値と言う。通常，平均値よりやや低く出る）を定め，さらにその額の半分に満たない人が全体でどの位の割合を占めるかを示すものである。

表Ⅰ-2-7に示す結果を，もはや細かく説明する必要はないであろう。スウェーデンやフランスなど名だたる福祉国家において，所得再分配効果が有効に作用し，可処分所得レベルでの相対貧困率の著しい低下を実現しているのに対し，日本とアメリカの相対貧困率の高さはおおうべくもない。[14]このような状

---

[14] OECDのこの報告を受けて，2009（平成21）年10月，わが国の厚生労働省は国民生活基礎調査に基づいて，わが国の相対貧困率の3年毎の推移を発表した。結果は81頁下の図のとおりである（可処分所得ベース）。

表 I-2-7 相対的貧困率の国際比較（2000年代半ば）　　（単位：％）

	市場所得段階での相対的貧困率	所得再分配によって減少する相対的貧困率	可処分所得による相対的貧困率
デンマーク	23.6	－ 18.3 ＝	5.3
スウェーデン	26.7	－ 21.4 ＝	5.3
チェコ	28.2	－ 22.4 ＝	5.8
オーストリア	23.1	－ 16.5 ＝	6.6
ノルウェー	24.0	－ 17.2 ＝	6.8
フランス	30.7	－ 23.6 ＝	7.1
ハンガリー	29.9	－ 22.8 ＝	7.1
アイスランド	20.1	－ 13.0 ＝	7.1
フィンランド	17.6	－ 10.3 ＝	7.3
オランダ	24.7	－ 17.0 ＝	7.7
ルクセンブルグ	29.1	－ 21.0 ＝	8.1
スロバキア	27.4	－ 19.3 ＝	8.1
英国	26.3	－ 18.0 ＝	8.3
スイス	18.0	－ 9.3 ＝	8.7
ベルギー	32.7	－ 23.9 ＝	8.8
ニュージーランド	26.6	－ 15.8 ＝	10.8
ドイツ	33.6	－ 22.6 ＝	11.0
イタリア	33.8	－ 22.4 ＝	11.4
カナダ	23.1	－ 11.1 ＝	12.0
オーストラリア	28.6	－ 16.2 ＝	12.4
ギリシャ	32.5	－ 19.9 ＝	12.6
ポルトガル	29.0	－ 16.1 ＝	12.9
スペイン	17.6	－ 3.5 ＝	14.1
韓国	17.5	－ 2.9 ＝	14.6
ポーランド	37.5	－ 22.9 ＝	14.6
アイルランド	30.9	－ 16.1 ＝	14.8
日本	26.9	－ 12.0 ＝	14.9
米国	26.3	－ 9.2 ＝	17.1
トルコ	－	－ ＝	17.5
メキシコ	21.0	－ 2.6 ＝	18.4
OECD平均	26.4	15.9	10.6

注：相対的貧困率の算定に際しては，世帯所得を世帯人員の平方根で割ったものを各個人の所得とする（等価所得と言う）。
　　世帯所得の平均値　　　579.7万円
　　　　　　中央値　　　　476万円
　　等価所得の中央値　　　260万円
　　中央値の1/2 貧困線　　130万円
　（各金額は相対的貧困率算定の基礎となった年の所得である。）
出所：OECD：StatExtracts.

図I-2-1 雇用形態毎の1ヶ月当たり賃金

注：2007年 平均賃金（月）
　　正社員　318,200円
　　非正規　192,900円（60.6％）
　　特に30歳代以上で開きが大きい（2009.2.28.日経）。
出所：2007年，厚生労働省調べ。

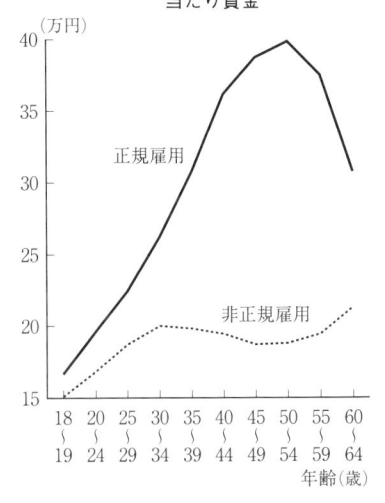

図I-2-2 正社員と派遣社員の賃金比較（時給換算）

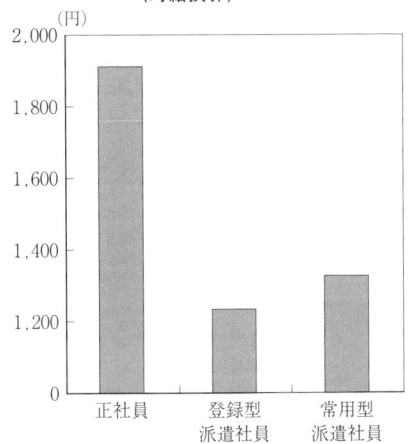

出所：厚生労働省調べ（2009.12.18.日経）。

況の下で，2008（平成20）年のいわゆるリーマン・ショック等に起因する世界的経済混乱と不況現象の到来に際して，日本やアメリカの受ける社会的ショックの大きさもまた，深刻とならざるを得ないのである。

わが国の相対貧困率の高さの1つの主要な原因として，かつてわが国で支配

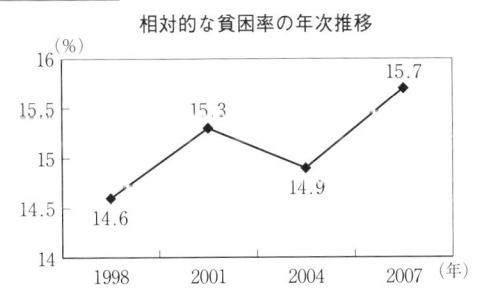

相対的な貧困率の年次推移

年	1998	2001	2004	2007
％	14.6	15.3	14.9	15.7

出所：厚生労働省「相対的貧困率の年次推移」（2009年10月20日）。

図 I - 2 - 3　男女間賃金格差の国際比較（男性＝100）

韓国	62.6
マレーシア	63.0
日本	66.8
シンガポール	72.3
ドイツ	74.0
米国	81.0
英国	82.6
オーストラリア	86.4
フランス	86.6
ノルウェー	86.8
スウェーデン	88.4
フィリピン	96.6

注：『男女共同参画白書』2007年版（内閣府）より。日本は正社員間の男女比較，他の雇用形態を含む国もある。

的であった「終身雇用，年功序列型賃金体系」のシステムの残影が色濃く残っているため，中高年齢層就業者と若年就業者の賃金格差が他の先進国に比して大きいという事情が指摘できる。そのほかに，正規雇用と非正規雇用の賃金格差（図 I - 2 - 1，図 I - 2 - 2）や，国際的に見ても大きな男女間賃金格差（図 I - 2 - 3）があり，その上，所得再分配による貧困率減少効果の小ささが決定的となっているのである。

第3章
福祉国家における地域開発効果

第1節　地域格差の実態に関するマクロ的検討

　先進高所得国家における地域格差を最もよく示すのは，中央と地方の経済力の調整のための公的施策の程度であり，地方財政調整制度の規模に現れる。スウェーデンにおける地方財政調整制度は，比較的高所得の中央都市部の財源の一部を，比較的低所得の地方に移転する，いわゆる「水平的調整」により実施されてきており，その最終的な姿はたび重なる試行錯誤の後，ようやく1996（平成8）年に完成した。その規模は，県レベルで見ると県税収全体の2.5％に過ぎず，最大の拠出県であるストックホルム県はその税収の5％を負担するに過ぎない（1999〔平成11〕年）（表Ⅰ-3-1）。

　これは，わが国の高率の地方交付税制度による国・地方間の垂直的財政調整制度の規模に比べると信じ難いほどの低レベルである。経済的に高度に発達した国家であるにもかかわらず，地域格差是正施策がこの程度の規模にとどまり得たのもまた福祉国家の機能と言える。

　なお，スウェーデンにおける水平的財政調整制度については，拠出側であるストックホルム県及びストックホルム市側の嫌悪感が極めて強く，この制度を皮肉をこめて「ロビン・フッド税」と呼んだ。ロビン・フッドは義賊と呼ばれ，富裕な貴族や高位僧侶から財宝を奪い，困っている人々に分け与えたかもしれないが，所詮強盗は強盗であり，水平的財政調整制度もストックホルムの財産を不法に持ち去るロビン・フッドの発想だと言うわけである。

表Ⅰ-3-1 地方財政調整制度の規模（1999年 ロビン・フッド税による地方公共団体間調整）
(単位：億クローネ)

平衡交付金	ランスティング	(うち)ストックホルム・ランスティング
収入調整制度　4県負担	34	33
費用調整制度　13県負担	33	△21
ネット拠出額　9県負担	25	差引 13
税　収　規　模	1,000	240
ネット拠出額比率	約2.5%	約5%
歳入規模に対する比率	約1.5%	

〔参考〕 地方財政調整制度の規模（大略）（1999年）
(単位：億クローネ)

平衡交付金と国庫補助金	ランスティング間	コミューン間
収入調整制度	34	88
費用調整制度	33	52
国庫補助金一般補助金	190	600

出所：財務省資料により筆者作成。

　政府は，このような批判を受けて，2005（平成17）年よりこの水平的財政調整制度を廃止し，従来，地方公共団体の財政力かさ上げの目的で，人口，面積などにより機械的に配分していた一般補助金の一部について，各団体の財政力を加味した配分に変更し，財政調整機能を持たせることとした模様である。しかし，その規模は従来と大差ないと言われる。

〔参考〕わが国の地方財政調整制度
　(1)　わが国の地方財政調整の本格的な制度化は，1954（昭和29）年の地方交付税制度にさかのぼるが，表「地方交付税率の推移」に示すように，それ以来拡充の一方通行であり，縮小は一度もない。戦後の高度成長期から現在に至るまで，わが国の経済的集中は絶えまなく続き，中央と地方の格差が常に拡大してきたことを示している。現時点での地方交付税の規模の大きさは，表に示すとおりであり，福祉国家スウェーデンとは比較にならないほど大きい。

第3章 福祉国家における地域開発効果

地方交付税率の推移　　　　　　　　　　　　　（単位：％）

年　度	地方交付税率		
	国税三税	消費税	たばこ税
1954（昭29）	（当初予算） 所得税 19.66 法人税 19.66 酒　税 20.0 （補正後予算） 所得税 19.874 法人税 19.874 酒　税 20.0		
1955（昭30）	22.0		
1956（昭31）	25.0		
1957（昭32）	26.0		
1958（昭33）	27.5		
1959（昭34）～ 1961（昭36）	28.5		
1962（昭37）～ 1964（昭39）	28.9		
1965（昭40）	29.5		

年　度	地方交付税率		
	国税三税	消費税	たばこ税
1966（昭41）～ 1988（昭63）	32.0		
1989（平元）～ 1996（平8）	32.0	24.0	25.0
1997（平9）～ 1998（平10）	32.0	29.5	25.0
1999（平11）	所得税 32.0 法人税 32.5 酒　税 32.0	29.5	25.0
2000（平12）～ 2006（平18）	所得税 32.0 法人税 35.8 酒　税 32.0	29.5	25.0
2007（平19）	所得税 32.0 法人税 34.0 酒　税 32.0	29.5	25.0

出所：財務省資料。

(2) 日本の最近の地方交付税の規模

（単位：兆円）

	2009年度	2010年度	前年度比
一般会計地方交付税等計上額	16.6	17.5	＋0.9
実質的な地方交付税額	21.0	24.6	＋3.6
○地方交付税	15.8	16.9	＋1.1
（内訳）			
国税5税法定率分		9.6	
特別会計借入金元利等		△2.1	
小　　計		7.5	
一般会計各種加算		8.4	
○臨時財政対策債	5.2	7.7	＋2.5

地方財政収支見直し		
○歳出総額	82.6	82.1
実質的地方交付税の割合	25.4%	30.0%
○地方税総額	36.2	32.5
実質的地方交付税の割合	57.9%	75.6%

まず，スウェーデンにおける中央，地方の格差がなぜこの程度の規模ですんでいるのかを理解するため，過疎小規模自治体の実態を見てみると，次のような諸点が指摘できる。

(1) 過疎あるいは小規模であることを理由とする助成制度は，若干の財政制度のほかは原則として存在しない。

(2) 過疎あるいは地方の小規模自治体へのインフラストラクチャ投資助成は，過去にかなり行われたが，それなりの整備水準に到達してからは，必要に応じて適宜行われる形となっている。

(3) むしろ過疎あるいは，地方の小規模自治体の振興にとって有効な助成となったのは，医療，介護，育児及び基礎学校などの教育施設など，福祉国家特有の福祉，教育サービス施設の整備と運用であったと考えられる。

(4) これらのサービス施設の運営には，人的な投資が必ず伴うものであり，地域コミュニティの活力保持に貢献したと考えられ，都市と地方の格差拡大を抑制する上でのソフト・インフラストラクチャの機能を持ったと言える。

以上の記述のうち，特に重要な点は(3)と(4)である。経済発展が旺盛な時期においては，地方の経済インフラストラクチャとして道路や港湾，空港などの物的資産の整備に資金を投入する政策も是認できるし，地域の経済発展を促進する効果も期待できたが，経済規模も大きくなり，成長率にも限界が生じてくる段階では，このような政策の効果に限界が現れることは避け難い。工事施行に伴う地域経済振興効果は工事中に限られ，そのことによる，いわゆるケインズ型の波及プロセスも，工事現場の集落から，経済中心部へ流出する割合が高く（ケインズ効果のリーケージ），いわゆる乗数効果もさほどではない。またこのような効果も施設が完了し，工事が終了すればそれで終わりであり，物的施設

完成後，生産施設の誘致などの経済振興効果が小さいと，むしろ人口流出などのいわゆるストロー効果に苦しむことになりかねないのである。

　経済の発展段階もこのようなレベルに達すれば，上記(3)(4)に示すように，地域開発投資も物的施設整備から，各般の，いわゆる「ソフト・インフラストラクチャ」に自然に移行してゆく——これが福祉国家の通常の姿と言える。

　このことを図式的に言えば，福祉国家においては，年金，医療，介護，児童保育などの福祉システム，教育などに，地域格差があってはならない。これは，国民に高い負担を課す以上当然のことである。そのため，地方の小集落であっても最低限の医療，介護，保育，教育の提供システムが作り出され，これを担う人材が，さらに家族を伴うことから，地方からの人材流出も結果として阻止される。ノーマルな人口構成が維持され，小規模な生産施設も生き延びる。わが国に見られるような65歳以上の人口が過半を占めるような限界集落の出現は阻止されるのである。

　また，このような各般の福祉システムの健全な活動は，それ自体，ケインズ型の波及効果を持ち，この効果はその地域内で完結し（すなわちいわゆるリーケージはごく小さい），地域の経済規模拡大に貢献するのである。

　民主党の新政策「コンクリートから人へ」というスローガンも上記のように解釈すべきであり，この実現のためには，高度の福祉国家で実現したような公共部門の財政力の充実が必要であることも言をまたないのである。

第2節　スウェーデンの辺境地区コミューン（市町村）における福祉と施設の実態

　岡沢憲芙・中間真一編『スウェーデン　自律社会を生きる人びと』（早稲田大学出版部，2006年）に掲載された論文，木下淑恵「自律社会における保健，医療，療養」において，スウェーデンの最北端ランスティング（県）・ノルボッテン（この県の北半分は北極圏に属する）の中部にある2つの辺地コミューン（市町村），アリェプログ（Arjieplogskommun）とアルヴィジョー（Arvidsjaurskommun）の

事例が紹介されている。その内容を要約して示すと次のとおりである（2005〔平成17〕年の状況）。

○アリェプログ・コミューン

1) 面積　12,804 km^2（全国のコミューンの第4位）

2) 人口　3,262人（全国のコミューンのうち，小さい方から第4位）

3) 65歳以上の高齢者比率　24.1％（全国17.2％）

4) 最大集落　アリェプログ地区・人口約2,000人

　　ほかに，3〜4の小集落が点在する。

5) 主要な産業　林業，鉱業，観光業（最大の雇用主は圧倒的にコミューン）

6) 住民税率　ランスティング＋コミューン31.70％（全国平均31.60％）

7) 福祉施設の現況

　　イ) 高齢者福祉

　　　　サービスハウス（介護付き集合住宅2棟50室）

　　　　認知症高齢者用グループホーム（12人居住）

　　　　ナーシングホーム（高齢者長期療養施設，23人居住）

　　　　ホームヘルプ・サービス（利用者・中心地49人，周辺地30人）

　　ロ) 保健・医療

　　　　地区診療所（中心地アリェプログ地区所在）

　　　　　スタッフ30人

　　　　　医師3人，副看護師2人，地区作業療法士2人，理学療法士2人，救急用ベッド8

　　　　地区看護師診察室（各集落所在）

注：(1) 地区看護師診察室や地区診療所で対応できない場合，病気，病状に応じて
　　　　　ピテオ・県地区病院――ルレオ・県中央病院
　　　　　ウメオ・大学病院――ウプサラ大学病院
　　(2) スウェーデンでは，地区看護師の有資格者は，特定の診療行為を行うことが認められている。

○アルヴィジョー・コミューン

1) 面積　5,699 km^2（全国のコミューンの第17位）

2）人口　7,017人
3）65歳以上の高齢者比率　24.5％（全国17.2％）
4）最大集落　アルヴィジョー地区・人口4,641人
　　ほかに，主な地区2ヶ所，人口それぞれ391人，312人，その他1,700人散在
5）主要な産業　林業（最大の雇用主は公的機関）
6）住民税率　ランスティング＋コミューン30.75％（全国平均31.60％）
7）福祉施設の現況
　イ）高齢者福祉
　　サービスハウス，認知症高齢者用グループホーム，ナーシングホーム（居住者170人）
　　ナイトパトロール（中心地区，利用者15人）
　ロ）保健・医療・療養
　　地区診療所（アルヴィジョー地区）
　　　スタッフ85人
　　　医師，作業療法士，理学療法士を含む
　　　ピテオ・県地区病院より各科専門医が定期的に来訪，救急部門あり
　　地区看護師診察室（2集落に所在）

　ここで紹介されている2ヶ所の辺地コミューンは，所在地域，面積，人口，産業などから推察すれば，わが国では，このような地域の経済的衰退は避けられず，そこに所在する集落のほとんどが，高齢化率50％を超える限界集落か，あるいは，子供の姿と喊声の消えた沈黙の集落か，さらには，完全に住む人のいない廃集落か，多分，このいずれかであろう。福祉国家スウェーデンでは，ここで記したように辺地と言えども住民は全国平均とほぼ同じ高率の住民税を負担し，高度の福祉サービスを享受できる体制下で生活を営んでいる。このことが，地域の活力を保存するソフト・インフラストラクチャとなっていることが理解できよう。各コミューン本来の主要産業は活力を維持し，食料，雑貨品などを生産し，流通させる地域的な小企業もまた営業を継続できるのである。

第Ⅰ部　高福祉高負担という国家戦略

高福祉高負担システムの導入，確立という政策は，国土の均衡ある発展という政策目的の実現のために実行に移されたとは言えないにしても，結果として，この目的の達成に大きく貢献したと言わざるを得ないのである。

第Ⅰ部のまとめにかえて——高福祉高負担という国家戦略

　高福祉高負担システムに対するわが国の批判に対して，そのほとんどは妥当性を欠くものであるという筆者の得た結論の根拠は，以上の考察によりご理解いただけたと思う。序章で述べた批判のうちの第3点，高所得者や資産家の海外逃避の可能性について最後に触れておきたい。この批判も全く当を得ないのである。そもそも超高額の所得の源泉がスウェーデンにある人が，国籍や居住地を変更することによって課税を免れることは，非合法な脱税的手段によらない限り可能とは思えない。

　この批判を信じる者のほとんどは，世界的に有名なスウェーデン人テニスプレーヤー・ボルグの実例を持ち出すのが常である。たしかにボルグは，スウェーデンから低税率国に国籍を移したことは事実である。しかしこれは，極めて稀な例であって，天才テニスプレーヤー・ボルグの高所得はスウェーデンにおける活動を源泉とするものではなく，テニスのプロとしてチャンピオン大会をわたり歩いて得たものであり，このような場合に限り，低税率国に国籍を移す可能性が生ずる。しかもボルグの高所得はプロとしての活動が可能な若い時期に集中し，20代末から30代に入って引退時期がやってくれば，所得も急速に減少することは避けられない。ボルグが充分賢明であれば，高所得の時期にその相当部分を貯蓄し，引退後に備えることが合理的であろう。発生所得そのものへの高率課税は，このような，いわば例外的な生涯稼得パターンを持つ人にとって，生涯ライフ・スタイルの設計上極めて不利となる可能性がある。通常の稼得パターンならば若い時期の低所得から，知識，経験を蓄積するに従って次第に所得を増し，50代60代に豊かな時期を迎える——これが大方の生涯ライフ・スタイルであろう。ボルグにとって，貯蓄した所得を引退後に消費，そ

れに見合う課税に従う——こういう方法をとりたいと思うのは極めて合理的なのである。現にボルグは引退とほぼ時期を同じくして，再び国籍をスウェーデンにもどし，高率の消費課税に従っているのである。ただし，同様の状況にあるプロのプレーヤーであっても，フットボールなどの団体競技の場合には，所属チームの所在国から国籍や居所を移すことは，まずできないことを付言しておきたい。

　最近，学業を終えた若者達が，スウェーデンを出て国外で就職するケースが増加していると言われ，このことの原因を高率の課税に求める意見もあるが，これも当を得たものとは思えない。スウェーデンは1995（平成7）年以来EUに加盟し，その有力なメンバーとなった。EUとは，周知の如く，商品，資本，労働力の国境を越えた自由移動によって，EU全体の国際競争力の強化を目指すことを1つの主要な目的とする組織であり，スウェーデンの有為の若者が国境を越えて働く場をEU全体に広く求める動機を節税に矮小化するのは，あまりにも偏った見方であろう。実際，例えば金融面に活動の場を求める若者が，米国やロンドンのシティ・バンクあるいはIMF，世界銀行などに職を求め，金融業の実態に触れて技能をみがき，スウェーデンの金融業界に好条件で迎えられる事例なども多くなっているのである。

　さらには，現役時代に事業活動で好業績を挙げて，多額の資産を蓄積し（もちろん税負担を免れたりはしていない），現役引退を機に地中海沿岸地方やスイスなどに別荘を得て，趣味に生きるというような幸せな例を高負担を理由とする海外逃避の実例とする論説などあまりの僻目と言わざるを得ない。

第Ⅱ部
高福祉高負担国家スウェーデンにおける労働市場政策とコミュニティの重要性

第1章
労働市場政策

　第Ⅰ部において，スウェーデンにおける高福祉高負担システムへの着手とその展開プロセスを検討し，その進行過程における経済，社会の変化について動態的分析（ダイナミック・アナリシス）を試みた。その際，20年余りに及ぶ高負担の漸進的実現過程を図Ⅰ-1-1に示し，その結果として社会保障給付費の漸進的な増加が確保された（表Ⅰ-1-3）ことを示し，結果としての社会保障給付費総額とその内容の概要（図Ⅰ-1-2）をマクロ的に分析した。とりわけ，スウェーデンとわが国の社会保障給付費の水準の大差は，年金，医療への公的負担を除くその他の社会福祉の大差（スウェーデン対GDP比14.4％，日本3.3％，約4.4倍）に主として基づくものであることを指摘した。ここで「その他の社会福祉」とは，家族政策，老人介護政策，生活保護，労働市場政策の4本柱からなることを説明した上で，第Ⅰ部では家族政策の動態的分析を試みた。本章では，そのうち，労働市場政策について，スウェーデンにおける発展プロセスの動態的分析を簡単に試みたい。

第1節　スウェーデンにおける労働市場政策の発展

　第Ⅰ部において，1932（昭和7）年に登場したハンソン社民党内閣の，内政面での政策を示すキーワードとして「スウェーデン型福祉国家の基礎となる枠組みの確立」という用語を用いた。その労働市場政策面での内容は，経済発展初期の工業化，都市化の段階で常に生ずる尖鋭な労働争議の頻発という事態に対して，労使関係の調整，良好な労働環境整備のための枠組みを作ることで

あった。

　まず，労働関係の主な施策をスウェーデン社会研究所編の『スウェーデン・ハンドブック』（早稲田大学出版部，1992年）などによって簡単に列挙しておこう。

1881年　児童労働禁止法成立。
1900年　婦人年少者労働法成立。
1906年　全国労使代表による労使関係の協定成立（12月の妥協）。
1911年　労働組合，社民党と共同で労働者教育協会（ABF）を設立。
1918年　週48時間法成立。
1920年　産業民主主義委員会設立。
同　年　労使関係法成立。
1923年　団体協約法成立。
1938年　労使のナショナル・センター（LOとSAF）による労使の「基本協約」（通称，サルチオバーデンの基本協約）成立。
1942年　職場の安全に関する全国労使協定成立。
1944年　職業訓練に関する全国労使協定成立。
1946年　労使協議会を各企業に設置することに関する全国労使協定成立。
1948年　労働研究に関する全国労使協定成立。
1949年　労働者保護法（労働安全法）成立。

　以上の施策のうち，1938（昭和13）年のサルチオバーデン基本協約は労使関係史上，極めて有名なものである。ストックホルム郊外の海岸保養地サルチオバーデンで調印されたこの基本協約は，スウェーデン労働組合全国連合（LO）とスウェーデン経営者連盟（SAF）の代表が労使関係への国家介入を極力回避したいという共通の願望の上に立って，統合的な団体交渉主義と労使紛争が生じた場合の解決に向けてのルールについて合意したものである。さらにこの協約で，LOとSAFの代表を含む「労働市場協議会」が設置され，これを中央交渉・協議団体として機能させることが決定された。この協約の基本的トーンは，中央組織における自主的で平和的な賃金交渉と労働市場にかかわる諸問題の協調的コンセンサス形成をベースとするものであり，この後のスウェーデン

第Ⅱ部　高福祉高負担国家スウェーデンにおける労働市場政策とコミュニティの重要性

労働市場政策の重要な構成要素となるものであった。

第2節　エランデル漸進的増税政策時代
―― レーン・メイドナー・モデルの登場

　1946（昭和21）年，ハンソン首相の急死を受けて，社民党首，首相となったターゲ・エランデルは，戦後の急速な経済発展を受けて，1960（昭和35）年以降，将来ビジョンの提示を伴う漸進主義的増税路線に踏み切り，その後の社民党内閣は結局20年余りの年月をかけて，高福祉高負担を特徴とするスウェーデン型福祉国家モデルを完成させる。その一環として，労働市場政策についても，スウェーデン型の体系が完成してゆく。その理論的バックグラウンドを構成した考え方は，「レーン・メイドナー・モデル」と呼ばれる。一般に労働市場政策は，労使関係の調整，失業等の事態に対処するための所得保障（失業手当――消極的労働市場政策）と，産業部門間での円滑な労働移動を確保するための政策（繁栄産業への労働力移動を目指す積極的労働市場政策）の3本の柱からなるが，レーン・メイドナー・モデルは積極的労働市場政策を中心としてこの3本の柱を組み合わせる理論的枠組みを示したものである。[15]

　レーン・メイドナー・モデルの簡潔適確な説明として，宮本太郎著『生活保障』（岩波新書，2009年，93~96頁）を以下に引用する。

　　「レーン及びメイドナーは1950年代に入ると，生産性の低い企業から高い企業に，労働力を移動させつつ雇用保障を実現する，政策提案をまとめ上げてゆく。こうした方法を可能にした，いくつかの条件がある。
　　　第1に，労働組合運動の発想転換である。もともと，このレーンとメイドナーの考え方は，1951年の労働組合総連合の大会で報告されたものであった。当初はさまざまな抵抗もあったが，しだいに国際経済のなかで生き残るため

---

[15] イエスタ・レーン及びドルフ・メイドナーという2人のLOエコノミストの構想による枠組みである。

の方法として受容されていった。これは，労働者が1つの職場にしがみつくのではなく，将来性のある職場に移ることを利益と考えるという点で，労働組合運動の考え方の大きな転換であった。

　第2に，労働力移動をスムーズにすすめる条件整備である。戦後スウェーデンでは，職業訓練や職業紹介に責任をもつ国の機関として雇用庁が成立した。そして1957年に，労働組合出身のベルティル・オルソンがその長官に就任すると，雇用庁が労働組合とも協力しながら労働力移動を支援する役割を高めた。新しい職場についてのアドヴァイスから子どもの転校の世話に至るまで，労働者が大きな不利益を被ることなく職場を変えていく見通しが生まれた。

　第3に，労働力移動を促進する賃金政策である。戦前からスウェーデンの労働運動のなかでは，職域を超えた同一労働同一賃金の賃金政策が唱えられ，連帯的賃金政策と呼ばれていた。つまり，同じ程度の技量や習熟度を必要とする労働には同じ賃金を支払う原則で，今日の日本でも，正規・非正規の格差を是正する切り札とされる考え方である。ただし，実際には同一価値の労働とは何かについて，皆が納得する基準を設けるのは容易ではない。スウェーデンでも事情は同じであったが，分権的労使交渉による賃上げ圧力を嫌った経営者団体が賃金交渉の集権化を提案，これに賃金格差是正を目指す労働組合総連合が応じて，職域や企業を超えた賃金体系がつくられていった。

　なぜ同一労働同一賃金が，労働力移動を促すのであろうか。企業や産業分野を横断してこうした賃金体系ができると，雇用主は，個別の企業がどれだけ利益をあげているかとは無関係に，旋盤工，メッキ工といった職種ごとに同一の賃金を支払わなければならない。企業の生産性に連動して賃金が決められる日本では考えにくいことであるが，生産性が低く利潤があがっていない企業は，労働コストが嵩んで苦しくなる。日本であれば，企業が倒産しないように補助金などが投入されるところである。しかし，実は競争力の弱い企業を淘汰することが，こうした賃金政策の狙いの1つであり，政府は財政出動などはおこなわない。だが，企業がつぶれて労働者が路頭に迷ったなら，

表 II-1-1　雇用政策及び積極的労働市場政策への
公費投入対 GDP 比国際比較　（単位：%）

	雇用政策全般（1998年）	積極的労働市場政策	
		（1998年）	（2006年）
スウェーデン	4.21	1.96	1.36
フランス	3.34	1.30	
ドイツ	2.92	1.26	0.88
英　　国	0.68	0.31	0.42
米　　国	0.73	0.18	
日　　本	0.95	0.25	0.19

出所：OECD データにより筆者作成。

生活保障はどうなるのか。

　ここで積極的労働市場政策の出番となる。同一労働同一賃金のもと，逆に生産性の高い企業は，生産性連動型の賃金に比べて賃金が抑制される。そのため生産性が高い部門で競争に有利な環境が生まれ，資本投資が拡大することも予想される。ゆえに，生産性が低い企業がつぶれることで職を失う労働者を，積極的労働市場政策，とくに職業訓練で生産性が高い企業へと移動を促し，完全雇用を維持するのである。

　レーン-メイドナー・モデルは，1950年代をとおして社会民主党政権に支持者を拡げていく。このモデルが，現実にどこまでそのとおり実行されたかについては諸説ある。だが，すくなくとも70年代までは，この考え方がスウェーデンの経済政策，雇用政策の大枠になったと言ってよい。もっとも明確に政策化されたのは積極的労働市場政策で，50年代から一貫して拡大し，80年には GDP 比で3％に近い水準に達した。こうした手段に支えられて，産業部門間での労働力の移動がすすみ，70年代には年間20万人以上が県境を超えて移動した。他方で，同一労働同一賃金のための職務評価は困難をきわめ，結局のところ賃金幅全体の縮小というかたちで進行することになった。財政政策は，50年代の終わりから70年代の初めまでは，抑制基調が貫かれたという見方が強い。」（一部表記筆者修正）

レーン・メイドナー・モデルを理論的枠組みとしたスウェーデン型労働市場政策は，エランデル及びその後継者の歴代社民党内閣の漸進的政策のもたらす公的財政力の充実の下で，表Ⅱ-1-1の示すとおり，国際的にも極めて高水準の公費投入を実現した。

第3節　スウェーデンの労働市場政策の内容と特徴

(1) 労働市場政策の内容

スウェーデンの到達した福祉国家モデルにおいて，この極めて豊かな公的資金の投入によって実現しているこの国の労働市場政策の概要を，わが国厚生労働省の調査によって示すと次のとおりである。

(1) Arbetslöshetsförsäkring（Unemployment insurance，失業保険）

失業給付は，失業保険基金（主として労働組合が管理している）に12ヶ月以上加入していること，12ヶ月以上一定時間以上の就労をしていること（または1年以上フルタイムの学生であること），週17時間以上の就労（自営を含む）を希望していることの3つの要件を満たすと受給できる。失業保険基金への加入期間が要件を満たさない場合は，基本給付のみを受けることができる。

失業保険制度は，2001（平成13）年に大幅に改正され，求職活動をしていても原則として給付日数の延長は行われなくなった。また，失業期間が100日を超えた場合，求職者は，職種や就業地の条件を緩和しなくてはならないこととなった。

受給日数は300日，所得の80％が給付される。上限は2002（平成14）年に，1日680クローネ（最初の100日は730クローネ）に引き上げられた。基本給付の額は1日320クローネである（1クローネ：約15円）。

(2) Aktivitetsstöd（Activity support，求職活動給付）

失業者が，職業訓練等の雇用対策のプログラムに参加した場合に支給される。日本における訓練手当に相当するものである。失業給付と同額である。財源は

政府の基金である。

(3) Särskilt utbildningsbidrag（UBS, Special training allowance, 特別訓練手当）

義務教育レベルまたは後期中等教育レベルの学校に通うことを希望する失業者（21～55歳）に支給される。失業給付と同額で，財源は政府基金である。

(4) Individuell handlingsplan（Individual action plan, 個人別活動計画）

失業者の個々人毎に作成する求職活動のプログラムである。3ヶ月以内に，公共職業安定所が求職者とともに作成することとされている。2000（平成12）年より実施。

(5) Aktivitetsgarantin（Activity guarantee, 活動保証）

失業期間が24ヶ月以上の長期失業者のうち，求職活動や職業訓練などの各種の雇用対策プログラムに積極的に参加する意欲のある者について提供される総合的なプログラムである。このプログラムに参加すると，Activity support を受給することができる。1996（平成8）年より実施。

(6) Arbetsmarknadsutbildning（AMU, Labour market training, 職業訓練）

20歳以上の失業者または失業のおそれのある者を対象に行われる職業訓練である。初級レベルから大学レベルまで，また，1～2週間から数ヶ月のものなど多岐にわたる。訓練は，地方労働局（Country Labour Boards）や公共職業安定所が，民間機関，公共機関，企業などに委託して行う。訓練参加者は Activity support を受給できる。訓練の40％は AMU-Group（Employment training group, 職業能力開発協会）の訓練機関で行われる。

(7) Arbetspraktik（Work experience, 職業体験）

20歳以上の失業者で，職業経験が乏しい者に対し，就職意欲を刺激し，職場との接点を増やすために，企業において職場体験を行わせるものである。

企業のほか，NPO などで実施される。参加者は，企業と雇用関係にはないが，安全衛生上の保護はされる。Activity support を受給することができる。受入れ企業は，受入れ費を月3,000クローネ納付することとなっているが，障害者や Activity Guarantee の参加者は無料で受け入れられる。

この制度は，1999（平成11）年に，従来の ALU（Work experience scheme, 職業

体験事業），API（Workplace introduction，職場適応）を統合したものである（ALUとAPIの大きな違いは，APIの場合，受入れ企業が国に3,000クローネ／月を納付することである）。

(8) Utbildning för anställda（On-the-job training，企業内訓練奨励金）

在職者に対する訓練を実施した企業に対する助成制度である。単なる企業内訓練は対象とならず，訓練期間中に失業者を雇用する場合，余剰人員に対して行われる場合（解雇の代替手段），技術革新への対応のために行われる場合が助成対象となる。

(9) Kvalificerad yrkesutbildning（KY，Advance Vocational Training，高度職業訓練）

Adult Education Initiative（成人教育対策）の一環として行われているものであり，新しいタイプの中等教育以上（post-secondary）の職業訓練である。高等教育機関，高校，その他の教育訓練機関，企業がコースを提供する。3分の1は企業内訓練である。

(10) Datortek/Aktinitetscenter（Computer centers/Acitvity centers，コンピュータ・センター）

若年者及び失業者にコンピュータに関する基礎的な研修を行う機関であり，国と自治体が管理している。1995（平成7）年に設立され，すべての自治体に導入されている。

(11) Kommunala Ungdomsprogrammet（KUP/Municipal youth program，地域若年者対策）

自治体（municipality）が，20歳以下の若年失業者が安定した雇用につなげることについて責任を負うことを国と協定し，それに基づいて，若年者の個々の状況に応じて，職業体験機会や職業訓練など様々な対策を講じるものである。若年者は，自治体が定めた給付を受給し，自治体は国から援助を受ける。

(12) Ungdomsgaranti（Youth guarantee，若年者活動保証）

自治体が，地方労働局との協定に基づき，20～24歳の若年失業者を対象に，1年間のフルタイムの求職活動を支援するものである。対象者は，最初の90日

は普通の職業サービスを受けるが，適職が見つからない場合は，自治体の責任において，進学または各種雇用対策の対象となる機会が与えられる。自治体は，国から援助を受ける。対象となった若年者は求職活動給付（失業給付と同額）または能力開発給付（2,562クローネまたは social assistance と同額）を受給できる。

（2） 労働市場政策の特徴

以上のようなスウェーデンの労働市場政策体系の特徴をまとめると次のとおりである。

(1) スウェーデンでは，従来，失業給付が充実し，雇用対策費も非常に大きかったが，近年，"Work and Skills Line"（就労・職業能力主義）に転換し，ドラスティックな改革を行っている。その中心は，所得保障から求職活動支援への転換である。また，具体的な労働市場対策として，職業訓練に極めて力を入れている。

(2) 職業訓練政策のあり方として，民間企業の積極的関与を柱に据え，失業者の訓練と求職活動の有機的関連を重視している。

(3) 上記の政策を有効なものとするため，将来の発展の見込める産業や技術，地域的特色のある産業や技術などの合目的的訓練を志向し，例えば，塗装技術，組立技術，旋盤技術など，一般的技術を中心とする従来型の訓練を脱却しようとしている。

(4) このような合目的的訓練実施のため，やる気のある者の優遇，訓練機関の延長などの施策を随伴させている。

以上のような特徴は，絶えまなく進む産業構造の変化に応じて，円滑な労働力移動を可能とし，全体として雇用保障を前向きに実現してゆくというレーン・メイドナー・モデルの志向の反映を認めることができよう。そして，そのために潤沢な公的資金が投入されていることが確認できるのである。筆者がスウェーデン大使時代にあるLOのエコノミストはこう語ったことを今も鮮明に思い出す。

「低生産性部門に発生する余剰労働力と失業現象は，繁栄産業部門への円滑

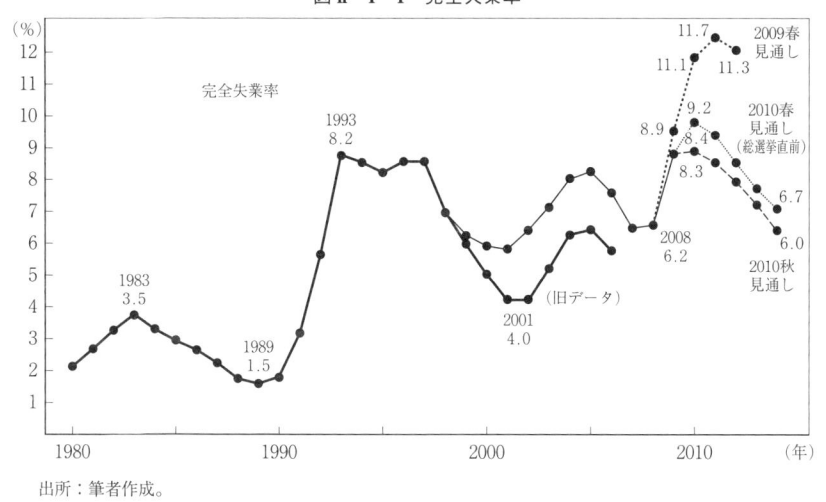

図Ⅱ-1-1 完全失業率

出所：筆者作成。

な移動ができれば経済成長を促す市場経済の恵みなのです。」

(3) 労働市場政策の経済的効果

　スウェーデン型福祉システムの経済的な効果を検討すると，例えば第Ⅰ部図Ⅰ-1-13，図Ⅰ-1-14で見るように，極めて良好な結果を残していることは，既述したとおりである。

　しかるに，労働市場政策の経済的効果については，失業率の改善という点に関して，図Ⅱ-1-1に示すとおり，なかなか所期の効果を示していないという判断がスウェーデン国内にも存在する。レーン・メイドナー・モデルの期待するような労働力の円滑な移動が，この国の積極的労働市場政策によって実現しているのであろうか。いや，それ以前の問題として，この国の積極的労働市場政策の設計そのものが，レーン・メイドナー・モデルに即したものとなっているのであろうか。このような懐疑論が存在するのである。2000（平成12）年に筆者が大使の任期を終えた頃のLOエコノミストの自信に満ちた笑顔には，現在かげりがあるのではなかろうか。

　バブル崩壊（1990〔平成2〕年）以降8.2％まで上昇した失業率は，その後順

調に低下し，2001（平成13）年には4.0％となったが（当時の統計），その時点で発生したいわゆるITバブル行き詰りによる景気低下に敏感に反応して，再び上昇に転じた。このような状況の下で，2006（平成18）年総選挙においてペーション社民党の敗北，ラインフェルト中道右派政権の成立という事態に至ったことはよく知られている。もともと中道右派諸党，なかでも最右翼の保守，穏健党は，従来から新自由主義路線を掲げ，社民党の高福祉高負担政策そのものをゆきすぎとして反対していた。この路線は，「市民の選択の拡大を求める」という標語で説明されていた。しかし，この路線は若干の減税と福祉水準の若干の切下げを意味し，経済活動の公平，公正の保障への社会的合意が長期にわたる社民党政権の下で確立している同国では，このような主張は奏功せず，中道右派政権の成立は，1932（昭和7）年ハンソン内閣成立以降は1976（昭和51）～1982（昭和57）年の6年間と1991（平成3）～1994（平成6）年の3年間のみであり，前者は石油ショックに起因する不況，後者はバブル崩壊による不況を受けた社民党政権の対策への不満が原因であった。2006（平成18）年の選挙では，ラインフェルト穏健党党首は，この「選択の拡大路線」を大きく軌道修正し，高福祉高負担路線への正面からの反対方針を修正，福祉システムの内容の効率性の低下，特に，積極的労働市場政策の効率性の低下や高福祉システム内での労働者のモラルハザードの進行などを取り上げ，社民党政権はこのような事態の下で，福祉国家の維持のための必要条件である労働することの価値の確立という面での対応力を失っていると批判した。ラインフェルトはこのような路線を「スウェーデンモデルの再構築」と称したのである。社民党は，失業率を4.0％まで低下させることに成功したとの実績を主張したが，ITバブル崩壊後は6.0％近い失業率で高止りしているのみならず，実はこの数字には，政府の労働市場政策プログラムにおいて，形の上では就業している失業者（2～3％程度，景気後退期にはこの数字は5％を超えることもある）を含んでおらず，また，長期病気休暇などを繰り返す（モラルハザード）就業者の存在などを考慮すると，働く能力のある人々の15％（計算の仕方によっては20％）もの労働力が労働力市場の外部にとどまっていると主張したのである。この主張は，非効率な福祉シ

ステムの下で公費が濫費されているという高負担システム下の国民の日頃の意識に訴えるところがあり，少差ではあったが政権の交代に結び付いたと思われる。

宮本太郎はその著書『生活保障』の中で，ラインフェルト内閣のいわゆる「スウェーデンモデルの再構築」の具体的内容について，次のように述べている。以下に引用（一部表記筆者修正）したい。

「保守中道政権がまず着手したのは，積極的労働市場政策のうち，人々を短時間で就労させていくことに役立っていないと見なすプログラムを縮小していくことであった。たとえば，「フリーイヤー」と呼ばれるプログラムが廃止された。これは，市民に従前所得の7割弱を保障して最長1年間の休職を認め，その期間に教育や訓練を受けることを期待するものであった。就労への動機づけがなく，保守党の視点からすればもっともムダな制度と映った。さらに約15万人が加わっていた積極的労働市場政策のプログラムの給付対象は，9万人にまで減らされた。

それに代わって，失業者をすぐに実際の労働現場に投入する，ニュースタートジョブズと呼ばれる制度を導入した。これは，1年以上にわたり職業訓練プログラムに参加していたり，疾病手当を受けたりしている人々を雇用した雇用主に，社会保険と税負担（賃金の32％程度）と同額，あるいはその2倍の補助金を給付する，というものである。

次に，2007年1月には，失業保険の改革がおこなわれた。失業保険の保険料は，職域ごとの失業率と連動することになり，最大300クローナ（1クローナ13円として3,000円）まで引き上げられた。また，失業手当も，最初の200日は従来どおり従前所得の80％であるものの，算定所得の上限が，2万700クローナから1万8,700クローナまで引き下げられ，それを超える所得については所得比例給付の対象にはならなくなった。また，200日以降は，70％に減額されることになった。

さらに，2008年の夏には，疾病手当の改革がおこなわれた。疾病手当の受

第Ⅱ部 高福祉高負担国家スウェーデンにおける労働市場政策とコミュニティの重要性

給にあたって期限を定め，就労能力の回復に応じて受給者の就労を促すことが目指された。受給者は3カ月目に回復の度合いについて審査を受け，また，6カ月目にはその条件があると判断された場合は，職業安定所の協力を得て稼働能力に応じた仕事を見つけることを義務づけられる。疾病手当はこれまでどおり従前所得の80％であるが，失業手当と同じく算定所得の上限が引き下げられた。病気やけがによって働く見込みが根本から失われた場合は，労働不能給付や疾病給付による所得保障がおこなわれるが，その審査基準も厳格化された。」

しかし，折からの景気後退の影響はこの国にも顕著に現れ，失業率の急上昇がもたらされ，当面，ラインフェルト内閣の意図した職業訓練プログラムの縮少を棚上げして，むしろ拡充せざるを得ない状況となっている（図Ⅱ-1-1参照）。また，将来見通しについても，成長率見通しとは異なり，雇用情勢の早急な改善は見込めないとしている。

第Ⅰ部第1章図Ⅰ-1-14で既述したように当面のマイナス成長と，失業率が8％台という近年にない高さを記録している状況下で，2010年（平成22）年9月19日に行われた総選挙における国民の関心は極めて高く，84.63％という近年では比較的高い投票率（前回2006年の投票率は81.99％）を記録した。結果は**表Ⅱ-1-2**のとおりである。今回の選挙結果の特徴は次のように要約できる。

(1) ラインフェルト穏健党首・首相の指導する中道右派勢力は引き続き多数派を確保した。
(2) 中道左派勢力の中心，社会民主党は，近年にない歴史的な大敗北を喫した。
(3) スウェーデン民主党という移民等の外国人流入に強く抵抗する極右政党が，初めて必要投票獲得率4％を超えて5.7％を記録し，20議席を獲得することに成功した。
(4) この結果，第2次ラインフェルト内閣が成立したが，過半数議席を持たない少数政権（349議席中173議席）となった。

第1章 労働市場政策

表Ⅱ-1-2 最近の選挙結果（国政レベル） （単位：％）

	1991年	1994年	1998年	2002年	2006年	2010年	得票率（前回比）	
穏健党	80	80	82	55	97	107	30.06 (+3.83)	
中央党	31	27	18	22	29	23	6.56 (-1.32)	
国民党・自由	33	26	17	48	38	24	7.06 (-0.48)	
キリスト教民主党	26	15	42	33	24	19	5.60 (-0.99)	
中道右派計 小計	170	148	159	158	178	173	49.28 (+1.04)	
社民党	138	161	131	144	130	112	30.66 (-4.33)	歴史的敗北
左翼党	16	22	43	30	22	19	5.60 (-0.24)	
環境党	0	18	16	17	19	25	7.34 (+2.09)	
社会民主主義系 小計	154	201	190	191	171	156	43.60 (-2.48)	
その他	新民主党 25	0	0	0	0	スウェーデン民主党 20	5.70 +2.77 その他 1.43 -1.32	(+1.44)
合計	349	349	349	349	349	349		男 192 女 157
選挙後の内閣	カール・ビルト中道右派内閣	第3次カールソン社民党内閣 1996年3月ペーション社民党内閣	第2次ペーション社民党内閣	第3次ペーション社民党内閣	ラインフェルト中道右派内閣	ラインフェルト中道右派内閣		
（参考）社民党得票率	37.7	45.3	36.4	39.8	35.0	30.7		

出所：筆者作成。

(5) 国民は，中道右派政権に対して中道左派との相対的関係においては第1に福祉国家のシステムの効率化を図りつつこれを維持する，及び第2に当面の経済不振からの早期の脱却を実施するという主要課題に関する政策について，一定の評価を行ったと考えられる。

第2章
コミュニティの重要性

　1946（昭和21）年，戦間期，戦中期のスウェーデンを14年間統治した社会民主党第2代党首アルヴィン・ハンソンの急死を受けて，社民党党首，首相の地位を引き継いだターゲ・エランデルは，1969（昭和44）年退任するまで23年間連続してその地位にあったが，その在任期間の前半1960（昭和35）年までは，戦後の欧州全域にわたる旺盛な復興需要の下で，経済成長促進政策に注力し，いわゆる「パイを大きくする」ことに努めた。その結果，1960年代に入る頃，スウェーデンは1人当たりGDPの規模で見る限り，アメリカに次ぐような富裕国に変身していた。エランデルはこの時期を捉えて，福祉国家建設ビジョンを提示しつつ漸進的増税路線に踏み切り，若干の負担増→住民の受益感覚への訴え→受益感覚の浸透→再び若干の負担増という賢明な政策を開始し，この方針は，1969（昭和44）年就任した後継者パルメに引き継がれ，1980年代初頭まで継続されたことを第Ⅰ部で詳説した。

　そこでは，受益感覚への訴え及び定着と簡単に述べたが，実はこのことを可能とした不可欠な条件があった。スウェーデンの歴史が延々と受け継いできた活力あるコミュニティの存在とそこに住む市民のコミュニティへの強い帰属意識である。

　このような状況は，考えてみると，スウェーデン独特の社会現象では決してない。筆者自身（1940〔昭和15〕年生まれ），終戦時5歳の時点で，ある農村小集落に居住し，小集落の持つ活力と住民の強い帰属意識の下に育った。集落のはずれの鎮守の森のドント焼（1月15日）では集落の若いモンの手で巨大なたき木が組み立てられ，子供を含む集落の人々がまつ飾りと鏡もちを手に集まり，

松のアケを盛大に祝った。そして4月の花祭り，夏の盆おどり，秋の収穫祭と季節季節の行事に住民すべてが集い，子供の歓声が渦をまいたのである。そんな特別の日でなくても，年寄有力者や若いモンの寄合はしばしば開かれ，酒付きで子供には理解できない話合いが持たれていた。このようないわば，ふるさとの原風景はいつから衰退し消滅していったのであろうか。今はこの点には触れず，スウェーデンでは，このふるさと意識が今もいきいきと残り，そのことが高福祉高負担システムに基づいてスウェーデン型福祉モデルの形成に大きく貢献したことを指摘するにとどめたい。

第1節　コミューンの形成と発展

　スウェーデンは王国であり，もともとは国王が絶対的な王権を持つ独裁国家であった。この国で，貴族や僧侶，軍人などのいわゆる特権階級に代わって，市民がその経済力を背景に台頭し，着々と民主化が進むのは19世紀も後半に入ってからと言える。地方自治体という概念も，中世スウェーデンで，国王の特許状を取得し，市や町のステータスを得て，市民権のある自由民による自治が認められた例外的存在を除くと，存在しなかったと言ってよい。地域的事業の処理は，レーンと呼ばれる地域において国王大権の行使を認められたいわゆる代官（レーン府長官）に集中し，その監視，指導の下に集落の個別事項は有力者（年寄り衆）の1人，いわゆる庄屋がとりしきる形をとっていたのである。このような前時代的状況を変える地方自治制度導入の第一歩は1862年の勅令地方自治規則であった。

　この規則により，国家より地方に対して一定の行政政権及び課税権が与えられる。最初の地方行政改革であり，この際に，県（ランスティング，Landsting），市（スタード，Stad），町（シェッピング，Köping），村（コミューン，Kommun），教区（ソッケン，Socken）の5種類の自治体が設置される。ランスティングの登場はこの時が最初であり，また中世的色彩の残る教区の仕組みを世俗のコミューンと宗教のソッケンに区分した。

また，この時の改革において，人口3,000人以下の村では選挙権を持つ住民の全体集会で，それを超える都市や村では議会で意思決定が行われることとされた。ただ，国の地方支配拠点として18世紀を通じて発展してきたレーン（Län）の権限は依然強大であり，国任命のレーン府（地方行政庁と呼ばれる国の機関）の長官（知事）がランスティングの議長を兼ね，5自治体への一定のコントロール権限も握っていた。そしてこれ以降，地方自治体の権限と自主性の拡大もまた，この国特有の協調と妥協の上に立って長い時間をかけて着実に進んでいくことになる。

　議会に対する投票権も，厳しい制限選挙から普通選挙へ，男性のみの投票権から男女同権へと，やはり長い時間をかけて民主化が進むのである。

第2節　コミューンの統合と地方分権

　もともとコミューンとは，中世スウェーデンにおける市（スタード）と教区（ソッケン）を基礎として成立したものである。そのうちソッケンは，12世紀以降に自然発生的に発達してきたものであって，キリスト教化以前からの集落が発展したものと，キリスト教化に伴って各地で建てられた教会を中心として発展してきたものとがある。古来のソッケンの任務は，教区教会の維持（司祭や寺男を雇うこと，教会財産を管理することなど）のほかに，王の代官の下で集落内の日常的共同体事項（民衆教育と救貧など）を処理することが加わっていた。このソッケンが1862年の勅令・地方自治規則により，世俗事項を処理する村コミューンと宗教的事項を処理するソッケンに区分されたのである。

　この段階では，村コミューンは全国で約2,400あり，中世的な市や町のステータスを持つ共同体が約100あって，合計約2,500のコミューンが存在していた。基本的にこの体制は第2次世界大戦後までそのまま続く。

　それにしても1862年のスウェーデン人口は350万人程度，1951（昭和26）年の人口は700万人程度であり，この国に2,500のコミューンが存在するのは，いくら何でも多すぎた。もともと2,400に及ぶ村コミューンは，スウェーデン全

表Ⅱ-2-1 人口規模別のコミューンの数

人　口	村コミューンの数 （1951年）	村コミューンの数 （1952年1月1日）
～999	1,223	4
1,000～1,999	582	65
2,000～2,999	219	228
3,000～3,999	100	222
4,000～4,999	59	119
5,000～5,999	32	69
6,000～6,999	14	40
7,000～9,999	33	48
10,000～	19	21
合　　計	2,281	816

出所：アグネ・グスタフソン『スウェーデンの地方自治』早稲田大学出版部，2000年。

土に分布する教会の教区から分離したものであり，現在の感覚ではほとんどすべての集落が独立の基礎的自治体であったと言っても誤りではない。わが国に当てはめれば「大字〇〇，字××」のそれぞれが独立自治体であったと考えるとよい。当時の村コミューンを規模別に集計すると**表Ⅱ-2-1**のとおりである。

　この程度の規模では，中世時代のように初等教育と救貧，集落内のもめごとの調停程度のサービスならいざしらず，近代国家において基礎的自治体に期待されるサービスを行う行政能力を求めるのは所詮無理である。1946（昭和21）年成立のエランデル内閣は，ハンソンの敷いた社民党路線の枠組みに血肉を付ける施策の遂行の前提条件として，国民が最も強い帰属意識を持つ，かつての教区をベースとした基礎的自治体の役割が極めて重要であることを熟知していた。そのためには，コミューンの行政能力が一定水準を超えることを是が非でも実現させる必要があった。かくして1951（昭和26）年第1次コミューン統合が実施に移される。その際，義務教育9年間の基礎学校の設立，運営及び当時最も重要な地域レベルの施策として，極めて貧しい住宅事情を改善するための公営住宅事業の推進の2点をすべてのコミューンが実施できるよう，3,000人の人口が正規の規模として設定された。これを基準として，さらにいかなる村コミューンも人口2,000人を下回ってはならないとされた（特例の事情による若

干の逸脱はあった）。

　この第１次統合は，国レベルで構想が練られ，計画され，実行に移された中央レベルの政策遂行が特徴であり，その結果，表Ⅱ-2-1のとおり，村コミューンの数は1952（昭和27）年には一気に816に減少したのである。

　コミューン統合はこれで終りではない。エランデル内閣の漸進的増税路線を円滑に推進してゆく上で，コミューンの行政能力と財政能力への期待はとどまるところを知らない。第２次コミューン統合は能力ある自治体を形成（地方分権）した上で，自治体への帰属意識の強い市民への受益感覚に訴えるため避けて通れない施策であった。

　1962（昭和37）年に着手された第２次コミューン統合では，エランデルの指導下で実施に移された基礎学校をすべての国民の義務教育機関とする抜本的教育改革（スウェーデン史上，これはいわゆる教育爆発の発火点と位置づけられており，中世以来の複線的教育システムからの決別を意味した――第Ⅰ部第１章第６節既述）及び前期高等教育（わが国の高等学校教育）の実施主体をもっぱらコミューンとする方針の下に，コミューンの基準規模を人口8,000人とし，国レベルの計画では，コミューン数を282とすることとされた。第１次統合を強引に遂行した後を受けての施策であり，今回は地方側の意向や抵抗をそう簡単に乗り越えられず，統合は遅々として進まなかった。結局，今回も国レベルの強制措置が発動され，**表Ⅱ-2-2**に示すように，計画達成は12年後の1974（昭和49）年にずれこんだ。その結果，人口規模別コミューンの分布は**表Ⅱ-2-3**のとおりとなった。

　このような，いわば国レベルの政策によるコミューンの強制的統合を受けて，エランデルの福祉国家へのビジョンを伴う20年余りに及ぶ漸進的国民負担増加過程が始まる。それと平行して，福祉サービスや前期高等教育までの教育サービスに関して，これも「漸進的に」地方分権措置が実行に移され，同時に，地方自治体の財政力増強措置も実行される。福祉国家形成の上で，地方自治体は欠くべからざる役割を担ったのであり，その背景として，市民のかつての教区レベル以来の地方自治体への強い帰属意識が存在したのである。

表 II-2-2 コミューン数の変化（1862〜1999年）

年	村コミューン	町	市	総計
1862	2,400*	10*	89	2,500*
1901	2,384	20	92	2,496
1911	2,377	32	97	2,505
1921	2,371	35	110	2,516
1931	2,373	45	113	2,531
1941	2,353	53	117	2,523
1951	2,281	84	133	2,498
1952	816	88	133	1,037
1964	777	96	133	1,006
1969	625	91	132	848
1971	—	—	—	464
1974	—	—	—	278
1975	—	—	—	288
1977	—	—	—	277
1980	—	—	—	279
1983	—	—	—	284
1991	—	—	—	286
1995	—	—	—	288
1999以降	—	—	—	289

注：＊は概数を示す。
出所：アグネ・グスタフソン『スウェーデンの地方自治』早稲田大学出版部、2000年。

表 II-2-3　1975年1月1日現在の人口規模別コミューン数

人口	コミューン数		全コミューンに対する割合(%)
〜4,999	9	64	22
5,000〜 9,999	55		
10,000〜 14,999	73	103	36
15,000〜 19,999	30		
20,000〜 24,999	22	79	27
25,000〜 39,999	50		
40,000〜 49,999	7		
50,000〜 74,999	21	31	11
75,000〜 99,999	10		
100,000〜199,999	8	11	4
200,000〜	3		
合計	288	288	100

出所：アグネ・グスタフソン『スウェーデンの地方自治』早稲田大学出版部、2000年。

第2章 コミュニティの重要性

表 II-2-4 国と地方の職責配分

(1) スウェーデンの社会保障制度の体系（概略）

実施主体	給付サービスの内容	財源	給付態様	
			福祉普遍主義	所得制限付
国	経済的保障 （主に現金給付）	社会保険	老齢年金 成人遺族年金 障害年金 傷病手当等 歯科保険給付 両親手当 妊婦手当 労災給付・失業手当	
		税金	最低保障年金 児童手当	住宅手当 養育費補助
県 （ランスティング）	保健医療サービス	税金	プライマリ・ケア 病院医療	
市町村 （コミューン）	社会サービス	税金	高齢者サービス 障害者サービス 保育サービス	生活保護

(2) スウェーデンの教育サービスの体系（概略）

国	県（ランスティング）	市町村（コミューン）
高等教育（大学以上）	専門教育 　単科大学（一部） 　看護学校 　農業専門学校 　林業専門学校 　国民高等学校（一部）	義務教育 　（基礎学校） 前期高等教育 　（高等学校） 国民高等学校（一部） 成人教育施設

出所：井上，前掲書に基づき筆者作成。

　具体的に地方分権の個々の施策が，どのような過程を踏んで行われたかの説明は，煩雑に過ぎるであろう。現時点で到達した国，ランスティング，コミューンの事務配分の概要を，福祉及び教育の分野で示すと**表 II-2-4**のとおりである。福祉分野について言えば，国として統一的に実施する必要のある現金給付などの施策は国レベル，住民と直接相対するサービス的施策はコミューン，と実に明快である（ランスティングは，医療サービスの提供に特化している）。わが国

第Ⅱ部　高福祉高負担国家スウェーデンにおける労働市場政策とコミュニティの重要性

表Ⅱ-2-5　国・地方の財政収入の構造　　(2000年決算ベース)

	国		ランスティング（県）		コミューン（市）	
	億クローネ[1]	構成比(％)	億クローネ	構成比(％)	億クローネ	構成比(％)
税　収　入[2]	4,469	(100) 56	1,078	68	2,260	61
所　得　課　税	1,275	(29)	1,078		2,260	
個　　　人	503		1,078		2,260	
法　人　等	772					
資　産　課　税	383	(9)				
財・サービス課税[3]	2,655	(59)				
そ　の　他	156	(3)				
社　会　保　険　料[4]	2,259	28				
国庫交付金補助金			320	20	615	17
そ　　の　　他	1,272	16	200	12	821	22
合　　　計 （GDP対比）	8,000 (38.4％)	100	1,598 (7.7％)	100	3,696 (17.7％)	100

注：(1)　クローネの為替相場は，2000（平成12）年では1クローネ，12円程度，現時点で13円程度である。
　　(2)　国・地方を通じる税収入は7,807億クローネであり，GDP比38％（国税22％　地方税16％）である。わが国は2000年度約17％（国税10％　地方税7％）である。
　　(3)　財・サービス課税のうち，1,829は付加価値税であり，他に種々のエネルギー税，炭素税，自動車税，たばこ税，酒類関係諸税等を含む。
　　(4)　遺族年金，疾病保険，労災保険，両親保険，労働市場等にかかる保険料を含む。老齢年金保険料は基金に入るのでここでは含まれていない。
　　(5)　税及び社会保険負担のGDP比は約53％である。わが国は2000年度約25％であり，スウェーデンの負担はわが国の2倍を超えている。
出所：筆者作成。

　で，例えば幼稚園や保育所の計画，建設，運営などを政治のどのレベルが責任を負っているのか，資金的にはどのようにファイナンスされているのか，誰もが理解困難な状況にあることと対照的であろう。
　その結果，国，ランスティング，コミューンの財政状況も，誰でも一目でわかるほど単純であり明快である。まず3つのレベルの歳入状況は表Ⅱ-2-5のとおりである。国レベルでの税収は種々の直接税，間接税からなり，なかでも，財サービス課税に含まれる高率の付加価値税が重要な位置を占めている。他方コミューンの歳入を見ると，税は所得課税（住民税）のみであることがまず注目される。しかもこの税は単一税率であり，累進性は極めて弱いことは第Ⅰ部

表 II-2-6(1)　ランスティング(県)の歳出構造(2000年決算)

	億クローネ	構成比(%)
保健医療	1,358	87
教育文化	52	3
その他各種事業	153	10
計	1,563 (GDP 比7.5%)	100

表 II-2-6(2)　コミューン(市)の歳出構造(2000年決算)

	億クローネ	構成比(%)
児童保育	398	13
高齢者・障害者福祉	951	30
生活保護等	241	8
福祉関係・小計	1,590	51
教　育	987	32
インフラ整備	227	7
余暇・文化	169	5
その他	138	5
計	3,111 (GDP 比14.9%)	100

出所：筆者作成。

で述べたとおりである。コミューンの歳入の特徴はこれだけではない。他にわが国の状況からは信じられない点が3点指摘できる。

第1に，地方債や借入金という歳入科目がない。非常に景気が悪く歳入が多くを見込めない例外的場合を除き，通常の経済状況の下で借金に依存するという感覚は，スウェーデン市民には存在しない。そんなことをすれば，次の世代への責任先送りであり，現世代のやることではないと考えるのである。

第2に，弱小自治体に向けての地方交付税の科目がない。この年の財政調整制度は，ロビン・フッド税と呼ばれる小規模な水平的財政調整措置で行われていたため，コミューン全体の集計ではゼロとなるのである（第I部第3章参照）。

第3に，若干の補助金はあるが，これはわが国のような特定の歳出にリンクした特定補助金のウエイトは小さく，ほとんどが人口や面積によって機械的に配分される一般補助金である。これはいわば，コミューンの財政力をかさ上げ

するための措置なのである。

　地方自治体の歳出面を見ると，**表Ⅱ-2-6**のとおりである。まずコミューンの歳出の51％が福祉面に，32％が教育面に投入されていることが注目される。第Ⅰ部で述べたソフト・インフラストラクチャへの歳出がほとんどであることが一目でわかる。もう１つ，ランスティングであれ，コミューンであれ，表Ⅱ-2-5と表Ⅱ-2-6を比較すると，いずれもかなりの黒字を計上していることに注目してほしい。過去，景気の悪い時に，やむを得ず借入金に依存して積み上がった累積債務を後世代のために償却しているのである。

　国，ランスティング，コミューン各レベルの活動の国民に対するわかりやすい提示と説明が可能な状況を作り出すことが，福祉国家形式の前提条件であったと言えよう。

第３節　コミューンの組織

　コミューンの組織の中核は言うまでもなく議会である。

　コミューン議会は，原初的な村コミューンの共同体事項を処理した集落における有力者の「よりあい」の発展形態と考えることができる。そしてこの「よりあい」は，立法のみならず，紛争の調停や裁定，決定事項の執行までもを担当していた。1862年の勅令は，このような「よりあい」的な伝統的形態を基本的に残しつつ，これを近代化する変革も含んでおり，コミューン議会による意思決定（立法）とその執行とを権力分立の立場から区分し，執行権限を議会の選任する委員会に専属させることとした。

　現在のコミューン議会は，国政選挙と同日に，比例代表制により実施される選挙で選ばれた任期４年の議員によって構成されている。議員定数は，コミューンの有権者数によって**表Ⅱ-2-7**のような最低基準が設けられており，それ以上であれば各コミューンが独自に議会定数を決定することができる。その際，定数は奇数であることが義務づけられており，賛否同数となって決定が宙に浮く事態を防いでいる。

第2章 コミュニティの重要性

表Ⅱ-2-7　コミューン議会定数の最低基準　(単位：人)

有権者数		有権者数	
12,000以下	31	36,000以上	61
12,000～24,000	41	ストックホルム	101
24,000～36,000	51		

出所：スウェーデン資料により著者作成。

　議長には，議会選挙によって第1党となった政党あるいは政党連合（与党）から選任される。この議長職がコミューン議会を対外的に代表し，「プレジデント」と呼ばれている。次に，議会に執行委員会及び選挙管理委員会が設置される。ここまでは法律に規定されており，どんなに小さなコミューンでも同じである。

　さらに，コミューンの規模に応じて議会内に種々の委員会が置かれる。どのような委員会を設置するかについては，各コミューン議会が独自に決定することができる。委員会を性格別に見ると，社会福祉，教育，土木建築など行政分野別に設置される委員会と，コミューンをいくつかの地区に区分し，地区毎に住民に密接な行政分野を担当させる地区委員会の2種類がある。これらの委員会が，議会より独立して行政執行を担当するのである。

　各委員会の活動を総体として調整する機能は執行委員会が担当し，あわせてコミューンの予算編成及び執行管理も行い，執行委員会委員長は与党から選任され，一般に「市長（Mayor）」と呼ばれる。執行委員会委員は少なくとも5人とされ，その中から副委員長が選任されるが，通常，2人の場合は与党と野党から，1人の場合は野党から選ばれる。このような地方自治体のあり方は「一元代表制」と言われる。市長選挙が別途行われることはないからである。

　議会の議員の大多数はほかにも職業を持っており，議員としては無給で活動している。このような議員達は「レジャータイム政治家」と呼ばれる。他方，常任職として報酬を受け取っている議員がおり，彼らは「コミッショナー」(kommunalråd，ストックホルムだけはborgarråd）と呼ばれており，「フルタイム政治家」と呼ばれる議員が就任している。通常，執行委員会の委員長にはそのコミッショナーが就任する。図Ⅱ-2-1において各委員会の委員長の下の□印は，委員長を補佐する市役所の組織を意味する。従って，行政組織としての

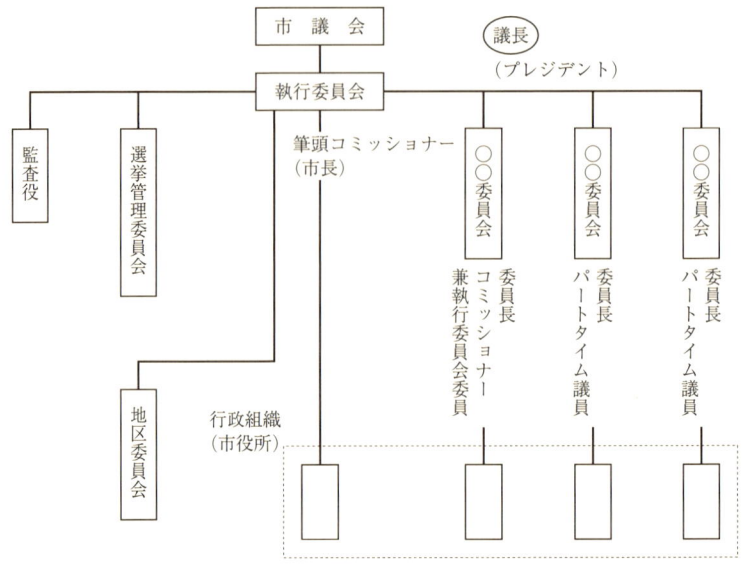

第Ⅱ部　高福祉高負担国家スウェーデンにおける労働市場政策とコミュニティの重要性

図Ⅱ-2-1　一般的なコミューンの政治体制（概念図）（コミッショナー2人の例）

```
                    ┌─── 市　議　会 ───┐
                    │                  │
                    │     議長         │
                    │   （プレジデント）│
            ┌───┬───┼─ 執行委員会 ─┬──────┬──────┐
            │   │   │              │      │      │
           監査  選挙  筆頭コミッショナー  ○○  ○○  ○○
           役   管理  （市長）           委員会 委員会 委員会
                委員会                    │      │      │
                │                       委員長  委員長  委員長
               地区                      兼コ    パート  パート
               委員会                    ミッ    タイム  タイム
                                        ショナー 議員   議員
                                        兼執行
                                        委員会
                                        委員
                    行政組織
                    （市役所）
```

出所：筆者作成。

一体的な市役所は存在しない。この形は国レベルの内閣の各大臣と各省の関係とよく似ている。地方レベルの議院内閣制とも言えるのである。

　多くの場合は，コミューンの規模に応じてコミッショナーの数も増えてゆき，人口5万人以上のコミューンでは3～4人のコミッショナーが置かれる場合が多い。コミューン・コミッショナーの総数は，1999（平成11）年の段階で約450人である。また，コミッショナーが2人という平均的規模のコミューンの自治政治体制（地区委員会を有する場合）を簡略化して図示する図Ⅱ-2-1のとおりとなる。この図の中でいくつかの議会内委員会の委員長は「パートタイム議員」が就任しているが，彼らは，「レジャータイム政治家」と「フルタイム政治家」の中間的な立場にあると言えよう。

　コミューン議会選挙は，国政選挙と同じ日に国政と同じ比例代表制によって行われる。選挙戦は国，地方を通じて徹底した政党営で行われ，候補者は狭い地区の利益代表ではなく，国，ランスティング，コミューンの各レベル全域の

政治利害を代表して論陣をはることになる。どのレベルの選挙であれ，選挙に立候補者の個人の金が必要となるということは原則としてあり得ない。

　平均的コミューンで50人近い市議会議員のうち，コミッショナーと「パートタイム議員」を除く40人以上は無給の「レジャータイム政治家」である（議会開会時には若干の出席手当や旅費の実費程度の支給はある）。彼らは他に職業を持つことは当然認められているが，それではなぜこんな「割の合わない仕事」に就くのだろうか。ちょっと待ってほしい。「割に合わない」という言葉は，全く適当ではない。彼らは自分達の帰属するコミューンを少しでも良くするために，貴重な時間をさいて，コミューン行政に参加しているのである。コミューン行政に関与し，監視することは当然と考えるのである。そして，このような「レジャータイム政治家」の経験を積んで，政治家としての資質が認められれば，やがてはコミッショナーや国会議員などのプロの「フルタイム政治家」に成長してゆくのである。

　コミューン議会議員の地位は，この国の政治家にとって住民と密着した行政執行そのものに関与し，政治能力や政治感覚をみがき，政治家として成長してゆく絶好の舞台となる。政治学の教科書に書かれているように，この国では，まさに地方自治が民主政治の基盤として機能していると言わざるを得ない。国政レベルの政治家達の中にも，その政治経歴の中で地方議会議員やコミッショナーを経験している人が多い。

第4節　コミューンへの市民の帰属意識とコミューン開発政策

　スウェーデンにおける福祉国家の形成は，コミューンという基礎的自治体への市民の強い帰属意識の上に立って構想され，実施されたことは以上の説明で明らかであろう。その過程でコミューン機能は着実に強化され，組織の整備も進み，このことがまた市民の帰属意識を強めることとなった。自らが属するコミューンの行政を，市民全体の立場からより良いものに改善しようという意識は常に活性化され，自分の生活の基盤であるコミューンの良さをより改善して

第Ⅱ部　高福祉高負担国家スウェーデンにおける労働市場政策とコミュニティの重要性

次世代に引き継ぎたいという感覚は，さらに明確となってゆく。

　より良いコミューンを作りたいという感覚は，コミューンの開発計画のあり方に強い影響を持たざるを得ない。やや図式的にはなるが，以下にこの点について，筆者の観察結果を簡単に述べてみたい。

（1）　地域開発政策の2つの基本的コンセプト

①第1の基本コンセプト——緑の地域開発

　1969（昭和44）年10月，戦後のスウェーデンを実に23年間にわたって社民党党首として，また首相として高福祉高負担路線を推進したターゲ・エランデル氏（1901~1985年）は，そのバトンを秘蔵の弟子ウーロフ・パルメ氏（1927~1986年）に譲り，国際政治の場でそのありあまる余力を地球環境の問題に集中しようとしていた。同年の国連総会では，スウェーデンの提案により国際環境会議の開催が決定され，エランデル氏はその準備委員長に就任した。そして，その3年後の1972（昭和47）年6月，ストックホルムで第1回国連人間環境会議が開かれ，この地球上の有限の資源と環境を略奪的に利用しつくそうとする社会から共生の社会への転換を告げる画期的な宣言である「人間環境宣言」が採択され，107項目に及ぶ行動計画が各国に勧告された。その後，1987（昭和62）年にはブルントラント元ノルウェー首相（1939年~）を委員長とする「環境と開発に関する世界委員会」の報告書が出され，「持続可能な開発」という概念が導入される。持続可能性原則（principle of sustainability）の登場である。

　あの歴史的なストックホルム会議からちょうど20年たった1992（平成4）年5月，ブラジルのリオデジャネイロで世界の首脳を集めて「環境と開発に関する国連会議」（地球サミット）が開かれ，持続可能性原則を改めて確認しつつ，21世紀に向けて地球環境を守る上で各国が実行すべき行動計画を広汎に盛り込んだ「アジェンダ21」が採択され，あわせて地球温暖化防止の「気候変動枠組み条約」，生物種の保護を目的とした「生物多様性条約」も採択された。

　この21世紀に向けた行動計画「アジェンダ21」では，中央政府による種々の行動計画のみならず，地方公共団体レベルでの行動計画も重視されている。い

わゆる「ローカル・アジェンダ21」であり，次のとおり格調高く宣言されている。

「アジェンダ21で提起されている諸問題及び解決策の多くは，地域的な活動に根ざしているものであることから，地方公共団体の参加と協力は，目的達成（持続可能な社会）のための決定的な要素となる。地方公共団体は，経済的，社会的，環境保全的な基盤を建設し，運営し，維持管理するとともに，企画立案過程を監督し，地域の環境政策，規制を制定し，中央政府及びそれに準じるものの環境政策の実施を支援する。地方政府は，その管理のレベルが市民にもっとも直結したものであるため，持続可能な発展を推進するよう市民を教育し，動員し，その期待と要求に応えていく上で重要な役割を演じている。」（国連「アジェンダ21」第28章第1節）

このアジェンダ21を貫く「持続可能性原則」は，スウェーデンの市民が伝統的に持つ感覚——後の世代に良い社会，良い環境を残したいという義務感——と完全にマッチし，この先進的実験国家の施策の中に定着してゆく。

まず，中央政府レベルでは，ブルントラント報告直後の1988（昭和63）年に開始された税制改革の議論の中で二酸化炭素税導入のアイディアが提出され，1991（平成3）年には二酸化炭素排出量1トン当たり250クローネという高率の税を導入し，1993（平成5）年からは320クローネに，さらに1996（平成8）年には370クローネ，2001（平成13）年，2002（平成14）年にはそれぞれ530クローネ，630クローネに引き上げられている。

また，二酸化炭素税とともに硫黄税も導入され，固体あるいは液体燃料に含有されている硫黄1キログラムに対して30クローネが課税されている。スウェディッシュ・インスティチュート資料によると，1980（昭和55）年から1996（平成8）年の間に国内の硫黄排出量は81％減少しているが，このうち3分の1は課税による効果と推定されている。さらに1992（平成4）年には，酸化窒素税（NOx税）が導入され，大規模な焼却工場からの窒素排出に対して1キログラム当たり40クローネが課税されている。

地方公共団体レベルでも，すべてのコミューンに「ローカル・アジェンダ

21」の企画や実施を担当するスタッフが設けられ，エネルギー政策，交通政策，都市計画，地域振興などの政策分野において，持続可能性の考え方が施策の中心原理として定着してゆく。その背景として，コミューン当局の強い指導力と財政力のほかに，市民サイドからの積極的な参加が見られることに注目する必要がある。地方自治は，当局と市民の接点において，両者が一体として行動するところに成り立つという命題がここでも成立しているのである。

　このように「持続可能性原則」が国及び地方公共団体レベルで行政の中心原理として定着してゆく状況を受け，1996（平成 8 ）年より社民党内閣を率いたヨーラン・ペーション首相は1997（平成 9 ）年 1 月に次のように語っている。

　「各世代は，各時代においてこの国をどの方向に導いてゆくかの希望に満ちた将来ビジョンを持たねばならない。前世代の人々のビジョンは，この国を福祉国家とすることであった。それを受けて現世代のビジョンは，この国を，緑の福祉国家に変え，世代を超えて持続可能な社会に組み換えてゆくことである。」

　ペーション首相はこのような考え方を政権の基本思想に置いており，例えば1999（平成11）年秋の施政方針演説では次のような趣旨のことを述べている。

　「この国の将来ビジョンは，持続可能な社会，グリーンな国民の家庭を築くことである。私の内閣は一世代で主要な環境問題を解決して次世代へ引き継ぐことを目指す。」

②第 2 の基本コンセプト

　突然話がずれて恐縮だが，筆者はテレビ（スカパー♪）でツール・ド・フランスなどの競輪競技の中継を見るのが好きである。プロの競輪競技の競技方法やルールに精通しているわけではなく，また，有名競技者の名前や所属チームなどに詳しいわけでは全くないが，それでも見ていて飽きないのは，実は競輪コースの沿道に次々と現れる地方都市の個性に富む美しさに目を奪われるからである。それぞれの町が，かつての城主の権限と富力を示す城館，見事な教会など，歴史と伝統を濃厚に保存しつつ，著しく個性的な町並みの美しさを全力で張り合っているように見える。こんな町なら一度訪問してみたいという感覚

を超えて、こんな町なら住んでみてもいいなと、そこまで感じるのである。

このような地方都市のありようは、欧州諸国に共通のものであり、北欧諸国、特にスウェーデンにも共通する特徴である。このような状況は、地方都市計画、開発計画などの立案、実施に際して適用される基本コンセプトが、わが国における経済開発優先のコンセプトと根本的に異なる点に基因すると言える。スウェーデンを含む欧州諸国の都市開発計画等のコンセプトを、思い切って単純化して整理すると次のようになる。

ⅰ）町は何世代にもわたって蓄積されてきた伝統や個性の上に立って成熟すべきものである。壊して作り直すものではない。

ⅱ）コミュニティ形成を重視すべきである。高齢者も子供も集い、交流し、ペットを連れて楽しく散歩できる場でなければならない。町から「にぎわい」を除けば何も残らない。

ⅲ）歴史的景観美を重視しなければならない。町には必ずその個性を具現する重要な建築物があるはずである。それを重視しなければならない。

ⅳ）町づくりは「持続可能性」を追求しなければならない。子供達に「よい町を作ったよ」と自信を持って引き継げる町でなければならない。子供達が「ふるさと」として、いずれは必ず帰りたいと思うような町でなければ、観光に魅力のある町ではあり得ない。

ⅴ）寝たきり高齢者のいない町、高齢者の行くところのある町を作ろう。

欧州の多くの都市には、第2次世界大戦の甚大な戦禍で、歴史的、伝統的な景観美がほぼ壊滅した例も多い。これらの都市の復興努力も、上記の基本コンセプトを忠実に守り、歴史と伝統に沿った復元に全力を挙げた例を我々も多数知っている。都市全域にわたる猛爆によりほとんど復元困難と思われるほどのダメージを前に、なおあきらめることのなかった例も、ワルシャワとかドレスデンとか有名な例は数多い。ドレスデンの例では、18世紀ヴェネツィアの都市風景画家ベルナルド・ベロット（1722～1780年）の描いた多数のドレスデン都市図を全面的に参照しつつ、歴史的バロック都市の復興がなしとげられた。萩島哲（九州大学名誉教授）『バロック期の都市風景画を読む』（九州大学出版会、

2006年)を見ると，ペロットの多くの都市風景画と同一地点から展望した現在のドレスデン都市写真の正確な一致状況に驚かざるを得ない。欧州の人々の持つ都市に対する上記の基本コンセプトへの執着のすさまじさを改めて確認する思いであった。

(2) スウェーデンにおける土地利用計画と建築許可制度

(1)で述べた都市開発計画面での2つのコンセプトが現実の計画の場で確実に担保されるための手法として，土地利用計画のあり方と，建築許可制度の機能に注目しておく必要がある。

コミューンの機能には，福祉(社会サービス)と教育が歳出予算の80パーセント超を占めるとは言え，都市計画，地域振興計画，地方交通政策など住民との接点において実施される多くの活動が含まれている。この国では，コミューン全体の土地をどう利用するかはコミューン自身が決定するという意味で，「土地利用計画権を独占している」と言われる。より明確には，「土地所有権は個人に属しても土地利用権はコミューンに属する」とまでも言われるのである。コミューンは，「全体土地利用計画」において住宅区域，工業区域，余暇区域などの土地利用の概略を定め，「地区詳細計画」によって細目が定められている。「地区詳細計画」には，特定の地区毎に土地利用の具体的内容，例えば開発地域における建設可能な住宅数，最大床面積，建物の高さ，階数，安全性，耐火基準などの建物の内容から，色やデザイン，盛土，掘削，樹木伐採制限にまで及ぶことがあるという。これによって，以下に述べるコミューンの建築許可権限の発動条件を具体的に示しているのである。策定権限は，コミューン議会の建築委員会(委員長は議員が務める)にあり，計画案は一般に開示され，意見聴取の手続きがある。

「建築許可手続」は「計画建築法」に定められており，同法によると，コミューンは必要な場合，土地や建物の優先的購入権，収用権，あるいは不適切と認められる土地利用や産業立地に対する拒否権など強力な規制権限が与えられている。

第2章 コミュニティの重要性

写真Ⅱ-2-1 大使公邸周辺の生活環境（ユーシュホルム地区）

　上の写真は大使公邸の2階私室から見たバルト海の入江の風景である。左右に1つずつ小さな島があり，それぞれが美しい邸宅によって占有されており，左の邸宅には，有名なボーカル・グループ・アバのリーダーの一家が住む。彼の話によると，この邸宅の旧所有者である老女が死去し，相続人から購入した時には見るかげもなく荒れた状況にあり，もとの美しい姿に復元するのに購入額と同程度の投資が必要だったと言う。この入江周辺は風致地区として強い建築規制がかかっており，現状変更の工事には建築許可は絶対に出ないと言う。
　ユーシュホルムのある住人は，筆者に次のように述べた。
「この窓から見える風景は特筆すべき美しさですが，仮にあなたの息子が将来大使として赴任してこられるようなことがあるとすれば，きっと同じ風景を楽しむことになるでしょう。」

　左は，公邸付近の豪邸の1つである。2人の子供を持つ働き盛りの夫婦が住む。かわいい2人の少女の人なつっこい笑顔との出会いである。この2人の背後にある小さな小屋は，実は，子供達用のおままごとの家である。この大きさまでなら建築許可が要らないので普及したと言われる。この国の厳しい建築規制の背景としては，市民の生活環境維持に向けての強い思いがある。
　この建物も庭も所有者の所有権の下にはあるが，それらがかもし出す環境や雰囲気は，周辺コミュニティ全体のものであって，人々は強い規制は当然と考えるのである。

　建築許可申請に対しては，地区詳細計画への適合性のほか，住宅の質やレベルにまでチェックが及ぶといわれている。ストックホルム市郊外の住宅地域にあるダンデリード市ユーシュホルム地区にある日本大使公邸（**写真Ⅱ-2-1**）も，1982（昭和57）年の購入時と筆者が赴任する直前の1997（平成9）年に大改

127

築を行っているが，設計に当たった担当建築士が筆者に語ってくれた苦労話のほとんどは，いかに当局から建築許可を得るのが難しかったかに集中していた。

〔参考〕 わが国における町づくり，地域振興思想

「町とは人々が自由に快適に生活できる場であり，経済活動，文化活動，社会活動（人々の交流）など人々の自由な活動を通じて人間性を回復できる場」と定義することには，多分，誰も異存はないはずである。だとすれば，「町づくりとは何か」という問いかけに対して，「町づくりの目的は，経済活動の便益，効率化にある」と答えたとすれば，誰もが誤りと考えるはずである。しかし，わが国の町づくり，特に，地方都市における地域振興のための開発計画においては，この考え方が常に底流にあるという状況から未だに脱却しきれていないのではなかろうか。このような考え方は，戦後の荒廃した国土の復興，その後に続く高度成長期には妥当性を持ったとしても，1980年代以降，わが国経済も最先進国に仲間入りし，総体として世界有数の経済大国となった段階で，開発コンセプトの抜本的な変革によって，最初に述べたような「町とは人々の自由な活動の場である」という定義に全面的に立ち帰り，人間を中心に置いた開発計画という本来の原点に立脚する必要があったのではないか。このことは有識者間での認識は進んだものの，実行面で中途半端に終ったと言わざるを得ない。そのため，種々の開発計画，特に地域開発において，次のような結果を生むことになってしまったと言えよう。

①本来，人間の用いる道具に過ぎない自動車の便利さを人間のアメニティより重視する傾向を生じた。

②多くの地方都市の中心市街地や駅前市街地で，コンクリートの建物が幅をきかせ，醜い駐車場が一等地にでき，本来，人間がいろいろな活動を行うべき通りをバス，タクシーその他の車がわがもの顔に走り回り，人間は肩をすぼめて歩くという本末転倒を生じた。

③何世代にもわたって蓄積された都市の個性や景観美が惜しげもなく圧殺されてしまった。

④そして何よりも大きな被害として，コミュニティの崩壊を招いた。

結局，都市は元気に働く人々が忙しく走り回るだけの場となり，高齢者（人口の20％）や子供（人口の15％）のいる場がないという状況が生み出されたのである。

（3）スウェーデンにおける地方都市開発実例——カルマル市

カルマル・コミューン（人口7万人足らず）は，わが国ではあまり知られていないがスウェーデンでは知らぬ人がいない有名な歴史都市である。この国南端の大都市マルメから東北方向，バルト海沿いに約300キロメートル北上した地点にあり，首都ストックホルムはここからさらに400キロメートル北に位置する。歴史的に見ると，この町のやや南側に，かつてスウェーデンとデンマークの勢力圏を画する境界線が東西に走っていた。現在のようにスカンジナビア半島南部がマルメ市に至るまでスウェーデン領となるのは，16世紀初めのヴァーサ王朝成立後，同王朝の歴代諸王が100年以上にわたるデンマークとの戦争に勝ち続けて国境を南へ押し下げた結果なのである。

カルマル市の発展のきっかけは，12世紀後半に，この地に当時の北欧の雄国デンマークに対する防衛拠点としてカルマル城の建設が着手されたことにあった。その後数百年間にわたり，この城は強力な防塞として増改築が重ねられた。古カルマル市（ガムラスタン）もこの城の隣接地帯に発展し，1250年頃には中世城下町としてほぼ完成していた。

1397年，デンマーク，スウェーデン，ノルウェー3国の貴族や有力者がこのカルマル城に集まり，デンマークを上位とするカルマル同盟の成立を決めた。すでに，デンマークとノルウェーの実権を掌握していたマルグレーテ（1353～1412年）が3国の支配にあたることとなり，ここに欧州史上最大の同君連合が成立したのである。

以後，デンマーク王は，当時の強力な自由都市連合であったハンザ同盟と北欧地域の商権，ひいては政治的覇権を賭けての戦いにのめり込み，カルマル同盟諸国に過重な負担を求めた。スウェーデン国内は，カルマル同盟を支持する

貴族達とハンザ同盟との貿易の恩恵を強く受け，また戦費の負担に強く反発する貴族達との果てしない内乱，攻防が続くことになる。15世紀中頃には反デンマーク派のスチューレ家が実権を握り，いわゆるスチューレ時代が50年ほど続く。

　1520年，デンマーク王クリスチャン2世（在位 1513～1523年）はスチューレ派貴族達との攻防の末にこれを鎮圧し，カルマル同盟に君臨する王としてスウェーデン王位に就いてストックホルム王宮で戴冠式を挙行した。1520年11月7日，式に続く盛大な祝宴が3日目を迎えたこの日，突然，王宮の城門が閉ざされ，和解の宴と信じて参集していた多数のスチューレ派の貴族が拘束された。翌8日，彼らは王宮と大聖堂に近接する大広場に連行され，衆人環視のもとで処刑が強行された。犠牲者は公式には82人と言われたが，実際は200人に近かったという説もある。軽い傾斜を持った大広場には，鮮血が川のように流れたと言われる。スウェーデン史上名高い「ストックホルムの血浴事件」である。

　この「ストックホルムの血浴事件」の犠牲者の中に，スチューレ派の有力貴族であるヴァーサ家の当主とその義兄弟が含まれていた。父と叔父を殺された若き跡継ぎグスタフ・ヴァーサは，復讐に燃え，デンマークに対する反乱軍の組織化に奔走する。反乱はスウェーデン北部のダーラナの有力者などの支持がきっかけとなって次第に力を増し，反乱蜂起後3年がたった1523年，グスタフ・ヴァーサはストックホルムの奪還に成功してグスタフ1世（在位 1523～1560年）として戴冠する。現在に続くヴァーサ王朝の成立である。

　かくして，カルマル城は再び対デンマークの防衛拠点に戻り，グスタフ1世の入城によりルネサンス風の強力な防塞に改築され，ほぼ現在の姿となった。

　以降100年，カルマル城と隣接する市街地は対デンマーク戦争の最前線となってしばしば戦火に見舞われ，1647年には古カルマル市（ガムラスタン）は大火で壊滅的打撃を受けた。当局は，市街中心地をカルマル城隣接地から北へ数百メートルのクヴァルンホルメン島（細い水路で本土から切り離されているため「島」と呼ばれる）に移動させ，城壁で囲まれた新市街地が計画的に整備された。わずかの距離の移動であるが，このほうが防衛上はるかに有利と考えられたの

第2章 コミュニティの重要性

写真Ⅱ-2-2 カルマル・ダーム・プロジェクト

である。

その後,デンマーク勢力の退潮によりカルマルの防衛拠点としての機能は急速に失われ,通商拠点として発展してゆくこととなる。灰燼に帰したガムラスタンは,その後,軒の低いスウェーデンスタイルのカラフルな木造家屋が軒を並べる住宅地として利用されてゆく。

この古い歴史都市が,小さいながらも引き続き個性と活力にあふれる地域の中心都市として発展し続けるために,(1)の①で述べた第1の基本コンセプトに基づいて行っている市当局の努力を見てみよう。

筆者がこの町を訪問した2002(平成14)年当時,市がその力を結集していたプロジェクトはカルマル・ダーム・プロジェクト及びインスペクトーレン・プロジェクトの2点であった。

カルマル・ダーム・プロジェクトは(写真Ⅱ-2-2),スウェーデンでは初の自然循環型浄化パークであり,およそ40ヘクタールうち水面20ヘクタールの湿地帯を整備し,アシ草などの自然の力によって窒素などの富栄養化をもたらす成分を除去しつつ,野鳥の天国として,また市民のレクリエーションの場として活用する複合目的の事業である。浄化対象は,主としてプロジェクトの西方

131

に位置するカルマル空港からの雨水などの排水，及び近傍農家からの排水である。

　実は，カルマル・コミューンのバルト海沖合の約10キロメートル足らずの位置に，長さ172キロメートル，巾は最長部でわずか16キロメートルしかない実に細長いエーランド島が市を覆うように南北に伸びており，カルマル近辺の排水はこの島にさえぎられてすぐにはバルト海に拡散しないので，市周辺水域の富栄養化などの汚染を「将来にわたって持続的に」防ぐためには雨水浄化までやる必要があるというのである。そして，このプロジェクトは，行政，大学などの研究機関，空港などの企業の産・官・学の協力体制によって実施に移され，現在でもこの湿地帯を実験台にして種々の先端的環境技術の研究が進んでいるという。

　第2のプロジェクトは，古いアパート群を環境にやさしい持続性のある住宅に改造するインスペクトーレン・プロジェクトである。これは，1955（昭和30）年から1957（昭和32）年に7,000平方メートルの敷地に建てられた市営アパート（所有，管理は，カルマル住宅会社）であって，5棟，160戸あり，古いアパート群特有の社会問題もかかえていた。入居者の4割はシングルマザーであり，3割が20年以上の居住者で高齢化も目立ってきていた。持続可能性の追求という観点からこのプロジェクトの事業内容を見ると，**表Ⅱ-2-8**のとおりである。

　このプロジェクトの企画，実施に当たっては，住民との徹底的対話をベースとし，居室改造方式として3代替案を用意した。
　①従来方式の居住環境の維持を基本とし，壁紙を新しくするなどの必要最低限の改造にとどめる案。
　②①と③の中間案。
　③最新の環境技術を応用する実験的改造案（コストがかかり，住宅手当で若干カバーされても住民の家賃負担は多少上昇する）。
　結局，③案を採用した住民は160戸のうち4戸であったと言う。
　次に，カルマン市の歴史的遺産であるクヴァルンホルメン島に今も美しい姿で現存する17世紀以来の中心市街地（商業地区）の保存に関して，（1）の②で

第2章 コミュニティの重要性

表Ⅱ-2-8 インスペクトーレン・プロジェクトにおける持続可能性の追求

【環境に悪影響を与えるものを取り除き，環境に負荷を与えない仕組みにした】 ・雨水を循環させ，有効利用する仕組みづくり ・屋根に設置したソーラーパネルを利用した太陽エネルギー暖房 ・建築廃材の分別回収，塗料やアスベスト廃材，水銀などの有害物質の適切な分別，建材の環境商品表示
【各戸における省エネルギーを推進するため】 ・各戸に温度計を設置し，中央でモニターして20℃を超えると暖房費を割り増しし，20℃以下なら払い戻すシステムを導入──これにより，アパート全体で暖房費20％節減 ・外界に通ずる窓を二重にして植物を栽培し，その同化作用による室内浄化及び室温調節効果によって省エネルギーを図る先進的技術を実験
【加えて，次の2つの試みについては検討中】 ・住居内での生ゴミ処理→流しへのディスポーザーが導入されたが，機能や衛生面，ゴミの排出量への影響など，効果がどの程度期待できるかが不明瞭。 ・トイレでのし尿分別→コストや衛生面で断念
【注目すべき雨水循環システム】 インスペクトーレン・プロジェクトで最も目に付くものが雨水対策である。屋根から流れ落ちる雨水は給水塔へ流れ込み，まず水路を経て公園の周辺に散布され，貯水池に溜められる。その後，ポンプで汲み上げられ，公園内の滝として流れ出る。そして，そのまま柏の林を通る浅い水路を通過して，最終的には植物用の水となる井戸へと流れ込む。下水として流すのではなく，雨水を水路で流すことで環境の一部と見なしている。子供達が水辺で遊ぶ光景もよく見られる。

出所：カルマル市文書に基づき筆者作成。

述べた基本コンセプトに基づく市当局の努力について，筆者が訪問した当時のカルマル市長，シェル・ヘンリクソン氏が筆者に語ったところを紹介したい。

「カルマルはこの国有数の歴史都市であり，中世的な城壁や水路で完全に防護された都市の姿を保存している町は，スウェーデンではほかにストックホルムとゴットランド島のヴィスビーしかなく，また『ガムラスタン』という名を正式に持つ地区がある都市も，以上3都市のほかにイシュタッドがあるだけである。私達はこの市の歴史的，文化的遺産を誇りとし，その保存に努めてきた。戦後の経済発展期に，都市機能の効率化を目指して町並みや建物の全面的再開発を主張する意見もあり，特に不動産業者は強い政治的圧力をかけてきた。しかし，私はまだ若かったが一市民としてこれに強く反対し，市民もその総意としてカラフルな伝統的町並みの保存を選択し，結局，内部構造の近代化が実行

されるにとどまった。今では，不動産業者を含む多くの地場企業もコミューンの方針を全面的に支持しており，市民や学者，学生が『ここなら住みたい』と言ってくれる。実際，市の人口も増加傾向にある。

さらに，市の将来を見据えて，私自身のリーダーシップの下で環境にやさしい都市への改造を強力に進め，他方でITなどの先端技術のセンターとなるべく，ソフトセンターの樹立，IT産業の誘致なども強力に推進しており，これらのプロジェクトに潤沢な予算を投入している。」

市長のこの言葉には，この国の地方都市振興策の持つ特徴が簡潔に示されているといえよう。すなわち，次の3点である。

①開発は，その都市が本来もつ伝統的な美質を徹底的に生かし，人々にここに住みたいという強い愛着心をもたらすものでなければならず，また良好な生活環境は世代を超えて持続可能でなければならない。

②その上で，将来進むべき方向を適確に把握し，ほかに先駆けて先導的プロジェクトを実行に移す大胆さがある。

③コミューン及びその首長には，このような基本的思想を実行に移す強力な指導力と財政力が必要である。

スウェーデン市民のコミューンへの強い帰属意識は，長い歴史的経緯によってバックアップされた市民のバックボーンであり，福祉国家形成の重大な背景となるとともに，都市開発政策の基本コンセプトにも決定的な影響を与えたことは，以上の説明によりご理解いただけたと思う。

ここでは，以上の説明を補う趣旨から，首都ストックホルム周辺に点在するいくつかの小都市のありようを見てみたい。わが国の例と基本的に異なる点は，ややくり返しになるが次の諸点である。

(1) 歴史と伝統につちかわれた過去の遺産の尊重。
(2) 後世代に良い物を残したいという強い意欲。
(3) コミューン全域の個性や環境への強い執着。
(4) コミューン行政への積極的参加と監視の意欲。

市民のこのような基本的なあり方は,結果として,例えば地域振興の手段としての「観光開発」に関しても,わが国とは異なるアプローチをとることになる。すなわち,観光客を呼び込むための都市整備,施設整備というコンセプトの下での開発では成功はおぼつかない——ここに住む市民自体が強い魅力を感じ,ここに引き続き住み続け,後世代にも引き継ぎたい——こう思えるような開発計画だけが,観光客にもその魅力を訴えることができると考えるのである。都市の歴史や伝統を観光資源として活用できるかどうかは,それ自体が政策目的ではなく,より良い都市へという高次の政策目的の結果に過ぎないと考えるのである。

それでは,いくつかの小都市の個性と美しさを見てもらおう(写真Ⅱ-2-3〜Ⅱ-2-11)。これらは,いずれも観光都市となるために美化されたものではないことも同時にご理解いただきたい。

写真Ⅱ-2-7〜11には,コミューンの誇る歴史的遺産に関するコミューン住民の主体的で自由な保存活動の例を示している。

写真Ⅱ-2-3 歴史都市カルマル市の現状

　カルマル市はストックホルム南方400キロメートル，南端の大都市マルメから北方300キロメートルのバルト海沿岸に位置し，かつてこの地の南側にデンマークとの歴史的境界線が走っていた。12世紀後半にこの地に防衛拠点カルマル城が建設され，古カルマル市（ガムラスタン）がその隣接地に発展した。
　14世紀末，この城で北欧3国の同君連合カルマル同盟が成立している。この同盟が解体した後，この地は対デンマーク戦争の最前線として，しばしば戦火に見舞われた。また，17世紀には古カルマル市は大火により壊滅的な打撃を受けるが，これを機会に市街地を北へ数百メートル移動する措置が採られた。
　上は現在のカルマル城。中央が壊滅したかつてのガムラスタンに発展した住宅地区である。現代的な観点からすると決して住み易いとは思えないが，人々はこの地に住むことを誇りとし，大切に保存してきた。右は，17世紀に作られた新しい中心市街地である。戦後ここを再開発して建物の高層化，道路の拡幅が計画されたが，1人の若い学生が，何世代にもわたって熟成されてきたカラフルな町並みの破壊に強く反対し，住民の支持を得てこの計画を阻止した。この学生はその後，カルマル市長となり，人と環境にやさしい町づくりに精力をそそぐことになる。

第2章　コミュニティの重要性

写真Ⅱ-2-4　トローサ市

　　ストックホルムより南方75キロメートル，ストックホルム群島地帯南端に，漁港都市トローサ市がある。この町は18世紀初頭にロシア海軍の無差別攻撃を受け，全市が炎上，略奪という災厄に見舞われた。現在の町並みは，この災厄から住民が不屈の意思で再興したものであり，200年前のバルト海沿岸漁港の姿を今に伝えている。左は中心市街地と広場であり，中央が旧市庁舎（現在はインフォメーションセンター），左隣は銀行の建物である。右端に見えるのは，この町に最初に作られた公衆電話の姿を現在に伝えている。上は，中心市街地に続く住宅地域のようすを示している。ここにはふるさとがあり，住民のコミュニティが生き生きと存在している——そんな感じがしないだろうか。このような雰囲気や環境を害するような建築計画は許可されることはないであろう。

第Ⅱ部　高福祉高負担国家スウェーデンにおける労働市場政策とコミュニティの重要性

写真Ⅱ-2-5　歴史都市シグチューナ市

　ヨーロッパ中世史に大きな足跡を残したヴァイキング諸国家は次第に統合され，現在の北欧3国の輪郭が確定してくる10世紀末，スウェーデンに最初のキリスト教改宗国王オーロフ・ショートコーヌングが現れ，シグチューナ市に首都をおいた。シグチューナ時代は13世紀中頃に，氷河が刻んだ深い入江に散在する多くの島の1つスタッスホルメン島に城砦が築かれ，ここを拠点に発展したストックホルム市に首都機能が移ってゆくまで続いた。左は，世界一小さいと住民の誇る市庁舎，右上は，市庁舎前より続く大通り。下は，大通りより脇道を入ったところにあるカフェである。このカフェの建物は伝統的なスウェーデン風住宅のコンセプトをよく残しており，低い軒と落ち着いた赤の塗料が目をひく。低い軒は，極寒期の暖房を薪炭に依存した時代に就寝中火を落としても朝まで余熱を残す必要からきたものであり，赤い塗料は，かつてこの国の経済的発展の基礎となった豊富な銅資源の精錬残滓から注出されたものであって，銅山所在地の名をとって，ファルーン・レッドと呼ばれ，今も広く使われている。

第2章 コミュニティの重要性

写真Ⅱ-2-6 マリーフレッド市

 ストックホルム市の南島60キロメートルに位置するマリーフレッド市は，中世には巨大な女子修道院パックス・マリーアの所在地として知られ，また，隣接して豪族グリップス家が14世紀に建設したグリップスホルム城があった。16世紀初頭に成立したヴァーサ王朝は，ルター派に改宗するとともにパックス・マリーアを破壊して収奪，石材の多くを，荒廃していたグリップスホルム城の改修，拡幅に利用した。
 上は，グリップスホルム城にほど近い中心市街地の現在である。右側に見える建物は市庁舎であり，市庁舎広場は駐車場として利用されているが車が入れるのはここまでである。左側に見える一帯は，赤ちゃんから老人まですべての住民の憩いと，ふれあいの場として，カラフルな歩行者専用街区となっている。下はこの中心市街地にほど近い公民館に老人達が集い，民芸品の製作などにいそしむようすを示しており，いきいきしたコミュニティの存在が感じられる。

139

写真Ⅱ-2-7　ハイコースト・フェルシュヴィクスハムネン漁港
　　　　　（ホーガクステン地方の小さな礼拝堂）

　ストックホルムはバルト海に向かう厚い氷河の流れが削りとった深い入江の奥の多数の島に発展した都市であるが，バルト海沿岸にはもう1ヶ所氷河が作った複雑で美しい造型を楽しめる地域がある。ストックホルム北方480キロメートルに位置するホーガクステン（ハイコースト）は，深い狭湾と複雑な海岸線，数多くの湖沼が展開し，点在する古い集落がいろどりを添える。上は，その中の1つ，フェルシュヴィクスハムネンという小さな漁港のたたずまいを示している。ここのたった1軒のレストラン兼雑貨屋のマダムは，訪れた筆者に，村の背後にある小高い丘の上の山小屋へ行ってごらんと言って鍵を貸してくれた。左上はその山小屋であり，下はその内部である。これは小さな小さな礼拝堂だったのである。
　18世紀末この村はロシア海軍の無差別攻撃を受け，全村焼失の災厄に遭った。しかしさすがのロシア軍も丘の上のみすぼらしい建物を単なる山小屋と誤認したという。たった1軒残ったこの礼拝堂の素朴な壁画は，集落再建に取り組む村民の心の支えとなり，今も村民の無二の宝物として生き続ける。

第2章 コミュニティの重要性

写真Ⅱ-2-8 ストックホルム郊外のヴァイキング遺跡砦
（ルンザ砦とヴァイキング幽霊とのめぐりあい）

　紀元前3,000年頃から紀元1,100年頃までは，スウェーデン史上ヴァイキング時代と呼ばれ，特に紀元800年頃から海を越えて各地へ進出し，欧州中世史を大きく左右するほどの影響力を持った。
　ストックホルム北方40キロメートル，車なら30分程度で行ける地点にあるルンザ砦は，ストックホルム西方のメラーレン湖内に紀元前後からヴァイキングの根拠地として発展したビルカの町と，その後，ヴァイキングの初期王朝の所在地となったウプサラやシグチューナの町とを結ぶ水路を見おろす小高い丘の上という絶好の軍事的要衝に作られた。右上は砦よりこの水路を見おろすながめである。ここで偶然出会った考古学者は，この砦が紀元400年頃から400年ほど使用され，その間少なくとも3回は陥落，焼失していること，砦は二重の石垣で防護され，平時には部族長と幕僚達が住み，非常時には部族民をりへし収容して戦ったことなどを，石垣のルーインの上に立って丁寧に説明してくれた。筆者の妻いわく，「そんな，人もめったに行かない森の奥の遺跡で都合よく親切な考古学者に会えるはずがない。きっとヴァイキングの幽霊には足があるのね。」そう言えば，どことなくヴァイキング人形に似ていませんか。
　この遺跡もストックホルムやウプサラの歴史の上で重要なものであるが，厳重な管理はなされず出入自由であった。

第Ⅱ部 高福祉高負担国家スウェーデンにおける労働市場政策とコミュニティの重要性

写真Ⅱ-2-9 ヴァイキング遺跡の保存——コミューンの自由な管理
（放牧場となっているヴァイキング遺跡）

　スウェーデンの古代史は，ヴィク（湾）の人ヴァイキングの活躍から始まる。その活動の跡として，墳丘，古代ルーン文字による石碑，露出岩盤に刻みこまれた岩絵，古代砦跡などのほか，多数の船型環状列石が各地に残されている。上は，マリーフレッド市の北方，メラーレン湖内のセラーオン島内オーサにある船型環状列石を示している。重要な古代遺跡であるが，柵で囲い込んで厳重な管理下におくような無粋な措置はとられておらず，家畜の放牧地として利用されていて，住民の立入りは自由であった。放牧されていた馬はめざとく訪れた筆者達を見つけて近寄り，人なつこく鼻面をすりよせてきた。

第2章　コミュニティの重要性

写真Ⅱ-2-10　壁画装飾教会（1）（クヌートビ教会でのすてきな出会い）

　ヴァイキング時代のスウェーデンが本格的にキリスト教化するのは11世紀以降のことだが，以降各地の集落毎に木造の小さな教会が多数創建されてゆく。これらの質素な教会は集落の人々の熱い信仰と地元の有力豪族の寄進によって，長い年月をかけて拡充・美化され，15世紀以降になると内部壁面全面が壁画で覆われた装飾教会が各地に出現する。

　ストックホルム北方80キロメートル，かつてのヴァイキング時代の首都で現在では大学都市として有名なウプサラの東方40キロメートルに位置する小さな集落クヌートビーにある教区教会は，一見どこにでもあるありふれた小教会に見える。しかし，ひとたび内陣に入ると，誰もが見事な色彩の洪水に圧倒されるだろう。ここを訪れた時，南側に張り出す入口小ホールにいた2人の老婦人は，遠くから来た珍客に集落の誇りを見てもらえることを心から喜び，コーヒーを用意して歓待してくれた。彼女達の誇るコミューンの歴史遺産を見てもらえる喜びが筆者達に伝わる経験であった。

第Ⅱ部　高福祉高負担国家スウェーデンにおける労働市場政策とコミュニティの重要性

写真Ⅱ-2-11　壁画装飾教会（2）（ヘールケベルガの内陣壁画と旧牧師館）

　ヘールケベルガ教会は，ストックホルム西方70キロメートルに位置する壁画装飾教会であり，1280年から1310年にかけて，スウェーデンのキリスト教化最盛期に創建され，1480年代に今に名の残るアルベルトウス・ピクトール（画家アルバート）により，壁画が描かれた。この教会は現在でも現役の教区教会ではあるが，その芸術的価値がこの国で広く認められている。
　この教会は，同時に周辺農地の大地主であり，1689年より1916年まで牧師館として使われた建物は，近世の富農が住んだ農家複合体の典型例である（頁下の写真参照）。中央に母屋が見え，右側に，小作人や下僕の住いと倉庫がかたまり，左側に執事住居が見える。今ではこの牧師館は，歴史遺産としてノルディスカ博物館に移管されており，一種の野外博物館となった。執事の旧住居は，現在はカフェとして使われている。我々がここを訪れた時，近在の地主の奥様がボランティアとしてつめており，満面の笑みで私達を歓迎してくれた。コミューンに住むボランティアによる遺跡管理もこの国でよく見られる。

第Ⅲ部
福祉国家3つの形態

第1章
福祉国家レジーム3類型論

第1節　3類型論の概要

　第Ⅰ部と第Ⅱ部では，北欧型福祉国家の典型であるスウェーデンについて，高福祉高負担を特徴とする各般の制度設計が国家戦略として持つ意味を詳細に分析した。言うまでもないことであるが，福祉国家はスウェーデン等の北欧諸国だけではなく，欧州大陸諸国，アングロ・サクソン諸国など，多かれ少なかれ福祉国家と言えるシステムを実現している先進国は数多く存在し，それぞれが，それぞれの歴史，伝統，住民感覚などの差を反映して，特徴のある福祉国家システムを形成している。

　デンマークの著名な福祉学者イェスタ・エスピン・アンデルセンは，主として次の2著作において，福祉国家を大きく3類型に分類することを提唱した。「福祉国家3レジーム論」と呼ばれる考え方である。

　『福祉資本主義の三つの世界』（1990年刊，邦訳：ミネルヴァ書房，2001年）
　『転換期の福祉国家――グローバル経済下の適応戦略』（1996年刊，邦訳：早稲田大学出版部，2003年）

　筆者は以下にこのレジーム論の内容を筆者の理解した限りにおいて簡潔に要約し，次いで，わが国の福祉システムが，レジーム論の示唆する方法論を適用するとどのように整理できるか，やや筆者の能力に余る恐れもあるが，筆者なりに試みてみたい。

　さらに，レジームの差が，家族政策及び老人介護政策において，制度設計上

どのような差として現われているかを分析してみたい。

エスピン・アンデルセンは，経済的先進諸国の多くは福祉国家とみなし得るが，その共通の特徴として，「市場重視」をまず前提とし，市場機能の否定をイデオロギーの根幹とする社会主義的計画レジームを排除した上で，次の3類型に区分し得ると考えた。

(1) スウェーデンを典型とする北欧型社会民主主義レジーム。
(2) ドイツを典型とする大陸欧州型保守主義レジーム。
(3) 英・米を典型とするアングロ・サクソン型自由主義レジーム。

この考え方の背景として，18世紀から19世紀を通して産業革命の大波の中で，絶えず進行した経済の市場化と政治的民主化の過程で，形成された3つの政治イデオロギーの流れが歴史的遺産として各国に継承され，各国の政策担当者達が，どの政治的イデオロギーに依拠するかによって，意思決定に強い影響を受け，福祉レジームに3つの類型を生み出したと考えるのである。

ここで3つの政治イデオロギーのうち，保守主義と自由主義の流れは，歴史的には18世紀イギリスの民主化の進展の過程を通じて，トーリー，ホィッグの党派的対立として表れたことは周知の事実である。ここで保守主義的イデオロギーは，市民集団の形成してきた歴史的，伝統的価値観の継承を重視し，その上で時代の要請に応じた調整を加えてゆこうとする政治思潮と総括し得るものであり，家族や地域コミュニティのつながりを重視し，しばしば教会などの宗教勢力が強い影響力を持つ。これに対して自由主義的イデオロギーは，市場経済の中で個人の判断に基づいて合理的に行動することに価値を置くイデオロギーであり，伝統的価値観に基礎を置く公共の介入を，明らかな市場の失敗の場合に限定すべきだとする政治思潮と総括し得る。この考え方は，「家族や地域コミュニティとのつながりの中での個人」という伝統的な観念を否定する点で，保守主義（conservative）に対し，急進主義（radical）とも呼ばれる政治思潮を形成したのである。

このような2大思潮の対立の中で，19世紀後半に至って第3の有力な政治思潮として資本主義経済の将来的な崩壊を不可避とし，市場経済の否定を根本と

するマルクス，エンゲルスの共産主義的政治イデオロギーが登場する。この政治思潮は，時代の流れとともに穏建化し，修正共産主義思潮からさらに社会民主主義思潮へと変化してゆく。目指すところは，市場の本質的に持つ冷酷な性格，人間社会が本来持つ相互依存的あたたかさを全く無視する性格を修正し，再び人間性を取り戻すことであり，それを，市場の本来の経済的機能は保存し，民主主義の基本として議会主義を受け入れつつ，話合いと妥協という穏建な手段によって実現しようとする政治思潮として，民主主義国家内に定着してゆく。

　これら3大政治思潮は，現代民主主義諸国では，社会民主党（イギリスでは労働党，フランスでは社会党），保守党（キリスト教民主党のような宗教的意味合いを持つ政党を含む），自由党（自由民主党，急進党など多様な名称を持つ政党を含む）の対立構造を作り出しており，欧州諸国，特にイギリス・ドイツ・フランス・イタリア・北欧などの主要国共通の政治風土となっているのである。

　この政治的3大思潮が生み出した福祉国家レジーム3類型の特徴は，以下のようにまとめることができる。もちろん，多くの福祉国家の置かれた歴史的，伝統的，社会的，市民感覚的，制度的等各般の差異により，福祉システムにも多様な差異が生じるのは当然だが，それらの差異を総括的な視点から大きく類型化し，一般化した結果として見てほしい。

(1) 社会民主主義レジーム（北欧型）

　　○主たる特徴

　　　市場機能重視の下での市場の失敗の修正　　資源再配分
　　　　　　　↓　　　　　　　　　　　　　　　所得再分配
　　　　公共部門の機能の重視　　　　　　　　　経済変動の調整
　　　　　　　⟶ 福祉普遍主義，福祉公的供給主義
　　　　　　　⟶ 財源としての租税重視
　　　　　　　　（特に，付加価値税と地方住民税重視）
　　　市場の冷酷さからの個人の解放
　　　伝統的な家族，地域コミュニティからの個人の解放

　　　　　　⎧ 労働力の脱商品化
　　　　　　⎪　　　　→ 労働需給調整への市場の機能低下
　○結果 ⎨ 経済活動主体としての個人の脱家族化 → 女性の家庭からの解放
　　　　　　⎪ 経済の成果配分の階層化の修正 → 公平化
　　　　　　⎩

(2) 保守主義レジーム（大陸欧州型）

　○主たる特徴

　　市場機能重視と歴史的遺産重視の併存
　　　　　　↓
　　　　家族，地域コミュニティの機能の重視
　　　　相互扶助的システムへの傾斜
　　　　男女の機能分担への信奉
　　　　コーポラティズム的発想の維持
　　　　公共部門の介入は補完主義を原則とする
　　　　　　→ 財源として，一般的租税よりも社会保険負担の考え方を重視
　　　　　　　　自然発生的な保険制度の修正，活性化重視

　　　　　　⎧ 労働力の脱商品化　　　　　　　⎫
　　　　　　⎪ 経済の成果配分の階層化の修正 ⎬ 社会民主主義レジームほどではない
　○結果 ⎨　　　　　　　　　　　　　　　　　　⎭
　　　　　　⎪ 脱家族化，女性の家庭からの解放は政策目的外
　　　　　　⎩ 教会等宗教勢力の影響力残存

(3) 自由主義レジーム（アングロ・サクソン型）

　○主たる特徴

　　市場機能重視の度合いが強く，市場における結果を尊重
　　市場における個人の主体的活動を重視
　　個人の合理的判断と活動による結果は個人の責任と観念
　　　　　　→ 福祉給付は最低限
　　　　　　　　　　ミーンズテスト付き差別給付が原則

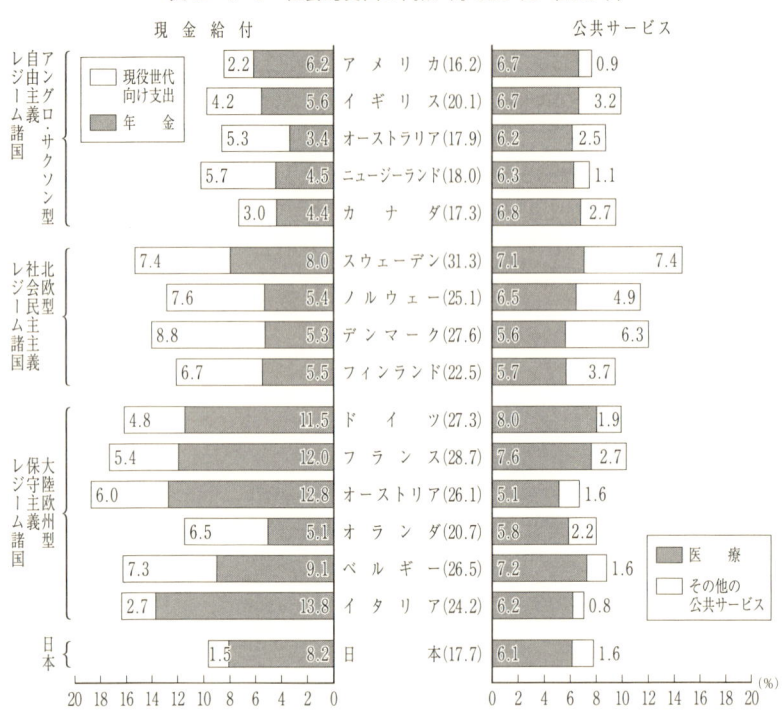

表Ⅲ-1-1 社会的支出の内訳 対 GDP 比（2003年）

レジーム	国	現役世代向け支出	年金	国名(社会的支出全体)	医療	その他の公共サービス
自由主義レジーム諸国（アングロ・サクソン型）		2.2	6.2	アメリカ(16.2)	6.7	0.9
		4.2	5.6	イギリス(20.1)	6.7	3.2
		5.3	3.4	オーストラリア(17.9)	6.2	2.5
		5.7	4.5	ニュージーランド(18.0)	6.3	1.1
		3.0	4.4	カナダ(17.3)	6.8	2.7
社会民主主義レジーム諸国（北欧型）		7.4	8.0	スウェーデン(31.5)	7.1	7.4
		7.6	5.4	ノルウェー(25.1)	6.5	4.9
		8.8	5.3	デンマーク(27.6)	5.6	6.3
		6.7	5.5	フィンランド(22.5)	5.7	3.7
保守主義レジーム諸国（大陸欧州型）		4.8	11.5	ドイツ(27.3)	8.0	1.9
		5.4	12.0	フランス(28.7)	7.6	2.7
		6.0	12.8	オーストリア(26.1)	5.1	1.6
		6.5	5.1	オランダ(20.7)	5.8	2.2
		7.3	9.1	ベルギー(26.5)	7.2	1.6
		2.7	13.8	イタリア(24.2)	6.2	0.8
日本		1.5	8.2	日本(17.7)	6.1	1.6

注：（ ）内は社会的支出全体。社会的支出全体の数字には，図の現金給付と公共サービスの率に加えて積極的労働市場政策を加えている。

出所：OECD, The Social Expenditure database : An Interpretive Guide, SOCX 1980-2003.

○結果
- 市場への信頼・大
- 公共部門の介入　限定的
- 福祉給付　経済的生活困窮者にミーンズテスト付きで給付
- 個人の経済力向上努力に対する支援
- 社会保障規模限定的
- 階層化の進展

　公共部門の介入や社会保障規模が限定的と言っても，イギリス，アメリカとの間にはかなりの差がある。純粋な意味での市場信頼，個人主義信奉の下での自由主義レジームはアメリカに典型的に表れており，イギリスはミーンズテス

第1章　福祉国家レジーム3類型論

表Ⅲ-1-2　社会的支出と関連支出・指標

		社会的支出のうち所得調査付き支出の割合 (2003, %)	公教育支出 (2005, カナダは2004, 対GDP比, %)	低学力割合 (2000, 5段階評価で裁定評価の割合, %)	積極的労働市場政策支出 (2003, 対GDP比, %)	雇用保護法制指標 (2003)
自由主義レジーム アングロ・サクソン型	アメリカ	7.9	4.80	22	0.13	0.7
	イギリス	10.9	5.00	23	0.53	1.1
	オーストラリア	40.7	4.27	17	0.36	1.5
	ニュージーランド	18.8	5.24	20	0.44	1.3
	カナダ	20.0	4.68	17	0.35	1.1
北欧型社会民主主義レジーム	スウェーデン	2.3	6.19	7	1.25	2.6
	ノルウェー	4.6	5.67	8	0.79	2.6
	デンマーク	3.7	6.81	8	1.91	1.8
	フィンランド	13.0	5.86	11	0.90	2.1
大陸欧州型保守主義レジーム	ドイツ	3.9	4.18	10	1.25	2.5
	フランス	4.9	5.56	n.a.	1.05	2.9
	オーストリア	4.5	5.16	n.a.	0.62	2.2
	オランダ	5.5	4.63	10	1.56	2.3
	ベルギー	3.6	5.78	17	1.14	2.5
	イタリア	2.9	4.26	n.a.	0.76	2.4
日本		2.1	3.38	n.a.	0.30	1.8

出所：所得調査付き支出　OECD: The Social Expenditure datebase : An Interpretive Guide, SOCX 1980-2003.
　　　公教育支出　OECD: OECD in Figures 2008.
　　　低学力割合　Torben Iversen and John D. Stephens, "Partisan Politics, the Welfare State, and Three Worlds of Human Capital Formation", Comparative Political Studies, Vol. 41, No. 4/5, 2008.
　　　積極的労働市場政策支出　OECD: Social Expenditure Databese.
　　　雇用保護法制指標　OECD: Employment Outlook 2004.

ト付き差別的福祉体制の下で相当に高度の福祉水準を実現している。アメリカの場合，経済的成功階層と経済発展に乗り遅れた一般階層の格差は大きく，不公平の度合いは，経済的先進諸国の中では著しく大きい。このようなシステムが将来にわたって持続可能であるかどうかを疑問視する見方は，欧州福祉国家においてかなり広く存在することを付言したい。

　もう少し具体的に，福祉国家レジーム3類型に区分した諸国における社会的支出の水準とその内容に，数字の上でどのような差違が生じているかについては，北海道大学の宮本太郎のすぐれた分析がある（宮本太郎『生活保障』）。

第Ⅲ部　福祉国家3つの形態

表Ⅲ-1-3　社会的支出と財政収支，成長率等

		社会的支出 (2003, 対GDP比, %)	財政収支 (2000-06年平均, 対GDP比, %)	ジニ係数 (2000年代半ば)	相対的貧困率 (2000年代半ば, %)	GDP成長率 (2000-06年平均, %)
自由主義レジーム アングロサクソン型	アメリカ	16.2	-2.5	0.381	17.1	2.6
	イギリス	20.1	-1.6	0.335	8.3	2.7
	オーストラリア	17.9	1.2	0.301	12.4	3.2
	ニュージーランド	18.0	3.8	0.335	10.8	3.6
	カナダ	17.3	1.1	0.317	12.0	3.0
社会民主主義レジーム 北欧型	スウェーデン	31.3	1.1	0.234	5.3	3.1
	ノルウェー	25.1	12.8	0.276	6.8	2.4
	デンマーク	27.6	2.2	0.232	5.3	1.9
	フィンランド	22.5	3.9	0.269	7.3	3.2
保守主義レジーム 大陸欧州型	ドイツ	27.3	-2.5	0.298	11.0	1.4
	フランス	28.7	-2.8	0.281	7.1	2.1
	オーストリア	26.1	-1.8	0.265	6.6	2.2
	オランダ	21.8	-0.7	0.271	7.7	2.0
	ベルギー	26.5	-0.4	0.271	8.8	2.1
	イタリア	24.2	-3.1	0.352	11.4	1.5
日本		17.7	-6.3	0.321	14.9	1.6

出所：社会的支出　OECD: Social Expenditure Databese.
　　　財政収支，GDP成長率　OECD: Economic Outlook, No. 85, June, 2009.
　　　ジニ係数，相対的貧困率　OECD: Society at a Glance 2009.

　宮本太郎は，まず表Ⅲ-1-1において，3つのグループ毎に社会的支出全体の規模及びその現金給付と公共サービスの内訳を示している。
　さらに表Ⅲ-1-2及び表Ⅲ-1-3を示した上で，これらの表の示す結果内容について次のように説明を加えているので引用する。

　「まず，アングロサクソン諸国は，社会的支出が相対的に小さく，現金給付も公共サービスも規模は小さい。アングロサクソン諸国のもう1つの特徴は，社会的支出のうち，すべての人々を対象とした普遍主義的な支出ではなく，所得制限によって一部の困窮層にターゲットを絞った選別主義的な支出の比重が高い。（表Ⅲ-1-2「所得調査付き支出の割合」参照）。このように対象を絞った支出は，すくなくとも貧困問題に対処する上では効率的なはずであ

るが，ジニ係数で見ても，相対的貧困率で見ても，アングロサクソン諸国は格差が明らかに大きい（表Ⅲ-1-3）。

　次に北欧諸国の支出内訳を見ると，社会的支出は大きく，現金給付も公共サービスも規模は大きいが，他の2つのグループに比べると，（フィンランドを除いて）公共サービスの比重が高いことが特徴である。それも医療に限らず，現役世代への多様なサービスが展開されている。現金給付についても，年金の割合が相対的に小さく，現役世代向けの支出が多い。

　大陸ヨーロッパ諸国でも，社会的支出は大きい。ただし，北欧諸国と比べると，まず公共サービスの規模よりも全体として現金給付の規模が大きく，現金給付の比重が高いことが分かる。現金給付のGDP比だけをとると，オランダを除いてここであげたすべての大陸ヨーロッパ諸国が，北欧よりも大きな福祉国家なのである。さら現金給付の中身を見ると，年金支出の割合が大きい。

　最後に日本を見ると，社会的支出のGDP比では，依然として下位であってアングロサクソン諸国の水準のやや下の方，といったポジションである。他方で，支出の内訳は大陸ヨーロッパ諸国のかたちに近く，現金給付では年金の比重が明らかに高い。また公共サービスへの支出が少なく，そのなかでは医療の比重が高いが，そのうち4割近くは高齢者医療である。

　さて，ここでの問題は，こうした社会保障のかたちの違いが，GDP成長率や財政収支などのパフォーマンスといかに関連しているかである。北欧諸国のように，公共サービス支出が大きく，また現金給付も現役世代の支援にシフトしていると，大きな支出をしてもGDP成長率や財政収支が良好となる傾向がある。それがなぜであるかは，社会保障のかたちにだけ注目していたのでは説明できない。社会保障と雇用がいかに連携しているのかに注目して，初めて説明できるのである。」（一部表記等筆者修正）

　若干付言すると，これらの表から次のような結果が得られる（**表Ⅲ-1-4**）。

表Ⅲ-1-4 レジーム別に見た福祉システムのマクロ的特徴

	北欧型 社会民主主義レジーム	大陸欧州型 保守主義レジーム	アングロ・サクソン型 自由主義レジーム
社会的支出水準	大	大	小
現金給付と公共サービス	公共サービス重点 (除くフィンランド)	現金給付重点	両者とも小
財政収支	黒字	赤字	比較的健全
不公平度	格差小	格差中	格差大
成長率	高	低	高
選別主義的支出の割合	小	比較的小	大
雇用保障	大 (除くデンマーク)	比較的大	不徹底
積極的労働市場政策	大	比較的大 (オランダ大)	小

出所:宮本太郎,前掲書に基づいて筆者作成。

第2節 スウェーデンの福祉国家類型論理解の内容

北欧を代表する社会民主主義レジームの福祉国家スウェーデンは,自国の福祉構造をどのように考えているのだろうか。筆者のスウェーデン大使在任中,スウェーデン政府高官から聴取した内容は以下のとおりであり,5類型論 (5 model theory) をベースとするものであった。

(1) The voluntary state-established model

工業化初期に現れた自発的保険に対する国家補助のシステム(当然,公共部門の監督を伴う)。

(2) The means-tested model

宗教的な動機により「教区」レベルで展開された救貧措置(一定の所得や資産などの生活基盤を有する者は対象外)。

(3) The corporate model

種々の職業別グループ毎に給付を設定するモデル(主としてドイツ,中欧で展開,ビスマルクやユンカー達が支持)。

(4) The general basic security model

　できるだけすべての市民に一般的に一定の所得を保障しようとするモデル（このモデルの構成員を最大多数とする動機を背景とする）。

(5) The universalism-model of social security

　(4)を中心とし，(1)(2)で補完されたスウェーデン型モデル。(1)としては失業保険システム，(2)としては生活保護など。

説明するまでもないとは思うが，(1)は福祉国家移行前の初期段階のモデルであり，(2)はエスピン・アンデルセンの言う自由主義モデルの初期的段階，(3)は後に保守主義モデルに発展するもの，(4)は社会民主主義モデルである。そして，スウェーデン政府は(5)を自国のモデルとして説明したのである。説明者はもちろん，自国のモデルの優位性を確信しており，自信と自負に満ちていたことを付言したい。

第3節　わが国の福祉システムのレジーム論的分析

　わが国の福祉構造を全体として体系的に理解するためには，現在の体系形成に至る歴史的経過を把握し，わが国独自の歴史的，伝統的，社会的，市民感覚的，制度的性格がどのように福祉体系の形成に影響してきたかをまず分析する必要がある。

　1945（昭和20）年8月，あの無謀としか言いようのない悲惨な太平洋戦争が，わが国の完敗の形で終結した時，わが国は主要な生産設備のほとんどを失い，都市部を中心として焦土が広がるという惨たんたる状況の下で，極度の貧困という状態から再出発せざるを得なかった。当時の米軍による占領政策の中心は，このような経済状態からの復興と合わせて，わが国の戦前・戦中の軍政を支えた社会システムの廃棄と改編であった。その主な施策として，

　(1)財閥解体と富裕層に対する財産税課税，
　(2)大地主制解体，農地改革，自作農創設，
　(3)都市部においては「向こう三軒両隣り」的小規模コミュニティ，地方部に

第Ⅲ部　福祉国家3つの形態

おいては集落単位の小規模コミュニティの相互扶助，監視的機能の解体，を挙げることができる。

しかし人間は単独で孤立しては生きてはゆけず，常に何らかの共同体組織を必要とする。上記の地域的な小規模コミュニティ機能の解体の後は，既に戦前からその芽の出ていた企業コミュニティが，その穴を埋めるしかなかったのである。各企業別レベルでの従業員の強い帰属感覚や，中小規模企業の職種別集団への強い帰属感覚，あるいは，商店街における組合的組織への強い帰属感覚下でのコミュニティが，社会全体に展開する形で，「企業コミュニティ社会」と言い得る構造が発展した。既に戦前から企業一般に普及し始めていた終身雇用・年功序列型の人事政策と家族生計費基準の賃金体系は，当然のことながら，強固な企業コミュニティの形成に資するところが大きかった。そして，公共部門レベルでの福祉システムの未発達をカバーする仕組みとして，企業内で雇用者福利厚生事業の体系が発達してゆくのである。

企業コミュニティ社会の形成と発展は，さらに社会的な影響力を拡大してゆき，企業・クライアント相互依存社会へ進んでゆく。具体的には，各企業は，系列，子会社，関係会社などとの関係を強化し，企業コミュニティの構成範囲を拡大しつつ，これらの関係企業との取引優先，さらには互恵的契約関係の横行をもたらす。そこでは各企業の社員間で，出身地域，出身教育機関などをベースとする個人的つながりによる優先取引，互恵取引も広く見られるようになる。

さらにこのような取引慣行は範囲を拡大し，政治や行政システムが関係してくるに及んで，いわゆる「利権社会」が形成される。

このような政・官・財三者の相互関係の下で，地域振興政策は主として公共事業によって行われ，地域のリーディング・カンパニー（主として土建事業体）とその系列・クライアント等の事業グループを対象として実施されるいわゆる「土建社会」が形成されてゆく。

企業・クライアント相互依存社会，利権社会という性格を備えた企業コミュニティ社会の普及は，日本型福祉構造における次のような特徴をもたらした。

(1)　雇用者福利厚生事業から出発した企業内福祉依存傾向の発展と公共福祉の貧困。

　(2)　企業グループ別あるいは職業別に構成された福祉システムの個別的発達。

　かくして，わが国の福祉構造の各国に例を見ない独自の性格が形成されたのである。すなわち，

　(1)　企業コミュニティをベースに個別に成立した福祉システムは，当然コーポラティズムの性格が濃厚な分野において発達し，まずこの分野に公共部門の介入が始まり，社会保険のシステムが整備されるに至る。さらに，年金，医療分野において，企業グループ等毎に成立したシステムの上に国民年金制度や国民健康保険制度がパッチワーク的に積み重ねられ，国民皆年金，国民皆保険という形で一般化されてゆくのである。

　(2)　その反面，コーポラティズム的性格が薄く，社会保険のシステムの適用に限界のある福祉分野，特に保育，介護，失業対策などの福祉サービスを中心とする分野は，公共福祉の貧困がそのまま継続し，福祉体系全体として著しくバランスを失する現在の姿が形成される（第Ⅰ部図Ⅰ‐1‐2参照）。

　(3)　(1)で述べた年金，医療などの社会保険分野においても，その福祉システムとしての水準自体は西欧先進諸国の水準に近いところまで発達したが，わが国のシステムは一般国民がその全体像をとうてい理解し得ないほど複雑化し，そのパッチワーク的性格からくる欠点はそのまま残った。すなわち，構成するパッチワーク各システム間の財政状況の強弱の修正は，常に政治的大問題となり，システム全体の合理性，効率性が解決困難な問題となる余地を残したのである。

　(4)　かくして，(2)及び(3)に述べたわが国の福祉システムの欠点は福祉システム全体の機能不全をもたらす不安定さを内包していたと言わざるを得ない。

　(5)　このようなわが国の福祉構造は，西欧型福祉構造が，3大政治思潮との関連で福祉レジーム論として議論される対象とするのは，極めて不適当な性格を持ったのである。

　他方で，わが国の福祉構造の展開の基礎を形成した「企業コミュニティ社

会」そのものの持続もやがて疑問視される時が到来する。すなわち，1980年代初頭に，わが国経済の発展程度が世界トップレベルの水準（ドルベースの1人当たり GDP の水準が世界で上位数ヶ国のレベル）に達した時，次いで，1990年代初頭にバブル経済が崩壊した後，わが国経済の潜在成長力が，高度成長時代よりはるかに低いレベルにとどまることが明確になった時，「企業コミュニティ社会」の存続は決定的に疑問視されるに至るのである。そのきっかけとしては次の2点が指摘できる。

(1) 内的インパクト

わが国企業の対外競争力保持，利益水準確保のためのコスト削減の強い要請。

(2) 外的インパクト

対外開放経済への完全移行への強い要請。

この2つのインパクトの下で，わが国国内での，グループ企業の形成と優先契約，互恵契約のシステムや，政・官・財3極の利権構造の存続は不可能となり，企業内福利厚生事業の維持，終身雇用，年功序列型人事政策，家族生計費基準の賃金体系など企業コミュニティ社会を支えた慣行も修正を余儀なくされるに至る。

かくして企業コミュニティ社会，さらには企業・クライアント相互依存社会，利権構造の解体は，徐々にしかし確実に進む。その間20年余り，政策としてなすべきことは，返らぬ愚痴ではあるものの公共福祉の拡充と公共部門の財政力の強化によって，安全，安心，社会的安定を求めつつ雇用の場を確保し，福祉面での内需による成長を実現してゆくこと及福祉システム全般にわたるパッチワーク的構造の修正を一歩一歩実現してゆくことであった。

しかるに現実は，本来のあり得べき政策を実施する政治的勇気に欠け，消費税増税など考えられる公共部門の財政力強化の方策を封印したまま，この20年間旧型の政策方向に固執したのである。この間，上述のわが国の福祉システムの欠陥は，システムの機能不全という形で顕在化する。すなわち，

(1) 年金，医療などのパッチワーク的システム間の相互調整の困難，例えば基礎年金国庫負担率の2分の1への引上げや，後期高齢者医療制度創設などの

措置の迷走。

(2) 貧弱な福祉サービスの欠陥の顕在化，例えば，保育サービス面での待機児童の増大や，保育士の低報酬と人的確保困難，認可外保育所の劣悪保育環境など，また，老人介護面での介護レベルの低下，介護士の低報酬，過重労働と人的確保困難など。

このような福祉システムの現実の姿は，さらには，本書「序章」で述べたように，マクロ経済全体の機能不全の一因となり，政策当局はその前で立ちすくむことになる。すなわち，

(1) 潜在成長力の低下とデフレ現象。
(2) 出生率の低下と中長期成長期待の低下。
(3) 非正規雇用の拡大を主とする雇用構造の変化。
(4) 同一価値労働同一労働条件の不徹底。
(5) 所得格差，中央・地方の経済力格差など，各般の格差拡大。
(6) 財政赤字のとめどない累積など。

筆者は，わが国経済社会の現状を抜本的に立て直すに遅すぎるということはあり得ないと信じる。第Ⅲ部の主要課題である先進諸国における福祉レジーム論の正確な理解の上に立って，わが国の将来進むべき方向をビジョンとして模索し，公民一体となってその実現のためのあり得べき方策をさぐることが，今，現世代の政策に責任を持つ我々のなすべきことであると信じるのである。

第2章
福祉国家レジーム3類型論と
各国家族政策比較

第1節 スウェーデンの家族政策

　福祉国家レジーム3類型論において，社会民主主義レジームの典型国であるスウェーデンの家族政策の特色は，第Ⅰ部において，既に政策の内容を詳述したので，再論の余地がないほど明確であろう。女性の機会均等，男女平等，男女共同参画等を実現するための必須の条件として，女性の家庭からの解放を目指すという社会民主主義の基本理念の上に立って，スウェーデン型家族政策が設計されており，社会民主主義レジームの基本的特徴である「脱家族化」の典型例が実現していることは，誰の目にも明らかであろう。
　しかし，このことをもって，スウェーデンの家族制度は解体され，孤立した個人がぬくもりのない社会で孤独に生きているというスウェーデン型福祉社会の否定的見解に同調してはならない。女性の家庭からの解放は，すなわち家族制度の崩壊という発想は，全く短絡的であり事実に反する。宮本太郎は『生活保障』において，明確に反論しているので，以下に引用する。

　「夫婦そろって外で働くことの常態化に加えて婚外子の出生率の上昇などからスウェーデンの家族が瓦解している，とする議論もある。2003年におけるスウェーデンの婚外子の出生率は56％であり，日本が1.93％であることを考えると，過半数が婚外子として生まれるという事実は目を引く（内閣府『少子化社会白書平成16年版』）。だが，婚外子の出生率が高いのは，家族の解体

によるものではなく，スウェーデン語でサンボと呼ばれる事実婚の制度によるものである。

　事実婚に当たって購入した家屋などの所有権を定めたサンボ法は，1980年に制定された。それを機に事実婚が増大し，当時はまだ30％台であった婚外子の出生率が上昇した。ただし，第2子，第3子になるにつれて婚外子の出生率は減少する。このことから，サンボにはカップルに共同生活を踏み切らせる「婚活」機能が期待されたとする見方もある。

　全体として言えば，社会保障は多くの場面で家族の結すび付きを支えている。育児休暇制度は，480日間にわたって保障され，そのうち390日間は従前の所有に対して約8割の所得保障がつく。それゆえ，1歳未満の乳児の公認保育サービスの利用率は，日本が7％であるのに対して，スウェーデンはほぼ0％である（Statistical Yearbook of Sweden 2006）。また，子どもが8歳になるまでは，育児休暇の未消化期間を充当して労働時間を短縮することが認められている。そのためにスウェーデンの保育所でよく見かけるのは，夕方前に親が子どもを迎えに来る光景である。」（一部表記筆者修正）

　第Ⅰ部において，女性の家庭からの解放はワーク・ライフ・バランスの適正化を自然に実現し，家族そろってディナーの団らんを楽しむ生活スタイルを一般的なものとしたことを詳述した。スウェーデン型家族政策は，家族の崩壊どころか，家族の本来持つぬくもりに満ちた人間的機能を強化していると言えるのである。

　さらにもう1点，社会民主主義レジームに基づく家族政策設計上の重要施策である保育所政策について，スウェーデンの考え方を説明しておきたい。説明の材料は，この国の基礎学校後期3年（わが国の中学校に相当する）の社会科の教科書『あなた自身の社会——スウェーデンの中学教科書』（川上邦夫訳，新評論，1997年）である。

　実はこの教科書には注目すべき2つの特徴がある。
　まず第1には公共部門，特に地方自治体の機能や活動に関する記述の多さが

第Ⅲ部　福祉国家3つの形態

指摘できる。この教科書は翻訳ベースで180頁余りの本であるが，うち「第4章　コミューン」だけで30頁を超えている。この他に公共部門の機能と深く関係している「第5章　私たちの社会保障」にも50頁近くが割かれている。このような構成の背景には，公共部門，特に地方自治体の行財政に関して豊富な知識を得ることは，民主主義社会の市民の最低限の義務であり，同時に最大の権利であるという暗黙の観念が底流として存在する。これにより，市民の持つ公共感覚を確実に次世代に伝えてゆき，公共の行財政に対して主体的な意見や批判を持ち得る状況を持続的に確保すると言えよう。

　この教科書の第2の特徴は，教師が生徒に教えるというよりも，教師が問題提起を行い，生徒に考えさせ，議論させるということを基調として編集されていることである。種々のテーマについて，考えられる選択肢を多数提示し，生徒1人ひとりに，あなたはどう考えるかを問いかける。1人ひとりの生徒が自らの意見を持ち，討論で首尾一貫して主張できれば，どの選択肢が正しいか，あるいは優れているかを問題とせず，授業は終了するのである。この教科書で提示されている数多くのテーマの中から，保育所に関するものをここに例示する。

　「保育所にたいして次のようにいろいろな意見がありますが，あなたはどんな意見を持っていますか。受け入れられないと思うのはどんなことですか。あなたは自分の子どもに，どんな児童福祉をしてあげたいですか。
　(1)　子どもを保育所に入れることのできた親は，児童福祉宝くじで一等を当てたようなものだね。(注)われわれのように，自分で子どもの世話をしなくてはならない者は2倍の負担だよ。つまり，自分のチビたちのことは全部自分でやった上に，税金を通じて他人の分まで払っているのだからね。これが公正と言えますか。

　　(注)　本書の原本は1991年に出ており，公立保育所の整備がまだ不十分な地域が存在していた。現在ではこのような状況はまずないが，何らかの理由で保育所へ子どもを預けていない市民の意見としては充分にあり得る。

(2) 保育所は素晴らしいですよ。教育を受けた職員はいるし，遊び場も広いし，遊び道具もいっぱいあるし，子どもたちはグループで行動することを学び，たくさんの人，いろいろな価値観と出会えるのですから。保育所へ行った子どもは元気で，学校のことも，他の子どもたちより良くできますよ。

(3) 保育所なんて，家で子どもの世話をするより外で働く方が好きな母親が，子どもを放り出しておく場所以外の何者でもありません。保育所では子どもは粗末に扱われています。子どもには，静かな落ち着いた所が必要です。

(4) 保育所を閉鎖しましょう。学歴があり，自己主張の強い子どもだけが入っているのですから。3歳以上の子ども全部に，毎日6時間の幼児学校の方がはるかにいいです。それに安上がりです。他に必要な人に振り向けるお金もできるでしょう。

(5) 選択の自由，代替物が必要です。児童福祉へも民間の意欲を導入すべきです。家にいて子どもの世話をしている親たちに養育補助金を出し，彼ら自身が望ましいと考えるケアーをつくる自由を与えるとよいと思います。

(6) 養育補助金は，親が家にいられるほど多額になっては絶対にいけないと思います。社会は，子どもに対する責任を負うべきです。できるだけ多くの保育所をつくり，全部の子どもが入れるようにすべきです。」(『あなた自身の社会』「第5章 私たちの社会保障」より)

さてこの問いかけに対して読者ならどう答えるだろうか。筆者はわが国の大学生を相手にして意見を聞いてみたことがある。その前提として次の3点を明示しての試みであった。

①このテーマは中学生向けに設定されたものであること。
②スウェーデンの現状を前提にしている——すなわちわが国とは比べものにならない額の公共的負担が保育所に投入されていることを前提にしていること。
③選択肢の選定に際しては，その他の答を選択しなかった理由を必ず考えておくこと。

結果は実は筆者の予想したとおり，(5)を選ぶ学生が過半数を占めた。種明かしをすると，(5)はスウェーデンの保守政党・穏健党の主張であり，(6)が社会民主党の主張なのである。3レジーム論で述べたとおり，北欧型社会民主主義レジームの基本となる重要な柱の1つは，女性の家庭からの解放にあり，養育費補助金制度の導入は，女性は家事と育児に専念すべきであるという男女機能分担論を打ち破る上で障害になると考えるからである。穏健党の主張は，育児こそ母親が本来果たすべき機能であるという考え方を貫こうとする家庭にも配慮をすべきであるという伝統的な保守政党の考え方が背景にあり，養育費補助金導入の可否は，社会民主党と穏健党の長年にわたる政治的対立のテーマであった。1991（平成3）年の選挙で長期にわたる社会民主党政権から穏健党のビルト内閣へ移行した時，この内閣の最初の改革は養育費補助金の導入であった。そして3年後の1994（平成6）年の選挙で社会民主党が政権に復帰した時，この養育費補助金制度は直ちに廃止されたのである。

中学生にここまでの知識を要求してこのテーマが教科書に提示されているわけではもちろんないが，歴史的に形成されてきた政治思潮と，それを背景とする福祉レジームの差異をベースにおいて，このテーマの選択肢が示されており，スウェーデンにおける公民教育のあり方を暗示するものとして興味深い。わが国の大学生を相手とする筆者の試みにおいて，女子学生を含む多数の学生が(5)を選択したことは，わが国社会の暗黙の潮流として，なお保守的思潮が底流にあることを示すものであろうか（この点は，ドイツの家族政策を扱う第3節でもう一度考えたい）。

第2節　フランスの家族政策

（1）　フランスの家族政策の発展

フランスの福祉政策は，全体的に見ると，イェスタ・エスピン・アンデルセンの福祉国家レジーム3類型のうち，保守主義レジームを基本として設計されてきており，家族政策の面でも，慎重な方針を保守的に守ってきており，家族

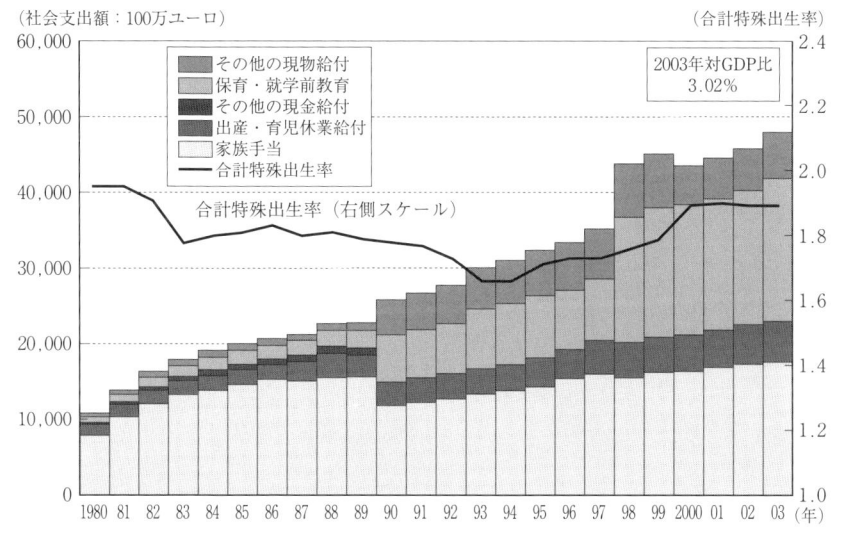

第2章　福祉国家レジーム3類型論と各国家族政策比較

図Ⅲ-2-1　フランスの児童・家族関係社会支出額の推移

（社会支出額：100万ユーロ）　　　　　　　　　　　　　　　　　　　　　　（合計特殊出生率）

凡例：その他の現物給付／保育・就学前教育／その他の現金給付／出産・育児休業給付／家族手当／合計特殊出生率

2003年対GDP比　3.02%

合計特殊出生率（右側スケール）

出所：OECD: Social Expenditure Database 2007.

や地域コミュニティなどとのつながりを重視する傾向が強く，家族政策への公的資金の投入も比較的抑制気味であった。このような状況を大きく変える転機となったのは，1980（昭和55）年に，フランスの合計特殊出生率が人口置換水準の約2を割り込んで1.99となり，極めて長期的に見ればフランス人の人口を現状で維持できない水準となったことであった。フランスに住み，フランス文化を受け継ぎ，フランス語を話し，フランスの生活様式を守ること——これらにフランス人たることの誇りを強く感じる人々にとって，遠い将来と言えども，フランス人の人口が減少してゆくという事態は，受け入れ難いと考え，2以下の出生率に強い危機感を感じたと言われる。この時点でフランス政府は，出生率の低下をくいとめ，できれば反転させる施策の設計と実施に本腰を入れ始めるのである。同国の1980（昭和55）年以降の家族政策関係支出の推移を図Ⅲ-2-1に示す。このような公的資金投入額の思い切った増額とあわせて，フランス特有の所得税制度であるN分N乗方式について，子供の多い家族に極めて有利となるような改正を実施（1981〔昭和56〕年）し，3歳以上の子供の通

165

う幼稚園制度の無料化に踏み切る（1991〔平成3〕年）などの措置をくり出し，次第に家族政策の全体像を現時点の体系に近づけてゆく。スウェーデンの家族政策が，ハンソン首相が枠組みを作り始めた頃から，女性の家庭からの解放を政策目標としていたのに対して，フランスの家族政策は，出生率の低下をくいとめ，反転上昇させるという極めて直接的な目標の下で，政策体系の調整が行われたのである。そのためにフランスが特に重視した点は，平均2に近い出生率を統計上実現させるためには，子供の数が3人以上の多子家庭が多数存在する状況を作り出すことが必要であり，そのためには，個別家族の持つ多様な属性に着目して，3人以上の子供を持ち得る家庭に重点的に働きかける差別的な施策（スウェーデンが福祉普遍主義をたてまえとして，このようなミーンズテスティングを要するような仕組みを排除しているのとは対照的である）を設計してゆく。

　フランスとスウェーデンでは政策目標の置きかたに大きな差異はあったが，結局のところは，世帯を構成する夫婦ともに就業できる環境を整備し，世帯所得の上昇を実現し，3人目の子供を作る意志のある家庭にそれが実現できる状況を作り出すという点では，よく似た制度に帰着してゆく。特に，2歳未満の乳幼児のための保育サービス，3歳以上の幼児のための幼稚園サービスの充実と低廉化という点では，全く同じと言ってもよい施策がくり出され，女性の就業率の上昇が実現してゆく。図Ⅲ-2-2に示すように，女性の年齢別就業率のM字型カーブは，1980（昭和55）年以降次第に消えてゆき，スウェーデンと同じような台形型に変化してゆくのである。

　このような政策努力が，出生率上昇という形で実際に統計上明瞭になるのは，フランスが家族政策に本格的に力を入れだしてから実に15年の後である。第Ⅰ部において，スウェーデンの家族政策のダイナミック・アナリシスにおいて述べたことと同様に，フランスでも出生率という指標が，政策手段の充実や，経済情勢の順調な拡大の遅行指標であることを示したと言える。この国の出生率は，1993（平成5）～94（平成6）年まで低下し続け，1.65の水準にまで至るが，これが底となって，これ以降反転上昇に転じる。図Ⅲ-2-3に示すように，めざましいとも言える上昇を実現してゆくのであり，最近時点では，ほぼ，人

第2章　福祉国家レジーム3類型論と各国家族政策比較

図Ⅲ-2-2　90年代以降に消えたフランスの"M字カーブ"

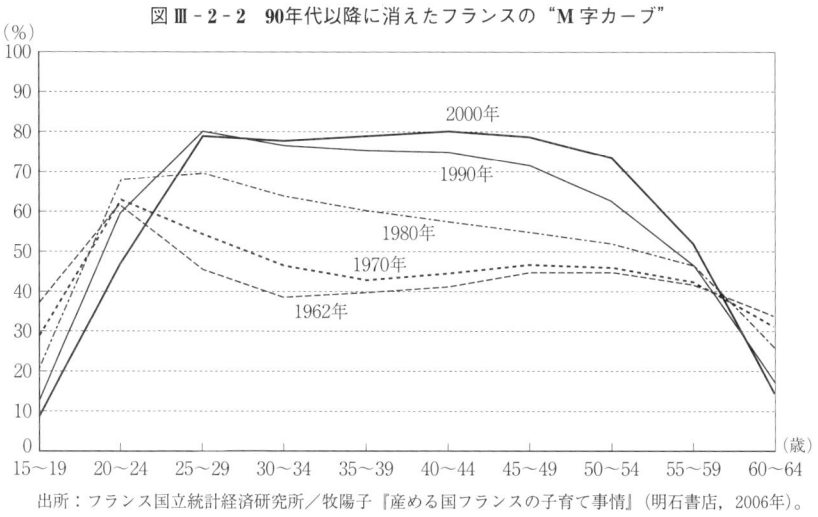

出所：フランス国立統計経済研究所／牧陽子『産める国フランスの子育て事情』（明石書店，2006年）。

図Ⅲ-2-3　フランスの合計特殊出生率の推移

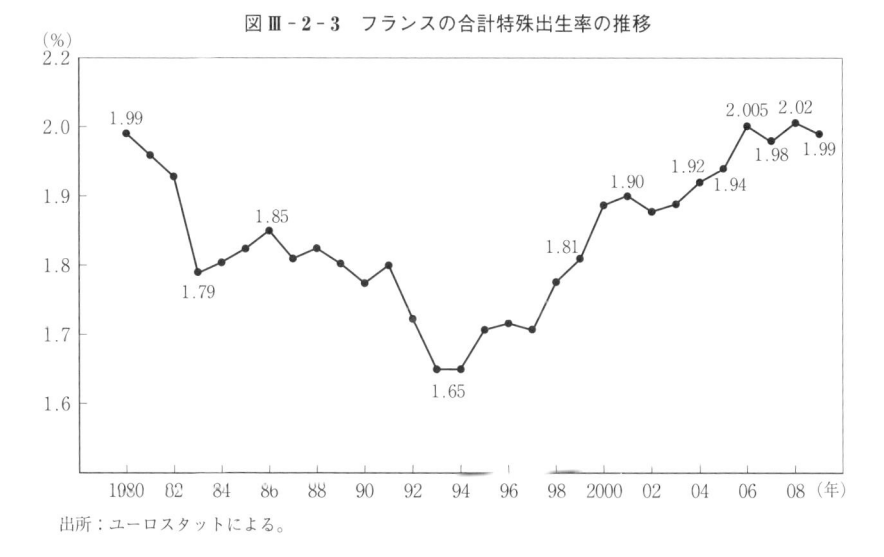

出所：ユーロスタットによる。

口置換水準に復帰したと言えるだろう。ひたすら出生率の上昇を政策目標として家族政策体系の構築に努めたフランス当局の努力は，このような形でむくわれたと言えよう。

167

(2) フランスの家族政策の全体像

以上のような経緯で形成されてきたフランスの家族政策の現時点での全体像を整理して示すと次のとおりである（2006〔平成18〕年現在の状況）。

(1) 育児政策としてのN分N乗方式
(2) 扶養子女に関するその他の税制特別措置
　　1．6歳未満の子女を自宅外の託児所や保育園などの保護に託した場合の税額控除，費用の50％。
　　2．自宅内で家事・育児・介護等を行う者を雇用する場合の税額控除，費用の50％を基本。
　　3．扶養子女が中等・高等教育を受けている場合の税額控除。
(3) 家族手当
(4) 職業と家庭の両立政策
　　1．職業自由選択補足制度と育児休業制度。
　　2．保育所。
　　　イ．公認集合託児所
　　　ロ．家庭保育士制度
　　3．幼稚園。

これらの各項目について，以下に簡単に説明する。
(1) 育児政策としてのN分N乗方式

フランス所得税の課税単位は「家族」であり，各個人を課税単位とするスウェーデンや日本とは対照的である。さらにフランスでは，N分N乗方式と呼ばれる独得の課税方式を採用している。つまり，家族の構成員（夫婦および子供達）の所得を合算した額を一定の「家族除数（N）」（表Ⅲ-2-1）で割り，その額に税率表を適用して税額を計算し，それを再び「家族除数（N）」倍して納税額とする。税率表は当然，累進税率制を採用しており（表Ⅲ-2-2），Nが大きいほど税率適用所得が小さくなるので，結果として納税額が少なくなるのである。「家族除数（N）」の算定にあたっては，夫婦はそれぞれ1とし，第

第2章　福祉国家レジーム3類型論と各国家族政策比較

表Ⅲ-2-1　家族除数

子供の数	独身者及び離婚者	夫婦者及び寡婦（夫）
0人	1.0	2.0
1人	1.5	2.5
2人	2.0	3.0

注：以下、扶養家族1人増すごとに1を加算。第3子以降の除数を第2子までと差をつける方法は1981年に導入。
出所：財務省資料により筆者作成。

表Ⅲ-2-2　フランス所得税の税率表

(2006年1月現在)

所得（ユーロ）	税率（%）
～4,412	0
4,412～8,677	6.83
8,677～15,274	19.14
15,274～24,731	28.26
24,731～40,241	37.38
40,241～49,624	42.62
49,624～	48.09

出所：財務省資料により筆者作成。

表Ⅲ-2-3　フランス所得税制N分N乗方式の育児政策としての効果

(単位：ユーロ)

	夫婦のみ	夫婦子供1人	夫婦子供2人	夫婦子供3人	備考
グロスの所得額	43,000				
給与所得控除　社会保険料控除等 税法上認められる所得控除額	△12,400				
差引　課税所得額	30,600				
家族除数（N）	2.0	2.5	3.0	4.0	子供2人まで除数0.5　3人目以降除数1.0
家族除数で割算をした所得	15,300	12,240	10,200	7,650	
（ユーロ）　税率(%)					
～4,412　　　0	0	0	0	0	
4,412～8,677(差4,265) 6.83	4,265×6.83 290	290	290	(7,650-4,412)×6.83 220	
8,677～15,274(差16,597) 19.14	6,597×19.14 1,260	(12,240-8,677)×19.14 680	(10,200-8,677)×19.14 290		
15,274～24,731(差9,457) 28.26	26×28.26 10				
計	1,560 ×2	970 ×2.5	580 ×3.0	220 ×4.0	
家族除数で掛算をした計算税額 円換算　1ユーロ≒160円	3,200 (約500千円)	2,500 (約400千円)	1,800 (約290千円)	900 (約140千円)	
家庭保育士支払控除（税額控除）	―	△1,100	△1,100～△2,200	△1,100～△2,200	
再計納税額	3,200	1,400	700～△400	△200～△1,300	
円換算　1ユーロ≒160円	(約500千円)	(約220千円)	(110千円～△60千円)	(△30千円～△200千円)	

注：パリ近郊のベッドタウンA市居住のF氏の世帯の申告書をベースとして作成した。
出所：筆者作成。

1子と第2子は0.5とする。第3子以降は、1981（昭和56）年の改正以降、まるまる1としている。子2人の場合のNは3，3人の場合は4，ということになる。

この税制が、子供の数に対し実際にどのような効果をもつことになるのか、

具体例によって示してみよう。

表Ⅲ-2-3は，夫婦あわせた世帯所得4万3,000ユーロ，課税所得3万6,000ユーロの世帯について，子供の数によって納税額にどのような差異が生じるかを示している。まず「計算税額」の欄に注目してほしい。子供の数が増えるに従って，所得税法上の計算上，税額が大幅に減少してゆく状況は明らかであろう。

日本の税制でも子供には扶養控除があり，子供が増えれば税額は減少する。このフランス一家にほぼ匹敵する年収700万円の一家を例にとると，子供なしと比べて1人の場合5万円，2人の場合13万円，3人の場合18万円程度負担が減少する。フランスのN分N乗方式が，子供を持つ世帯にいかに有利に働くように設計されているか，一目瞭然であろう。

そしてこのような効果を強めるために，第3子以降の家族除数を0.5から1.0に引き上げる措置の効果も働いていることに注目してほしい。

(2) 育児に関する税制優遇

フランスでは，子供を持つ世帯に有利な，その他の税制上の措置として，種々の税額控除制度がある。6歳未満の子供を自宅外の託児所や保育園などの保護に託した場合の世帯負担額については，子供1人当たり2,300ユーロを限度として，2分の1の税額控除が認められる。控除額が計算税額を超える場合には，その分が世帯に交付される。一種のマイナスの所得税である。自宅内で家事，育児，介護などを行う者を雇用する場合には，世帯当たり1万2,000ユーロ（年間1万5,000ユーロを限度として子供1人につき1,500ユーロ増額）を限度として2分の1の税額控除が認められる。この場合，控除額が計算税額を超えても，その分の交付は行われない。

ただし，その後の税制改正により，現時点では，後者の場合も計算税額を超えた場合には，その分の交付が行われる制度に変更されている。

もう一度表Ⅲ-2-3に帰って，家庭保育士支払控除後の納税額の欄を見てほしい。この家庭の場合，子供が2人以上いれば，税務署に申告に行くことによって，マイナスの所得税を手にして帰ってくる可能性が高いことを示してい

るのである。

なお，扶養する子供が中等・高等教育を受けている場合には，表Ⅲ-2-4に示すような税額控除が認められる。このような税額控除方式は，わが国の税制で多用される所得控除方式と比べ，世帯にとって受益感が著しく直接的である。

表Ⅲ-2-4 教育費税額控除
(単位：ユーロ)

中　　学　　校	61
高　等　学　校	153
大　　学　　等	183

出所：財務省資料により筆者作成。

もちろん，所得税額を減らす目的で子供を作るなどということはありえないが，もう1人子供がほしいという場合，税制がそんな気持ちをサポートすることは，充分に考えられるのである。

わが国でもフランスのＮ分Ｎ乗方式が出生率の向上に対して持つ効果に注目する議論があった。しかし，この方式での税負担減少効果は例に挙げた一家のようにグロスの年収が4万ユーロ近くにならないと，はっきりあらわれないし，それより所得水準の高い世帯ほど負担減効果が大きく，結局，金持ち優遇税制ではないかという批判があり，立ち消えになったという。この議論は正しいだろうか。

たしかに子供が1人増えることによる負担軽減効果は，30代の世帯，中流から豊かな層に移行しつつある働き盛りの層にとって，特に受益感が大きい。この一家の例もそのことをよく示している。しかし，人口政策の見果てぬ夢，出生率を人口置換水準2.07まで引き上げるためには，子のない女性や1人しか産まない女性が多数存在する中では，3人，4人の子供を持つ多子家庭がごく一般的に多数存在することが絶対に必要であり，働き盛りの中堅層の受益感が大きいことは，望ましいと考えるべきではなかろうか。

さらに，Ｎ分Ｎ乗方式のもつ裏の事情も理解する必要がある。事情があって独身を通した人や，子供ができなかったり，できても1人にとどまった人の税負担は相対的に重くなる。また，さらに重要な点は，20代から30代にかけて複数の子供をもうけ，立派に育て上げ，40代後半から50代にかけて子供達を無事独立させた人の税負担の増加である。その年齢では，まさに経験を積んだ働き盛りであり，相当額の年収も得て豊かな生活を楽しんでいるケースも多いで

あろう。その場合，子供が次々と独立していくのに伴い，税負担は急激に上昇するのである。若くて子供を作る過程にはあるけれども，年収はそれほどではない世帯の子育てコストを，子育てが終わっても豊かな年収を持つ世帯が分担しているのであり，これは「育児の社会化」という福祉国家に共通する基本的考え方の1つの重要な側面にほかならない。例に挙げた一家は，現在のところは，まさにこの考え方の受益者なのである。

(3) 公的給付による育児支援

①家族手当

フランスでは，手厚い家族手当が制度化されており，16歳未満の子供を2人以上有する世帯は，所得や資産のいかんにかかわらず表Ⅲ-2-5に示す家族手当が支給される。わが国の旧児童手当制度が，小学校入学前の子供を対象とし，所得制限付きで，月5,000円を基本としていたことと比較すれば，フランスの制度の手厚さが認められるが，特にびっくりするほどの水準とは言えないだろう。フランスの制度で注目すべきは，支給が第2子からであること，及び，第3子以降になると急激に支給額が増加すること，この2点である。この家族手当のほかに，出産手当（808.31ユーロ），3歳未満の子供に対する乳幼児基礎手当（161.66ユーロ），第3子から支給される家族補足手当（257.62ユーロ）など，子供の成長に合わせた様々な手当が制度化されている。ただし，これらの手当には所得制限がある。

家族手当など各種の手当は，全て，家族手当金庫（CAF）を通じて支給される。その財源は，表Ⅲ-2-6に示すとおり，60％が事業主保険料であって，保険料率は，支払給与の5.4％と相当の高率である。財務総合政策研究所の分析によると，CAFの収入は，給与総額の伸び（実質成長率及び物価上昇率）によって決まるが，家族手当などの支給額は，支給対象の子供の数が比較的，安定的に推移するので，物価上昇率の伸び程度となる。結果として，構造的に収支が黒字になる傾向があり，そのため，既存の政策を削らずに新しい給付を創設することができたと指摘している。

第2章 福祉国家レジーム3類型論と各国家族政策比較

表Ⅲ-2-5 家族手当支給月額 (単位：ユーロ)

家族の形態	支給月額
扶養子女1人	―
扶養子女2人	115.64
扶養子女3人	263.80
扶養子女4人	411.96
11～16歳の子供がいる場合	(加算) 32.52※
16～20歳の子供がいる場合	(加算) 57.82※

注：※児童手当対象の扶養子女が1人もしくは2人の場合，第1子については加算されない。
出所：財務省資料により筆者作成。

表Ⅲ-2-6 家族手当等の財源

家族給付の財源	額（ユーロ）	構成比（%）
事業主保険料	272.7億	59.5
一般社会税（CSG）	94.8億	20.7
その他の税	5.5億	1.2
国庫負担	52.3億	11.4
国による企業分補塡	33.1億	7.2
計	458.4億	

出所：財務省資料により筆者作成。

②職業と家庭の両立支援

　家族手当制度が，子供を育てる上での直接コストの一部を補塡する趣旨のものであるのに対し，職業と家庭の両立を支援する制度は，本来は女性の社会進出，機会均等などを目的とするものであるが，同時に，子供を持つ世帯の就業継続が困難となることにより生ずる間接コストを軽減またはゼロとする効果を有するのであって，育児休業制度と保育制度の2本の柱からなる。

ⅰ）育児休業制度

　フランスでは，「就業自由選択補足手当」という制度によって，職業活動を停止することによる所得の喪失を補償する（表Ⅲ-2-7）。支給要件は過去2年間以上，職業活動をしていたことなどである。支給期間は子供が1人の場合，出産後6ヶ月間，2人以上の場合，末子が3歳未満である間とされている。すなわち，最長3年間の育児休暇が認められる可能性があることとなる。

表Ⅲ-2-7　就業自由選択補足手当（2004年）
(単位：ユーロ)

全面的就業活動停止	501.59
部分的活動停止	
（勤務時間50%）	381.42
（勤務時間50～80%）	288.43

注：乳幼児基礎手当を受給していない場合の例。
出所：財務省資料により筆者作成。

　フランスの給付額は，例えば，スウェーデンでは，最長390日間，従前所得の80％が補償される（大企業などでは，これに10％分以上加算し，結果的に90～100％の補償となる例が多いと言われる）ことと比べると，決して多いとは言えない。その背景として，この国では，子供を持つ女性が，できるだけ早く職場に復帰できる施策を重視し，次に述べる保育システムの充実を最優先課題としていることが指摘できる。育児休暇補償を「就業自由選択補足手当」という他国に例を見ない名称としている理由もここにある。

　2005（平成17）年9月，フランス政府は，この制度の改革に乗り出し，第2子からの就業自由選択補足手当の支給が，最大3年間認められることと関連して，世帯の判断で1年間に限定する選択を認め，その場合の補償額を，750ユーロに増額する措置を講じた。夫婦ともに働く世帯は安定した収入の下で多産となる傾向があることをふまえ，女性が仕事を続けやすい環境を整えれば3人目の出産も促せるとしたのである。人口政策の見果てぬ夢である人口置換水準出生率2.07へ向けてのフランス政府の執念である。

　ⅱ）保育制度

　子供を持つ女性が就業を続ける環境を整え，夫婦で安定した所得を得て望むだけの子供を持つ，そんな社会を作り出すための中心施設は保育システムの充実である。この国の保育サービスの提供は，公認託児所（crècheと呼ばれる）と公認家庭保育士という2種類の制度によって行われる。

　まず公認託児所については，家族手当金庫（CAF）が市町村の提案に基づいて施設建設費の相当部分をファイナンスし，CAFに充分な財源がない場合には，契約による市町村の補助金などが決められる。その運営に当たっては，子

供1人当たり月に約1,000ユーロの保育コストがかかると言われるが，家族負担は，親の所得水準によってかなり異なる複雑な仕組みの下で，平均して月200ユーロ程度だと言われている。

　公認家庭保育士の制度はフランス独得のもので，もともとは，公認託児所の増設が需要に追いつかず，施設不足が著しくなったときにそれをカバーするために導入されたものである。この制度は市町村によって公認された保育者が，自宅の一部を提供し，数軒の家族との契約に基づいて数人の子供を保育するもので，保育ママとかナニーとか呼ばれている。保育ママと契約する場合，あるいは各家族が自分の家で保育者を雇う場合（いわゆるベビーシッター）には，その家族に当然，相当額の負担が発生するが，保育士の社会保険に関する家族側の納付義務は国によって免除され，保育士への報酬支払額についてはCAFが一部を補塡する制度（保育方法自由選択補足手当と呼ばれている）がある。CAFの支給額は，保育ママやベビーシッターを雇う個人の収入，子供の数，子供の年齢などの要素によって異なる複雑な制度となっている。実際のやり方は市町村によって異なるが，通常，年収によっていくつかの層に区分し，さらに世帯の属性を加味して補塡率を定める。ミーンズテスティングの典型例である。

　モデルケースとして採用したA市居住のF一家は，実際は，幼稚園児と保育中の乳幼児を持つ4人一家であり（いずれも男の子），次男の乳幼児は家庭保育士Sさんのお世話になっている。A市内の独立家屋に住むSさんは，公認の家庭保育士の資格をとり，自宅一階を保育所として3人の幼児を預かっている。

　家庭保育士による保育内容，条件，報酬などは，全て家庭保育士と親との間の交渉で決められ，次のような契約書が交わされた。

- a．月間保育日数は18日とする。　　実際は，月，火，木，金，週4日の実施
- b．1日の保育時間は9時間とする。――実際は9時から5時まで8時間で実施
- c．時給は4.09ユーロとする。――これを9時間，18日で計算すると月662.58ユーロになる。

d．月別支払報酬は各種社会保険料合計に相当する額149.12ユーロを控除した513.46ユーロとする。──Ｓの医療や年金などの社会保険料については親に納付義務が発生するが、これは国によって免除されており、結局この分はＦ一家に対する補助金と同じ効果がある。

　e．ほかに、昼食費など諸経費65ユーロを加算して、Ｆ一家の月別支払額は578.46ユーロとする。

　家庭保育士Ｓの側からこの契約を見ると、月別ネット収入は510ユーロあまり、3人の幼児を同じ条件で預かれば月収1,500ユーロ余りとなる。Ｆの側からこの契約を見るとどうだろうか。じつはＳは優れた保育士として定評があり、提供してくれる自宅の部屋も広い。そのため、月別支払510ユーロ余りという水準は、家庭保育士との契約額としては最高レベルに近い額だという。

　Ｆ一家は、実はこの510ユーロ余りをまるまる負担するわけではなく、その一部をCAFから補塡される制度があり、補塡額は、世帯の収入、子供の数、子供の年齢などの要素によって異なる複雑な制度──家族指数制度（quotient familial）によって決定される。各世帯はCAFに対して年収など必要な要素は申告済みであり、510ユーロ余りの支払いをインターネットでCAFに通知すれば、ただちに補塡額が計算され、Ｆの口座に振り込まれる。

　Ｆ氏の場合、Ａ市の定めるミーンズテスティング方式──家族指数制度──において、上の方の所得階層に属し、補塡率はやや低いが、それでも実際の補塡額は280ユーロであった。

　ところで、CAFの補塡を受けるためには1つの条件がある。家庭保育士の日給は、ミニマム18.07ユーロ、マクシマム40.15ユーロで、その間でなければならない。これを外すと1サンチウムの補塡もない。

　Ｓとの契約では日給は時給4.09ユーロ×9時間で36.81ユーロである。契約の実行に際しての条件変化により日給が少々変動することがあるので、マクシマムより若干余裕をとって契約したのだという。優れた保育士として定評のあるＳとの契約は、マクシマムに近い報酬で結ばれたのである。

　以上の結果、この一家は保育総コストのうち、どれだけを負担したことにな

るのだろうか。グロスの保育コストは月額で660ユーロ余り，経費65ユーロを加えると，725ユーロ余りである。うち社会保険料相当額の国負担150ユーロ，CAFによる補塡280ユーロ，計430ユーロを引いてこの一家の負担は300ユーロ足らず（経費を別とすれば230ユーロ程度）ということになる。

　前節の説明で，公認集団託児所の世帯負担は平均で200ユーロ程度だと書いた。家庭保育士制度を利用した場合の世帯負担もこれにできるだけ近づける。これがフランス当局の方針なのである。

　話はこれで終わりではない。F一家のネット負担230ユーロの半分は，所得税の税額控除によって返ってくることを忘れないでほしい。結局，保育費の1ヶ月の負担額は，100ユーロ余り（1万5,000円余り），年間でも1,200ユーロ余り（18万円余り）であり，幼児1人当たりの推定保育総コストの10％程度にとどまるのである（この世帯負担水準は，スウェーデンの5％程度よりわずかに高い程度である）。

　フランスの保育制度を，わが国のそれと比べるとどうだろうか。わが国の公営認可保育所の場合，幼児1人当たりの保育総コストは，月20万円余り，うち世帯負担は，月3万円余りが普通であるが，受け入れ能力には厳しい制限がある。地方公共団体の助成制度がある民間経営の認証保育所について言えば，幼児1人当たりの保育総コストは，月15万円程度，補助率はほぼ2分の1であり，世帯負担は月7万5,000円，イベントなどの世帯負担も考慮すれば，年間負担は100万円を超える。就業を継続しつつ2人の子供を持ち，年間保育料200万円を負担できる世帯は，どれほどあるだろうか。フランスの世帯負担，年1人当たり18万円余りという水準と日本の水準とには，本質的な差があると言わざるを得ない。

　iii）幼稚園制度

　A市居住のF一家の長男は3歳になった年から幼稚園児となり，A市の市立幼稚園に入園している。

　幼稚園（フランス語で école maternelle 保育学校と翻訳されることもある）は国民教育省の管轄で市町村が設置し，入園料と通園料は，1989（平成元）年以来，

無料となっている。

　A市立幼稚園の開園時間は午前9時，閉園は午後4時半，なんと昼間で7時間半も「無料で」子供の面倒を見てくれる。さらに，開園前1時間半及び閉園後2時間半は，若干の延長保育料を支払えば，子供を預かってくれる。結局，仕事を持つ夫婦は午前7時30分から午後7時まで，育児と幼児教育の専門家に安心して子供を預けることができる，そういう制度になっているのである。そしてこの延長保育料についても，世帯の収入などによる割引制度がある。

　この幼稚園は，週4日，すなわち，月，火，木，金の各曜日に開いている。土曜日も開いているが，利用する世帯は少ないという。

（3）　フランスの家族政策の特徴

　以上，A市に住むF一家の例をひきつつ，フランス家族政策の全体像を説明した。ここでもう一度第Ⅰ部図Ⅰ-1-3で説明した福祉国家各国の家族政策の比較図を見てほしい。フランスの家族政策への投入額の対GDP比は，スウェーデンの3.54％に次ぐ3.02％に達しているが，フランスの家族政策の相当部分が税制を通じて実施されており，その分はこの図ではカウントされていないので，家族政策に対する公共負担の大きさはスウェーデンを上回って，多分，世界一の水準であろうと思われる。かつて，保守主義レジームの下で家族政策に慎重な姿勢を示していた同国は，出生率が人口置換水準を下回るという事態を前に政策方針を切り替え，そして，所期の出生率上昇という成果を得たのである。フランスの家族関係支出をそのまま日本に適用したと仮定した場合，日本の人口からみてどれほどの支出を要するか，日本の厚生労働省の試算があるので表Ⅲ-2-8に示す。

　また，第Ⅰ部図Ⅰ-1-3は，フランスの家族支出の内訳から見ても，スウェーデンと対照的な姿を示している。まず，保育就学前教育への投入額は1.19％であり，スウェーデンの1.74％より低いが，税制における保育料の税額控除制度を考慮すると，それほど低い数値ではないと考えられる。また，出産育児休業給付の投入額は0.34％と低く（スウェーデン0.66％），家族手当は

表 III-2-8 フランスの家族関係支出 (2003) の日本の人口規模への換算 (参考)

	フランス (2003)			日本の人口規模に換算 (2005)		(参考) 日本の家族関係社会支出(2003)
	家族関係社会支出 ①	支出の対象となる年齢階級人口 ②	1人当たり家族関係社会支出 ③=①÷②	支出の対象となる年齢階級人口 ④	家族関係社会支出 ③×④	
家族手当 (Family Allowance)	17,569百万ユーロ (2兆6,178億円)	20歳未満 1,566万人 [25.4%]	1,122ユーロ (16.7万円)	20歳未満 2,418万人 [18.9%]	(4.0兆円程度)	9,242億円 ⇒《H19予算》1.6兆円程度
出産・育児休業 (Maternity and parental leave)	5,382百万ユーロ (8,019億円)	3歳未満 239万人 [3.9%]	2,250ユーロ (33.5万円)	3歳未満 328万人 [2.6%]	(1.1兆円程度)	5,755億円
保育・就学前教育 (Day care/home-help services)	18,782百万ユーロ (2兆7,985億円)	6歳未満 467万人 [7.6%]	4,022ユーロ (59.9万円)	6歳未満 679万人 [5.3%]	(4.1兆円程度)	1兆6,276億円
その他	6,131百万ユーロ (9,135億円)	20歳未満 1,566万人 [25.4%]	391ユーロ (5.8万円)	20歳未満 2,418万人 [18.9%]	(1.4兆円程度)	5,576億円
家族関係社会支出計《対GDP比》	47,894百万ユーロ (7兆1,317億円)《3.02%》	—	—	—	(10.6兆円程度)	3兆6,849億円《0.75%》

[参考指標]

	総人口 (2003) ①	GDP (2003) ②	1人当たりGDP ②÷①
日本	1億2,769万人	493.7兆円	387万円
フランス	6,173万人	1兆5,852億ユーロ (236.2兆円)	2.57万ユーロ (383万円)

注:フランスの家族関係社会支出を機械的に日本の人口に当てはめて算出したもの。
( )内の円表示の金額は,為替レートの変動を受けることに留意が必要。
※為替レートは,1ユーロ=149円(平成19年1~6月の裁定外国為替相場)
日本のGDPは国民経済計算(内閣府),人口は平成17年国勢調査(総務省),平成15年10月1日現在人口推計(総務省)。
出所:OECD:Social Expenditure Database 2007. Eurostat:Demographic statistics.

1.11%とスウェーデンの0.85%を上回っているが,この背景として,育児休業期間を短くして女性に働いてもらい,世帯所得の増加を通じて,3人目の子供を持つ環境をととのえる政策が反映していると考えられる。

フランスの家族政策の方針転換が,データの上で出生率の上昇に結びついたというはっきりした結果を示しているにもかかわらず,なお,家族政策と出生

率の関連性に疑問を呈する見方がわが国の一部に根強く存在する。例えば，次のような主張である。
——育児政策と出生率上昇の因果関係は，人口学の上で立証されていない。
——フランスの育児政策はつぎはぎだらけで複雑にすぎ，一貫性に欠ける。
——フランスの出生率上昇は，同国社会における男女の社会的な認識変化によるものであり，育児政策の効果ではない。例えば，女性が子供を持って以降も就業を継続する風潮も，こうした認識の変化によるものであって政策効果ではない。
などである。さらには，
——フランスの出生率上昇は移民の子沢山による。本来のフランス人だけの出生率は決して高くない。
——フランスの出生率の上昇は，正式の婚姻関係にない，いわゆる同棲男女の社会的認知によるものである。
というような，理論的，あるいは統計的に出生率との因果関係が立証されていないことを主張する者も多い。

　もちろん，フランスにおける出生率の上昇が，種々の要因が複合的に働いた結果であることは言うまでもないにしても，育児政策の成功が，なかでも重要な要因であることを疑う議論は，欧州ではほとんど存在しない。
　フランスの家族政策がスウェーデンを上回る出生率上昇効果をもたらした要因として，同国内で次のような説明が支配的である。
　フランスの育児政策体系は，各世帯の持つ属性に応じて差別的に働きかけるという性格を強く持っていることが特徴であり，このことが有効に働いたと考えられる。例えば，
①まず第1子には家族手当制度の上でほとんどベネフィットがなく，第2子，第3子となるにしたがってベネフィットが急速に増えてゆく。
②出産や育児に伴う休暇制度も，第1子の時は短く，第2子，第3子となるにしたがって長期間認められる。
③所得税制上のN分N乗方式も多子家庭ほど有利になるが，この節税効果は

比較的高所得の世帯ほど顕著にあらわれる。このことは，出生率の下支え，あるいは向上に有効に働いたと考えられる。
④「家族指数制度」もフランス特有のものであり，その算定のベースとなる世帯所得の把握に際しても，Ｎ分Ｎ乗方式の家族除数の考え方が組み込まれている。子供を持つ貧しいカテゴリーに属する人々にとって，公共のサービスや地方自治体の提供する例えばサマースクールなどへの価格が大きくディスカウントされる効果は無視できない。

（４） フランス政府の自国家族政策評価

フランス政府は出生率の上昇が家族政策の充実の直接的効果であることを前提として，フランス型家族政策の成功を強くアピールしている。その典型的な例として，2005（平成17）年5月13日の『フィナンシャル・タイムズ』の記事を紹介しよう。
①フランス国立人口学研究所は，同国の出生率が従来の予測よりはるかに長期にわたり，人口置換水準2.07を維持できるという新たな予測を公表した。
②この予測を前提とすると，フランスの人口は現在の6,150万人から，2050年には7,500万人に増加すると見込まれる（これは2040年の人口を6,400万人とする従来見積りを大幅に上方修正するものである）。他方ドイツは，その低い出生率の結果，現在人口8,200万人から，7,200万人に減少し，フランスはEU最人の人口を持つEU一の大国になる。
③経済基盤担当相ジル・ド・ロビエンは「政府の子育て支援策が，女性たちにより多くの子供を持ちたいという思いを抱かせることに成功した。人口増はフランスのヴァイタリティの源であり，将来の経済成長のポテンシャルの源である。税制上の措置，住宅政策，育児休暇等への公的支援は，赤ちゃんにやさしい環境を作り出した」と述べた。

さらに，2007（平成19）年1月18日の『ル・パリジャン』紙は，国立統計・経済研究所発表に基づき，2005（平成11）年のフランスの出生率は1.94と，さらに2に近づいたことを報じ，大略次のような記事を掲載した。

①2005（平成11）年のフランスの出生数は80万7,400人となり，2000年の記録80万8,100人に迫った。その結果，2005（平成11）年の出生率は1.94になる見込みである。

②フランスでは出産可能な女性（25～49歳）の82％が仕事と子育てを両立させている。2人の子供を持つ女性の83％，3人の子供を持つ女性の68％が仕事をしている。

③フランスは，ヨーロッパ諸国の中では，アイルランド（出生率1.99）に次ぐベビー大国である（ヨーロッパ諸国の平均1.5。なお，フランスの2006〔平成18〕年の出生率の見込みでは2.005となっているので，多分，欧州一の多産国になったと思われる）。

④国立統計・経済研究所のジャン・ミッシェル・シャルパン局長は，「注目すべき点は，出産適齢期の女性は減少しているという点である。つまり，出生数の上昇は，純粋に1人の女性が産む子供の数が増えたことを意味する」と述べた。

⑤同研究所のシュテファン・ロリヴィエ統計局長は，「フランスは昔から家族計画を非常に重視してきた。子供を持つ母親が仕事に就けないドイツと違い，フランスは子供を持つ母親の就労を奨励している」と述べた。

⑥社会学者ジャンヌ・ファニャニは，「パリのような雇用創出の中心地において，出生率が他の地方と同じくらい高いのは偶然ではない。なぜなら，そういった場所こそ共同体が家庭に多くの援助をするからである。幼稚園，保育施設，子育てに対応した仕事時間などなど。フランスは，子供を持ち，かつ仕事をするということが価値のあることとされる国なのだ」という。

⑦フランスの出生率の増加は，移民の子沢山によるものではない。2004（平成16）年，約12％の子供が外国人の母親から生まれた。多くの人は，移民は子沢山と考えているが，外国人の家庭の子供の数は，フランス人の出生率とほぼ同じである。移民の女性は少し多く出産するが，その差は0.4ポイント。しかし，その割合は人口に対して少ないので統計に影響を与えない。フランスに滞在する期間が長くなるほどフランス風の行動様式を取るようになり，

第2章　福祉国家レジーム3類型論と各国家族政策比較

出生率も下がってくる。

1990年頃より，フランス政府が積み重ねてきた政策の効果に関して，政府がどれほどの自信を持っているかが，これらの記事から読み取れるのではなかろうか。

第3節　ドイツの家族政策

ドイツの福祉政策は全体的に見ると，イェスタ・エスピン・アンデルセンの福祉国家レジーム3類型のうち，保守主義レジームを基本として設計されてきており，家族政策の面でも，家族や地域コミュニティなどとのつながりを重視する基本的姿勢をつらぬいてきた。ドイツの保守主義的感覚に基づく国家戦略のあり方は，19世紀後半のドイツ帝国成立の立役者ビスマルク以来の歴史的伝統を持ち，この国の地主貴族出自の人々（ユンカー）の思想が色濃く反映しており，社会的に極めて根強い性格を持つ。そのため，家族政策については，同じ大陸欧州型の保守主義レジームを持っていたフランスと異なり，時代変化に応じた弾力的な調整を行ってこなかったと見ることができる。

ドイツの家族政策への公費投入額の対GDP比を第Ⅰ部図Ⅰ-1-3で見ると，スウェーデンの3.54％，フランスの3.02％に対して，2.01％とやや低いが，わが国の0.75％と比べれば，それなりの水準には達していると考えられる。[16]

---

[16]　やや古い統計であるが，1998（平成10）年のOECD調査により家族政策への公的支出の対GDP比の各国比較を見ると下表のとおりであり，ドイツは堂々たる福祉国家であることを示しており，むしろフランスの方が家族政策への公的支出に慎重で，保守主義レジームの特徴を見せていることがわかる。

	スウェーデン	フランス	ドイツ	日本	米国
家族現金給付	1.63	1.40	2.00	0.21	0.22
家族サービス	1.68	1.23	0.80	0.26	0.29
計	3.31	2.69	2.80	0.47	0.51
（参考） GDP比国民負担率 GDP比社会保障給付	51.6 31.47	45.1 28.82	37.0 28.48	26.8 15.05	28.8 14.59

ドイツにおける家族政策支出の内容を第Ⅰ部図Ⅰ-1-3で見ると，この国の保守主義レジームの特徴がよく出ていることが分かる。

　家族政策のうち，育児の直接コストの一部を社会的に負担するという家族手当のGDP比が0.83％に達し，スウェーデン，フランスとほぼ同程度であることがまず注目される。ドイツの出生率は後に述べるように長年1.3程度に低迷しており，家族手当支給対象児童の比率の低さを考えると，このことは，ドイツにおける家族手当重視の傾向を如実に示しているのである。[17]

　このことは，先に述べたドイツの保守的あるいはユンカー的風土の中で，男女の機能分担に関する伝統的な考え方が根強く残り，子供を持つ世帯においては，妻はhouse-keeperとして家事，育児に専念する一方で，夫は外で働いて世帯の生計を維持する――bread-earner――という分担論が反映しているのである。第Ⅰ部図Ⅰ-1-3は，子供を持つ夫婦の就業と育児の両立を可能とする環境整備のための公的支出である出産育児休業給付の対GDP比が0.26％にとどまり，また保育，就学前教育の対GDP比も0.40％に過ぎず，日本のそれぞれ0.12％，0.33％をわずかに上回る程度で，スウェーデン，フランスの水準と格段の差が認められるのである。

　同国の育児政策が，児童手当などの育児直接コストの補塡に傾斜し，保育所などの育児の機会コスト低減施策が充分ではないことはこのようなマクロ的な検討でも明らかであろう。

　同国の家族政策の内容を具体的に見ると家族手当については第1子から第3子まで月額154ユーロ，第4子以降月額179ユーロと他国より高額で，支給は18歳未満のすべての子供を対象とし，教育中なら，27歳まで，非就業の場合は21

↘ 2003（平成15）年のデータでは，ドイツとフランスの家族政策への対応が逆転した姿となっているが，フランスが家族政策の質的調整に踏み切ったのに対し，ドイツは保守主義レジームの基本を維持しつつ，東西ドイツ統合後，旧東西ドイツ間の経済力格差調整のための財政支出の膨張があり，社会福祉支出全般に抑制的政策をとったことが反映している。

[17] [16]で示した1998（平成10）年のデータにおいても，ドイツの家族政策支出のうち家族現金給付のウェイトが圧倒的に高く，家族サービスのウェイトを大きく上回っていることが注目される。

表Ⅲ-2-9　各国の児童手当制度と日本の制度の比較

		支給対象	支給額（月額）
英　　国		16歳未満	第1子　　　　　11,000円 第2子以降　　　7,000円
スウェーデン			13,000円 （別に多子割り増し手当あり）
ド　イ　ツ		18歳未満	第1,2子　　　　20,500円 第3子　　　　　21,000円 第4子以降　　　24,000円
フ　ラ　ン　ス		20歳未満	第1子　　　　　　なし 第2子　　　　　15,000円 第3子以降　　　20,000円 （11歳以上には加算あり）
日　　本	児童手当	小学生まで	第1,2子　　　　5,000円 第3子以降　　　10,000円 （3歳未満は10,000円）
	子ども手当	中学生まで	26,000円 （10年度は13,000円）

注：外国の支給額は2009年分の概数。
出所：厚生労働省資料より。

歳まで支給される。

　この家族手当の水準を欧州諸国と比較すると，表Ⅲ-2-9のとおりであり，ドイツの手厚さは際立っている。

　これに対して，保育所の整備は決して充分ではなく，また，学校の大多数が半日制で，全日制が多いフランスとは異なる。このため，育児休暇が終了したあと，復職してもフルタイムで働く女性は4分の1程度であり，育児休暇を使って勤務時間を短縮する女性が大半を占める。結果として子供を持つことの機会コストが大きく，就業女性が子供を作ることをためらう空気がある。

　スウェーデンやフランスの家族政策が出生率上昇の面で成功をおさめたのに対し，ドイツの家族政策は出生率の面ではかばかしい成果を上げられなかった理由は，前者2国が，女性の家事，育児と就業の両立を可能とする環境整備に重点をおいたのに対し，ドイツは，育児に伴う直接コストに着目して，その一部を社会全般に負担してもらう政策を育児の社会化政策の中心として理解し，

実施したことによることは，以上の説明で明らかであろう。
　この点は，女性が子供を持つことによって家庭に入り，就業をあきらめざるを得ない場合の所得の逸失総額——これは子供を持つことの機会コストである——の大きさは，育児に伴う直接コストより比較にならないほど大きいことによっても説明することができる。
　わが国の内閣府も，この点は早くから認識しており，例えば2003（平成15）年度「年次経済財政報告」（旧「経済白書」）において，「出産・子育てによる就業中断に伴う就業所得逸失額（大卒女性のケース）」を試算している（図Ⅲ-2-4）。
　3人の女性が大学を卒業して，一般企業に初任給年俸230万円程度で正規雇用社員として就職したと想定し，この3人がそれぞれ次のような人生コースを歩んだと考える。

- A．この企業で60歳まで務めあげる。わが国の一般的俸給体系の下で，60歳退職時点の年収は1,000万円弱のレベル（女性の場合の平均値）に達している。
- B．28歳で結婚，出産し，退職する。子供が6歳になって小学校にあがる時に正規雇用社員として再就職し，60歳まで務める。
- C．28歳で結婚，出産し，退職する。子供が6歳になった時に，パートタイマーとして働き始め，60歳まで継続する。

この3人の女性の期待生涯稼得所得総額は，平均的に見て，A．2億8,600万円，B．2億100万円，C．4,800万円と計算される。AとBの差8,500万円，AとCの差2億3,800万円が子供を持つことによって就業の継続をあきらめた場合の機会コストとなるのであり，特に，AとCの差の大きさは，子供を持つことの直接コストとは比較にもならぬほど巨額であり，働く女性に結婚や出産を躊躇させるに充分過ぎる額であることがわかるだろう。
　実は，典型的な日本人は，個人としては保守的との自覚のないまま，中国の思想，特に儒教の影響を強く受けており，潜在意識の下で，男女機能分担論や，夫—かせぎ手，妻—家庭維持を良しとする考え方を根強く持っていると言われ

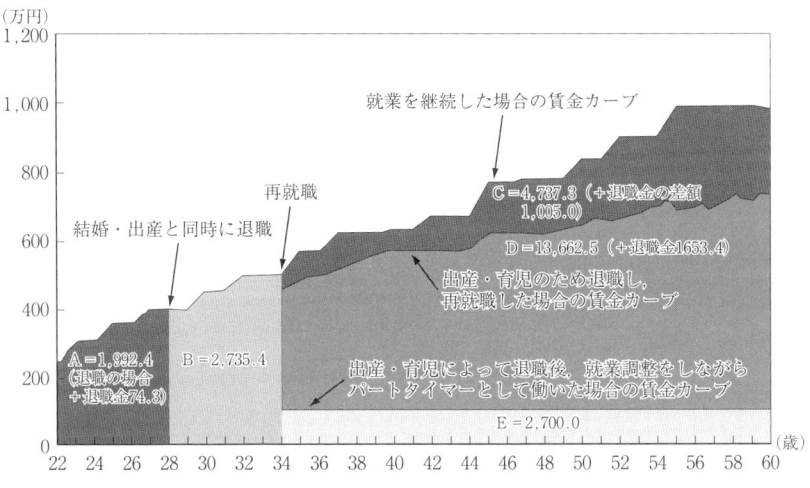

第2章　福祉国家レジーム3類型論と各国家族政策比較

図Ⅲ-2-4　出産・子育てによる就業中断に伴う就業所得逸失額（大卒女性のケース）
出産・育児後の再就職には約8,500万円の機会費用が発生（2003年度年次経済財政報告）

大卒女子の就業ケース	総所得額	機会費用
(1) 就業を継続	A＋B＋C＋D＋E＝28,560.3万円	—
(2) 出産・育児によって退職後，再就職	A＋D＋E＝20,082.6万円	(1)−(2)＝8,477.7万円
(3) 出産・育児によって退職後，パートタイマー	A＋E＝4,766.7万円	(1)−(3)＝23,793.6万円

注：(1)　試算に用いた女性は22歳時に就職。28歳の結婚・出産と同時に退職し，子供が満6歳となる34歳で再就職するものとする。
　　(2)　賃金モデルは「賃金構造基本統計調査」（平成13年）の大卒・職種計のデータを使用。なお，所定外給与は考慮していない。
　　(3)　「出産・育児のため退職し，再就職した場合の賃金カーブ」は37，38歳，49歳〜54歳，ならびに59歳以降の賃金が一時的に増減するため，線形補正をしている。
出所：労働大臣官房政策調査部「退職金制度・支給実態調査報告」（平成9年）及び厚生労働省「賃金構造基本統計調査」（平成13年）により作成。

る。内閣府が，旧「経済白書」という政府刊行の白書類の中では最も注目され，内容も豊畠と言われる文書の中で，あえてこの試算を公表した意図は，わが国社会に潜在的に根強く残るこのような保守的考え方への警告と，このような考え方のもたらす経済停滞，出生率の低下への強い危機感から家族政策の合理的拡充を訴えたものと考えられる。

わが国の内閣府経済社会総合研究所は，2005（平成17）年4月，「フランスと

ドイツの家庭生活調査――フランスの出生率はなぜ高いのか」を公表して次のようにまとめている。

1．フランスの高い出生率を支えるもの
　○高い出産期女性の労働力率（80％）と高い合計特殊出生率。
　○手厚くきめ細かい家族手当。
　　・第2子以降には所得制限なしで20歳になる直前まで家族手当を給付。
　　・子供が3歳になるまで育児休業または労働時間短縮が認められ，第2子以降の育児休業手当は3歳まで受給可能。
　　・保育ママ，ベビーシッターの利用に関する補助金も利用可能。
　○子供を持つ家庭に有利なN分N乗方式の所得税制。
　○多様な保育サービス。
　○35時間労働制で男女とも短い労働時間。
　○同棲による婚外子が一般化。

2．ドイツはなぜ出生率が低いのか
　○ドイツは児童手当等の現金給付は手厚いが，合計特殊出生率は低迷。
　○保育サービスが不足。
　○学校は半日制，給食はなく，子供は昼前に下校するため，母親のフルタイム就業は事実上困難。
　○フランスよりも性別役割分業意識が強いこともあいまって，女性は就業か子育てかの二者択一を迫られる状況。

　この文書の中で内閣府がドイツについて述べている点は，わが国の状況に驚くほど当てはまるのである。

　このような家族政策を長年継続してきた結果，図Ⅲ-2-5のとおり，ドイツの特殊出生率が30年以上の長期にわたって低迷してきたこともやむを得ないであろう。

　ドイツ政府は，最近に至って危機感を強め，女性の就労と子育ての両立のための環境整備の方向に，家族政策全体の焦点を変換する施策を打ち出し始めている。2004（平成16）年には「昼間保育拡充法」を成立させ，毎年15億ユーロ

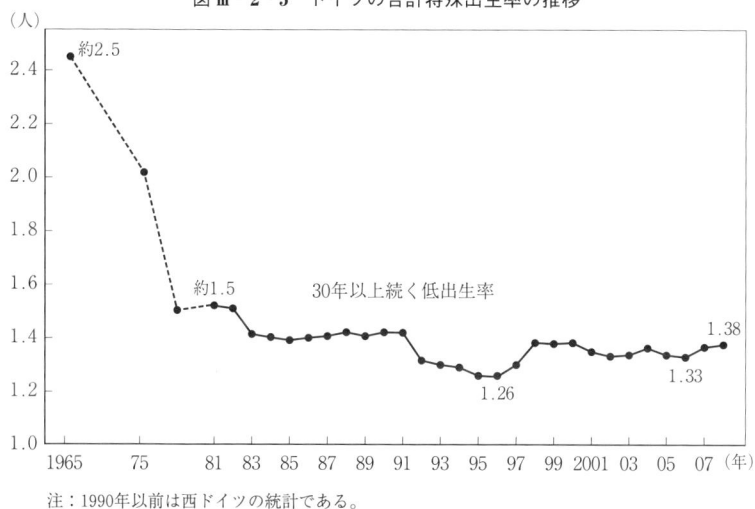

図Ⅲ-2-5 ドイツの合計特殊出生率の推移

注：1990年以前は西ドイツの統計である。
出所：筆者作成。

（約200億円）を投入して，自治体が3歳以下の子供に充分な保育環境を提供することを義務付けた。

　2005（平成17）年初頭，隣国フランスでは2004（平成16）年の出生率が1.9の大台を回復したことを受けて，フランスの国立人口学研究所は，従来の予測よりはるかに長期にわたり，人口置換水準2.07を維持できるという新たな予測を公表した（既述）。この予測を前提とすると，フランスの人口は2050年には現在の6,105万人から7,500万人に増加し，他方，低出生率の続くドイツの人口は現在の8,200万人から7,200万人に減少し，フランスはEU最大の人口と経済力を誇る大国になると自画自賛した。さらに，2007（平成19）年初頭には，2006（平成18）年のフランスの出生率がついに2を超えたことを受けて，あらためて自国の家族政策の成功をうたいあげたのである。

　ドイツ政府はこのような隣国フランスの動きを受けて，ますます危機感をつのらせ，家族政策の改編を急ぐことになる。宮本太郎の『生活保障』は，ドイツの動きについて，次のように記しているので一部を引用する。

第Ⅲ部　福祉国家3つの形態

　「(ドイツ政府は,) 2007年5月には, 2013年までに保育所の数を家庭保育所も含めて同時期の3倍の75万カ所にすることを決定した。2008年の「児童支援法」では, 1歳以上の子どもが保育サービスを受ける権利を定めた。

　他方で, 現金給付もその給付の仕方によっては, 労働市場と家族を強くむすびつけることになる。ドイツでは, 育児休暇期間中の所得保障としては, 所得調査つきで, 一律300ユーロ（約4万円）の「養育手当（Erziehungsgeld）」が2年間給付されていた。ドイツ政府は, 2006年からこれを所得比例方式に転換し, 従前の所得の67％, 月に1,800ユーロ（約24万円）を上限とする「両親手当（Elterngeld）」を導入した。つまり, 働いて所得を得ていれば, 子どもを産み, 育てるときに有利になる, という仕組みである。新しい給付は両親のいずれかだけが受給すれば12カ月間の給付で, 父親も含めて両親とも育児休暇を取得する場合は, もう2カ月が加わる。

　所得比例型の両親手当で就労と子育てをともに支援する方法は, もともとは, 北欧の政策のなかで確立したものであり, 育児休暇期間中の所得保障は, スウェーデンでは現行所得の80％（390日間）, ノルウェーでは100％（10カ月の育児休暇の場合, 12.5カ月の場合は80％）が給付される。また, 父親の育児休暇取得を奨励するのも北欧流で, スウェーデンでは有給育児休暇のうち2カ月は両親どちらかだけが取得できるとされているが, これは「パパの月」と呼ばれて実際には父親の育児休暇取得を奨励するための制度である。自治体に十分な保育サービスの提供を義務づける方法も, スウェーデンの社会サービス法などに由来する。

　日本と似て家族依存が強かったドイツは, この分野にかんする限り, この数年の間で北欧型に接近していると言えよう。自治体に関する保育サービス供給の義務づけや, 所得比例型の手当は, 子どもを産み育てることと, 就労してキャリアを形成することをともに奨励しているのである。」（一部表記筆者修正）

　このようなドイツ政府の方針転換に対して, 参考欄に示すように, ドイツ国

内の保守的な勢力からの反発もあり，ドイツの伝統的な男女の機能分担的思想の根強さをうかがわせた。

しかし，ドイツ政府の方針転換の影響は，出生率のその後の動きに若干表われているように見える。2006（平成18）年の1.33を底として，2007（平成19）年1.37，2008（平成20）年1.38とわずかながら上昇の動きが表われたのである。これが政策転換の影響の始まりなのかどうか，まだしばらくこの後の動きを注視する必要があろう。

〔参考〕 保育所増設に反対するドイツ宗教界保守派の動向（報道）

> カトリック司教　批判噴出，でも撤回せず
> 独メディアによると，南部アウグスブルクのワルター・ミクサ司教(65)が22日，教会を訪れた人々に「保育所増設は女性を労働力として産業に組み込むことを優先している。女性を産む機械に格下げする」と発言した。メディアはこの発言を一斉に報じ，有力紙フランクフルター・アルゲマイネは「子育てしながら働く女性の負担は大きい。『産む機械』という表現はやめるべきだ」と批判した。
> 政界も反応。連立与党・社会民主党の男性議員は「女性軽視だ」と司教退任を要求。野党90年連合・緑の党の女性党首も「働く女性の現状を考えていない」と語った。
> ローマ法王ベネディクト16世の故郷でもある同国は南部などでカトリック信仰が強い。司教は23日，テレビに出演し，「批判は承知しているが後悔していない」と発言の撤回を拒み，「86％の女性が幼児を育てることに専念している」と論じた。
> 独政府は今月，2013年までに保育所を3倍に増やすよう検討すると表明していた。

出所：2007（平成19）年5月7日，日本経済新聞。

第3章
福祉国家レジーム3類型論と
各国老人介護政策比較

第1節　スウェーデンの老人介護政策

　まず高齢者・障害者サービス費の国際比較を表Ⅲ-3-1に示す。この表を国際比較表として使用するには，いくつかの問題点がある。まず第1は国によって医療費と介護費の区分の仕方がかなり異なるところがあり，数字の比較可能性に疑問があること。第2にデータが1998（平成10）年と古く，日本は介護保険制度の導入前であり，現状よりは低く出ていることに注意する必要がある。

　しかし，スウェーデンは医療と介護にはっきりした区分を設けている点で日本と似ており，この両国の比較はそれなりの意味を持つと言える。GDP比で10倍以上の水準差は，日本の現状よりみて過大には出ているものの，両国に5倍を超えるような大きな差があることは否定し難い事実である[18]。このことを念頭に置いた上で，まずスウェーデンの介護政策の概略を検討したい。

（1）　スウェーデンの老人介護政策の歴史的展開

　スウェーデンの老人介護政策の説明は，通常1847年の救貧令，1853年の救貧法から始まり，1871年の改正救貧法によって救貧の対象が拡大されて，高齢，疾病，障害のために働けない人がある程度カバーされたことにより，緒についたと説明されている。すなわち，中世社会を通じて，教会を核とする小規模集

---

[18]　わが国の介護保険制度が始まった2000（平成12）年度の給付総額は3.2兆円，2008（平成20）年度は6.9兆円であり，倍増以上の増加となっている。

第3章 福祉国家レジーム3類型論と各国老人介護政策比較

表Ⅲ-3-1 高齢者・障害者サービス費の国際比較（1998〔平成10〕年）

	日本	アメリカ	イギリス	ドイツ	フランス	スウェーデン
高齢者・障害者サービス費総額（各国通貨ベース）(1)	1,583,973（百万円）	4,393（百万ドル）	6,946（百万ポンド）	28,290（百万マルク）	56,184（百万フラン）	70,737（百万クローナ）
対GDP比（%）	0.31	0.05	0.81	0.75	0.66	3.71
社会保障給付費全体に占める割合（%）(2)	2.0	0.3	3.2	2.6	2.3	11.8
高齢者・障害者サービス費総額（購買力平価による米ドル換算値）	9,724（百万ドル）	4,393（百万ドル）	10,662（百万ドル）	14,058（百万ドル）	8,387（百万ドル）	7,185（百万ドル）
65歳以上人口1人当たり高齢者・障害者サービス費(2)	474ドル	128ドル	1,147ドル	1,031ドル	909ドル	4,665ドル

注：(1) 高齢者・障害者サービス費は，OECD基準（"Social Expenditure Database"）による社会保障給付費（"Public & Mandatory Private"）の数値による。
(2) 「社会保障給付費全体に占める割合」，「65歳以上人口1人当たり高齢者・障害者サービス費」は，OECDのデータに基づく。
(3) 日本については，介護保険制度導入前の数値であることに注意する必要がある。
出所：井上誠一，前掲書。

落コミュニティ（教区――ソッケンと言われる）が，末端レベルで基礎的な初等教育と慈善的な救貧事業を担当していたことの近世から近代に向けての発展形態として，高齢者向け福祉サービスが理解されていたのである。

第Ⅰ部において詳述したとおり，スウェーデンの福祉国家への道は，1932（昭和7）年の社会民主党ペール・アルヴィン・ハンソン党首の内閣が，14年間の在任中を通じて，後に社会民主主義レジームと呼ばれる北欧型福祉国家に向けての枠組作りに努めたが，それは「国民の家」という構想で知られ，1928（昭和3）年の議会一般討論の中でハンソン演説によって全体的な内容が示された。この演説については，ジャーナリスト及び歴史研究者として活躍しているステーグ・ハデニウスが『スウェーデン現代政治史――対立とコンセンサスの20世紀』（邦訳：岡沢憲美監訳／木下淑恵他訳，早稲田大学出版部，2000年）の中で次のとおり要約している。

第Ⅲ部　福祉国家3つの形態

　「良き家では，平等，心遣い，協力，助け合いが行きわたっている。そしてより公平な社会は，現在，市民を，特権が与えられた者と軽んじられた者に，優位に立つ者と従属的な者に，富める者と貧しい者，つまり，財産のある者と貧窮した者，掠奪する者と奪われる者に，分けているすべての社会的，経済的バリアの破壊によって，到達することとなろう。しかし，それは，革命などの暴力によって実現するのではない。……労働者のみの『家』ではなく，すべての市民が平等で助け合う『家』が理想である」

　ハンソンの「国民の家」の思想は，政治的にもまた経済的にも，特権階級あるいは富める者とそのいずれでもない者とに市民を分かつ障壁を，暴力によらずに崩すべきであるという考え方を基本としていたのである。この考え方の下では，中世的救貧法から出発した高齢者福祉サービスの体系も，より近代的な形で構成し直してゆく努力が当然行われるべきであったが，当時のスウェーデンの経済力，財政力はそこまで熟しておらず，1933（昭和7）年の「住宅社会調査委員会」の設置，1937（昭和12）年の「健康社会サービス法」において高齢者向けサービスが一部登場していること程度が目につくに過ぎなかった。高齢者向けの具体的な施策としては，1948（昭和23）年に至って初めて，年金額の不十分な高齢者，2人以上の有子世帯への住宅手当の制度化と，救貧院の老人ホーム化が着手された程度であった。

　高齢者福祉サービスのこのような未発展は，ハンソン内閣当時のスウェーデン経済の状況がまだまだ貧しい農業国家のレベルにとどまっていたことが背景にある。

　スウェーデンの農村地帯を行くと，**写真Ⅲ-3-1**に見るように，広大な農地の中央に母家，倉庫，家畜小屋などの一連の建物がまとまって1農家を形成する（農家コンプレックス）という典型的な散居村の形態を見ることができ，このような状況は耕地の広がる一偶に農家が集まって1集落を形成するわが国に一般的な集村形態とは異なる特徴を持つ。

　このような散居村的形態の形成は，18世紀から19世紀にかけて段階的に進ん

写真Ⅲ-3-1　スウェーデンの大規模土地所有農家の散居状況

農家コンプレックス

だいわゆる囲い込み運動（エンクロージャ）の結果であると言われる。ペール・ブルメー及びピルッコ-ヨンソン『スウェーデンの高齢者福祉――過去・現在・未来』（邦訳：石原俊時訳，新評論，2005年）は，囲いこみ運動について次のように記している。

　「中世ヨーロッパの村落は，概して，居住地が集中する一方，それぞれの農家の耕地が分散して，ほかの農家の耕地と入り組んでいる特徴をもっていた。そうした特徴は，耕作が村落共同体の規制の下に集団的に行われていたことと結び付いていた。集村形態を分解して各個の農家の周囲にそれぞれの耕地を集中させ，独立した農業経営をつくり出していく過程をエンクロージャー（skifterörelse）と呼ぶ。

　「skifte」とは，土地の交換・分合を意味する。スウェーデンでは，それが3つの段階で行われた。すなわち，18世紀半ばに，農民の要請に基づき行われ，耕地の集中や集村形態の分解においては微温的なものにとどまった大分割（storskifte）の段階。19世紀初頭に行われ，農業経営の合理化を主な目的として急進的に耕地の集中と集村形態の分解を進めた一筆分割（enskifte）の段階。1827年の法令（stadgan）に基づき，より柔軟に地域の状況に適応した

第Ⅲ部　福祉国家3つの形態

形態で進められた法分割（lagaskifte）の段階である。
　これらの過程を経て土地所有の近代化が進み，各農家がそれぞれの経営でイニシャティヴを発揮することが可能となった。」（一部表記筆者修正）

　農業地帯で進んだ大規模な囲いこみ運動が，スウェーデンにおける産業革命の進行に伴う労働者の供給に大きな役割を果たしたことは，欧州各国と事情を同じくする。そして欧州各国におけると同様に，都市部に集中する雇用労働者の生活ぶりは，誠にみじめなものであり，特に住の面での貧しさはひどかった。
　ストックホルムの中心部，王宮と大聖堂の所在するガムラスタン（オールドタウン）島の南端にカール14世ヨハンの巨大な騎馬像が立ち，南側の橋を越えて広がるセーデルマルム街区を見渡している。この街区の入り口にストックホルム市博物館があり，市の発展過程や古い時代の市民の生活ぶりなどが展示されている。その一画に，資本主義勃興期の貧しい労働者一家のアパートメントとその生活ぶりが再現されており，夫婦及び子供達が，異様なほどに狭く，天井の低い屋根裏のような部屋で身を寄せ合って暮らしている様子を見ることができる。
　この頃の国民は，一部の大地主貴族や富裕な商人，実業家を除くと衣食住ともに極めて粗末であり，貧しい生活ぶりであった。特に，住居の水準は低く，狭いだけでなく天井の低さが特徴であった。今でもその頃の住居跡が倉庫などに転用されて各地に残っているが，この天井の低さは，厳寒期に薪炭による暖房に全面的に依存する状況のもとで，夜間の余熱を少しでも長く確保するためにはどうしても必要だったのである。特に貧困な一部の人々は，崖の岩肌を少し削って一方の壁面とし，残りの三方を板で囲って低い屋根をつけただけの粗末な小屋に住んでいた。このような小屋に住み続けた最後の1人は，市の用意した小ぎれいな公営住宅への転居を死ぬまで拒み続けた老女であったと言われている。
　このような住の貧しさと高齢者サービス面での老人ホームの貧しさは，いわば平行的に存在していたのであり，ハンソン時代にはその解決に向けて動き出

第3章　福祉国家レジーム3類型論と各国老人介護政策比較

写真Ⅲ-3-2　ストックホルム市博物館

すだけの経済力も財政力もなかったと言わざるを得なかったのである。

エランデル首相が着任した1946（昭和21）年から1960（昭和35）年までの在位前半期間15年近くの間，ハンソン前首相の引いた後に社会民主主義レジームと言われる北欧型福祉国家の原型的枠組みに血肉をつけることをひとまず棚上げし，スウェーデン経済の自由な成長を促進する立場をとった理由は，そうして初めて，ハンソンの目指した「国民の家」の思想の実現が可能になると信じたからに他ならない。パイを大きくする，これが全ての前提と考えたのである。そのためには，中世以来の教会を核とする小集落をベースとする小規模コミューンの体制ではどうにもならない。1952（昭和27）年の最低人口規模3,000人を基準とする第1次コミューン合併は，第Ⅰ部で述べたように，基本的に，コミューンに義務教育9年を担う基礎学校行政と，住宅事情改善のためのコミューン営住宅の建設管理を可能とする行財政力を持たせることを目指すものであった。これがハンソンの枠組みに血肉をつけるための基礎的条件と考えたのである（なお，エランデル内閣によるコミューン統合計画は，コミューン基準人口8,000人を目指す第2次統合が1962〔昭和37〕年から1974〔昭和49〕年にかけて実施され，ほぼ現在の体制が確立し，北欧型福祉国家の完成の必須の条件であるコミューンの機能の拡大と実行を可能とする行財政力の賦与という方針が完遂されたのである）。

1960年代に入って，エランデル首相は突如「変身」をとげ，豊かさを「実感できる社会の実現」というビジョンを示しつつ，公共部門の漸進的財政力強化路線に乗り出すことは第Ⅰ部で述べた。その場合，まずエランデル首相がやりたかったのは後に教育爆発と呼ばれる基礎学校システムの抜本的改良であった

のではないかということも既述した。と同時に、長年の懸案であった住宅事情の早急な改善のために公営住宅建築に資金が投入され、これと平行して、中世以来の救貧院の伝統を引き継ぐ老人ホームのみじめな状況からの早急な脱却が図られる。その考え方のベースは、当然のことながら、後に社会民主主義レジームと言われる考え方であり、特に、高齢者福祉サービスの担い手を、家庭から公共部門の職業的技能を持つプロ達（介護士）の手に移してゆき、従来の担い手達（特に女性）の家庭からの解放を押し進めたのである。そこには、後に保守主義レジームと言われる家族や集落共同体重視、あるいは、企業コミュニティ重視のコーポラティズム的考え方は存在せず、ドイツ型の介護保険制の導入の可能性は全くなかったと言えよう。

第2次世界大戦が終結し、ハンソン首相よりエランデル首相に政権が移行した直後の1949（昭和24）年、救貧院の流れをくむ雑居型老人ホームにおける高齢者達のみじめな状況を示す写真集がイヴァール・ロー・ヨハンソン（1901-1990）の手で出版され（『老い』）、当時の高齢者福祉の現状に対する強い批判として、社会的に大きな波紋を広げてゆく。

これ以降、主としてエランデル首相による漸進的増税路線の過程及びそれ以降の高齢者福祉サービス行政の推移を一覧的に示すと**表Ⅲ-3-2**のとおりである（なお、この表において日本の状況を対比的に示した部分、特に両国の高齢化率との関連を対比した部分については、『スウェーデン――自律社会を生きる人々』（岡沢憲美他編、早稲田大学出版部、2006年）に掲載された大阪大学大学院准教授斉藤弥生の論文「高齢者の生活を支える」を参考としている）。

1960（昭和35）年ターゲ・エランデル首相の漸進的増税路線の下で、福祉国家への歩みが着実に始まっていた頃、雑居型老人ホーム施設の建設の中止、及び貧窮または要介護高齢者の収容のための諸施設の改善、増設に加えて、ランスティングの専管する医療施設の一部であった長期療養病棟の整備、増設にも資金が集中的に投入される。

スウェーデンの医療供給体制は医療公営制ともいうべきものであり、最大の供給者は「ランスティング（県）」であって、医師の95％近くが県の職員と

なっている。この国の高齢者医療については，1959（昭和34）年の病院法改正により「慢性疾患のケアを医療領域で取り扱われるべきこと」と規定されたことがその後の展開の１つの契機となったという。つまり，当時，老人ホームの中で慢性疾患を有する老人達が混在し，充分な医療を受けずに放置されていた状況があったが，正規の医療施設において充分な治療を受けられるように施設整備をすべきであるという主旨である。他方で当時の救急病院のベッドが慢性疾患を有する老人によって長期占拠されるという事態が進み，救急病院としての機能が麻痺してきているという状況もあった。こうした状況を背景に，長期療養病棟の量的整備が1960年代，1970年代に盛んに行われたのであり，高齢者向けケア施設の量的整備・改善と並ぶ，この時期の中心施策とされたのである。

　福祉国家成熟期に入った1980年代には，高齢者福祉サービス面ではケア付き施設の充足水準はほぼ期待したレベルに近づき，よりきめ細かなケアの実現のため，従来型の老人ホームから居住性を改善した個室型サービスハウス（ケア付き）の整備の促進とあわせて，小規模サービスハウスの整備，認知症高齢者のためのグループホームの整備や，居宅高齢者のためのホームヘルプの充実などの施策がとられる。

　整備が進んだランスティングの長期療養病棟については，入院生活の長期化，寝たきり，無為状態というような高齢者も多く見られるようになり，このような状況への反省から，患者の残された能力に注目して日常生活の内容を重視し，リハビリテーションに重点を置く方針が採られるようになり，ついには1992年の「エーデル改革」に至ることとなる。この改革は，長期療養施設における高齢者の社会的入院という事態に抜本的対策を講ずるという意図もあって，長期療養施設もサービスハウスや老人ホームと同様，医療の世界から福祉の世界に移し，責任主体もランスティングからコミューンに移すという内容の有名な改革である。

第Ⅲ部 福祉国家3つの形態

表Ⅲ-3-2 スウェーデンにおける高齢者福祉政策の展開（付，日本との対比）

		スウェーデン			(参考) 日本		備考
	福祉国家への歩み	主な政治的措置	高齢者福祉関連の進展	高齢化率	高齢者福祉関連の進展	高齢化率	
1949年	1946～60年 エランデル前半期		I.L.ヨハンソン『老い』ベストセラー 雑居型老人ホームの非人間性批判 老人介護問題 社会問題化 ボランティアによるホームヘルプ始まる	10%			
1949年		1952年 第1次市町村合併 1952年 国民基礎年金に物価スライド制導入					
1962年	1960～80年初 福祉国家ザイヨ と漸進的増税路線	1960年 国民付加年金法施行 1962～74年 第2次市町村合併 1969年 エランデル退任 パルメ首相登場 1969年 統治法 二院制より一院制へ 1976～82年 中道右派政権成立	大部屋式老人ホームの建設中止 新型老人ホームの建設開始 個室，シャワー・トイレ付き 介護付き 食事は食堂 高齢者福祉計画 (コミューン・ベース) ケア付き住宅増設 ホームヘルプ拡充 1970年代 サービスハウス建設 (コミューン・ベース) 1DK～3DK シャワー・トイレ付 共用スペースつき 自炊原則 介護付き 長期療養病棟整備 (ランスティング・ベース)	13%	1961年 国民皆保険実現 1963年 老人福祉法制定 特別養護老人ホーム，養護老人ホーム， 軽費老人ホーム，老人福祉センター，家庭奉仕員派遣などが始まる (基本は「介護は家で」) 1972年 有吉佐和子『恍惚の人』出版 1971～76年「社会福祉施設緊急整備5ヶ年計画」(老人ホーム年平均100施設) 1973年 老人福祉法改正 老人医療費無料化 1978年 ショートステイ事業創設 1979年 デイサービス事業創設		日本の高齢化率 1976年 7% ⇓ 日本は高齢者福祉枠組み整備の段階
1982年	1980年初～ 福祉成熟期		1980年代 20～30人の小規模サービスハウス 認知症高齢者グループホームの整備 社会サービス法施行	16%	1982年 老人保健法制定 家庭奉仕員派遣対象所得制限撤廃 1983年 特例許可老人病院制度 1987年 社会福祉士及び介護福祉法	10%	スウェーデンの 1949年対応

第3章 福祉国家レジーム3類型論と各国老人介護政策比較

1992年	1990年 バブル崩壊 公共部門の財政難 1995年 EU加盟	社会政策の骨格となる法律（基準法） 社会福祉サービスについてのコミューンの責任を規定 地方分権の確立へ 24時間対応ホームヘルプ（身体介護重視） 補助器具センター デイサービスなどの拡充 **エーデル改革実施** ランスティングの医療施設「長期療養病棟」のコミューン移管（ナーシングホーム） 訪問看護等のコミューン移管（同意必要） グループホームの整備 ナーシングホームの個室化推進 コミューンの所得財政力強化措置 エーデル改革以降 入札を伴う民間委託の進行 利用者選択の拡大、バウチャー制度等 各種高齢者福祉施設を「介護付き高齢者住宅」として一括把握するとともに施策の重点を施設介護から在宅介護へ移す 1997年末 サラ・ヴェナナーの告発 サラ法制定 高齢者施設における不適切介護・虐待の報告義務化 1998年 高齢者政策にかかわる国の行動計画 2006年 高齢者医療・高齢者ケア10ヶ年戦略	18%	1990年 高齢者保健福祉推進10ヶ年戦略（ゴールドプラン） ケアハウス創設（ケア付き住宅ニーズへの対応） 1994年 市町村が初めて「老人保健福祉計画」策定 福祉ビジョン提示 2000年 介護保険制度の導入 認知症高齢者のグループホーム創設 居宅介護支援の導入 2003年 個室型特別養護老人ホームの制度化	13% → スウェーデン1962年対応 18% → スウェーデン1992年対応 （高齢化率の交差） 高齢化率 20% スウェーデン 2011年（到達） 日本 2006年

出所：筆者作成。

（2） エーデル改革とスウェーデン型老人介護システムの完成

スウェーデンにおける高齢者福祉サービスの水準は，福祉国家への本格的な歩みが開始された1960年代，1970年代を通じて古来の救貧院の流れをひく老人ホームの劣悪な住環境の改善と，長期療養病棟の量的整備が遂行されるが，1980年代に入るとこのような施策の欠点も認識されるようになった。長期療養病棟における高齢者の入院生活の長期化の傾向，寝たきり，無為状態いわゆる「社会的入院」の増加というような現象が観察され，医療費の急激な増加傾向も注目された。高齢化社会において本件を論ずるとすれば，制度の基本に立ち返って，主として次の3点について根本的に議論を深める必要があり，1980年代を通じて福祉や医療の関係者の間で真剣な検討がなされたのである。

(1) 高齢化社会において医療と福祉のバランスや境界をどう考えるか。
(2) 医療や福祉の供給主体をどう考えるか。
(3) 後期高齢者が社会的生活において求めるニーズと社会的負担の関係をどう整理してゆくか。

本件に関する一連の改革は，これを審議した政府委員会「エルドゥレ・デレガシオネン（Äldre-Delegationen, 高齢者委員会)」の頭文字をとって「エーデル改革（Ädel-Reformen)」と呼ばれたが，偶然にもこれは「高貴な」という意味の単語であり，改革の名称として定着することになる。この改革は3年半にも及ぶ国会の審議を経て，1991（平成3）年12月に可決されて1992（平成4）年1月より施行された。その主な内容は，次の5点に要約することができる。

(1) 高齢者の長期療養施設をランスティングからナーシングホームという形でコミューンに移管する。
(2) 医療ケアが終了したと判断された高齢者の居住の場の確保と居住環境の改善は，コミューンの責任とし，サービスハウス，グループホーム，ナーシングホームなどの高齢者福祉施設全体が「介護付き特別住宅」と位置付けられた。
(3) 高齢者に対するデイケアも，医療行為に属するケアを除き，コミューンが実施する。

(4) ランスティングとコミューンが合意した場合，訪問看護をランスティングからコミューンに移管することができるようになった。[19]

(5) 社会的入院患者について，コミューンが超過金をランスティングに支払うことを義務付ける制度，社会的入院費支払い責任が導入された。[20]

この改革によって，ランスティングよりコミューンに対し，高齢者長期療養施設（ナーシングホーム）約490ヶ所（3万1,000人分），痴呆性老人用グループホーム約400ヶ所（3,000人分），痴呆性老人用デイケアサービス約200ヶ所などが移管された。それに伴い，ランスティングの医療スタッフの中で老人医療を担当していた職員約5万5,000人（看護師，作業療法士，理学療法士など）がコミューンに移動した。なお，老年科医師はランスティングにとどまっている。これはランスティングからコミューンに移管された分野においては，従来のように医師が主導権をもつのではなく，看護師やヘルパーによる高齢者への生活援助に活動の重点が移されたことも意味している。

藤原瑠美『ニルスの国の高齢者ケア——エーデル改革から15年後のスウェーデン』（ドメス出版，2009年）によると，この改革によって表Ⅲ-3-3，表Ⅲ-3-4のような変化が生じたとしている。

この改革の効果は1996（平成8）年の最終報告により簡単にまとめると次の

---

[19] スウェーデンにおいては，看護師に定型的な初期医療を独立して行うことが一定の範囲で許容されており，ランスティング所管の医療行為としての訪問看護は，主として看護師が担っているが，ランスティングとコミューンの合意を前提として，これをコミューンに移管できるようにしたものである。

しかし，医師はランスティングに置かれているため，医師に匹敵する医療・保健に関する高い識見を持った看護師（医療責任看護師と呼ばれる）をコミューンに設置することを義務付け，訪問看護を担う看護師を監督することとした。

[20] この支払いは，病院の主治医が医学的処置終了宣言を出した後，6日目以降も入院を続けなければならない場合に，高齢患者の住むコミューンが当該病院に対して行わなければならない（いわゆる5日間ルール）。

支払金額は，改革がスタートした1992（平成4）年以降毎年改定されており，改革時には老年科疾患の場合1,300クローネ，急性疾患の場合1,800クローネであったが，2008（平成20）年現在では，老年科疾患の場合2,642クローネ（約4万6,235円，2008年5月現在のレートは1クローネ＝17.5円），急性疾患の場合3,662クローネ（約6万4,085円）となっている（増田雅暢『世界の介護保障』法律文化社，2008年，による）。

表Ⅲ-3-3　エーデル改革後のコミューンの職種別職員数の変遷
(単位：人)

年	准看護師	看護・介護助手 (ヘルパー)	看護師
1991年	1,289 (900)	128,747 (85,897)	193 (150)
1992年	24,837 (18,472)	147,453 (98,093)	8,244 (6,604)
1994年	34,012 (24,924)	143,135 (94,632)	10,029 (7,014)

注：(　)内の数値は，100％勤務に換算後の職員数。
資料：保健福祉庁 "Ädelreformen Årsrapport 1995/Reviderad version"
（「保健福祉庁」は本書では「社会庁」と表記している）。
出所：井上誠一著『高福祉・高負担国家 スウェーデンの分析』153頁の表から一部抜粋。

表Ⅲ-3-4　エーデル改革以降の県の各診療科別の病床数の減少
(単位：床)

	内　科	外　科	老年科	精神科
1992年	14,006	15,367	7,983	11,846
2004年	10,145	8,031	2,036	4,488
減	－28％	－48％	－74％	－62％

出所：伊澤知法「スウェーデンにおける医療と介護の機能分担と連携」より抽出（『海外社会保障研究』Autumn, 2006. No.156）。

とおりである。
　(1) 社会的入院の大幅な減少／医療費の減少

　　　　　　　　1990年　　　　1996年
　社会的入院　　4,000人　→　1,400人弱[21]
　総ベッド比　　15％　→　6.9％
　老年科病棟　　20.8％　→　12.7％
　医療費GDP比　8.8％　→　7.6％（2000年7.7％）

　(2) 高齢者のための施設の増加

　　　　　　　　　　　　　　1992年末　　　1994年末
　高齢者施設の入所者数　　11.9万人　→　13.6万人
　特に痴呆性老人のグループホームが増加

(3)高齢者介護，特に在宅ケアの質の向上

以上3点の効果のうち，最も重要な点は第3点にある。高齢者福祉施策は，大きく分類すると施設サービスと在宅サービスに分けられるが，エーデル改革によって，ナーシングホームやグループホームを含めて施設サービスを全面的に引き受けたコミューンにとって，高齢者が活動的で自立した生活を送りうるような環境整備を図る方向に強いインセンティブが働くこととなった。エーデル改革とは高齢者福祉全般を一括してコミューンの責任とするという抜本的な組織改革がその本質であり，高齢者福祉システムの一元化，効率化，合理化に真の目的があったと言える。

施設介護がほぼ期待した水準に達した時期にこの改革を断行したことにより，施設介護から居宅介護へ，政策の重点を徐々に移してゆく基盤が形成され，さらには，都市システム全体をバリアフリーの方向に改良するなどの付随的施策も進んだのである。

さらに付言すれば，第Ⅱ部で述べたような福祉国家におけるコミュニティの活性化とあいまって，都市，地方を問わず，在宅高齢者が住み慣れ，長年親しんだ環境の中で，生きがいを見出しつつ，常に居場所を見出し得る状況を作り

(21) 社会的入院に関する詳細は次のとおり。

身体的疾患急性期医療における社会的入院患者数（1990～96年）

	1990年3月	1992年3月	1993年3月	1994年3月	1996年1月
患者数（人）	3,959	1,725	1,806	1,363	1,387
総ベッド数比（％）	15.0	7.0	7.7	6.1	6.9
退院までの待機期間(日)（メジアン値）	13	6	5	2	2

出所．Socialstyrelsen, Ädelreformen Slutrapport 1996：2., 厚生労働省資料。

老年医学専門医療における社会的入院患者数（1992～96年）

	1992年3月	1993年3月	1994年3月	1996年1月
患者数（人）	1,298	920	658	627
総ベッド数比（％）	20.8	15.5	13.0	12.7
退院までの待機期間(日)（メジアン値）	36	26	12	9

出所：Socialstyrelsen, Ädelreformen Slutrapport 1996：2., 厚生労働省資料。

出し，寝たきり老人というような悲惨な状態を可能な限り回避する社会を作り出そうとしたと言っても過言ではないだろう。

　エーデル改革は，コミューンの機能と責任の拡大を意味する以上，当然コミューンの財政負担増加をもたらす。その負担調整の視点から次のような措置がとられた。

　(1)　痴呆性老人のグループホームの建設（20億クローネ），ナーシングホームの個室化等の整備（10億クローネ）について，5年間の時限措置として国庫補助（計30億クローネ）が計上された。

　(2)　ランスティングとコミューンとの負担調整

　表Ⅲ-3-5のとおり，地方住民税のランスティング，コミューン間の配分を調整する。

　(3)　コミューンの行う高齢者・障害者ケアについて交付金新設

　もちろんエーデル改革はよいことずくめの結果をもたらしたわけではなく，特に，施行後，次のような問題点も指摘されており，改善努力が続いている。

　(1)　社会福祉重視型（脱医療型）の高齢者介護の拡充（特にナーシングホームの整備）が追いつかず，コミューンによる社会的入院患者超過費用のランスティングへの支払いが継続している。

　(2)　高齢者のケアに対する医師の関与の減少。

　初期医療・福祉と医療の間に新たな境界を引くことになり，高齢者が医療を受けにくくなった。

　特別の住宅における要介護高齢者への医療的ケアの不足が指摘される。

　ナーシングホーム等における訪問診療の確保にこれまで以上に市は県と連携を密にすることが必要になったとの見方がある。

　高度の医療ケアが必要な高齢者までナーシングホームに移されている例が見られる。

　高齢患者の病院からの退院が早すぎるケースが出現した。

　病院とコミューンで十分な打ち合わせが行われないまま退院するケースがあ

表Ⅲ-3-5　平均地方勤労所得税率の配分比率

	1991年	1992年	（参考）2008年
ランスティング	12.68%	10.51%	10.73%
コミューン	17.32%	19.38%	20.71%
教会税	1.15%	1.15%	―
計	31.15%	31.04%	31.14%

出所：筆者作成。

る。
　コミューンの在宅看護を担う看護師が十分配置されていない。
(3)　訪問看護を移管していない地域における高齢者ケアの非効率性。
　約半数の県で訪問看護が移管されていない（後に詳述する）。
　リハビリテーションの責任の所在があいまいと指摘されている。
　特別の住居におけるリハビリを県・市のどちらが行うか法律上不明確である。
　市側の作業療法士，理学療法士等の体制が不十分である。
(4)　補助器具の支給に関する県・市の間の責任体制の不明確さ。

（3）　エーデル改革以降の展開

　エーデル改革以降の高齢者福祉サービスの展開は，「施設から住宅へ」という標語で総括的に表現できる。その一方で1997（平成9）年10月に発生したサラ・ヴェグナー准看護師（アンダーナース――わが国の介護福祉士に当たる）の勇気ある告発事件が，この国の施設介護の現状に市民の耳目を集めることとなった。ストックホルム郊外のソルナ・コミューンが運営を民間委託していたあるグループホームにおいて，極めて非常識な，入居者への虐待とも言える実態が暴露されたのである。原因は民間会社の収益優先体質の下での極めて不充分な予算にあったと言われる。この告発をきっかけに，介護付き特別住宅の介護スタッフが職場で虐待の事実を発見した時，またはそれが疑われる時には，ただちに施設長に報告しなければならないという趣旨の条文を社会サービス法に加えることとされた（いわゆる「サラ法」）。

　次いで1998（平成10）年には，「高齢者に関する国家行動計画」（1998〔平成10

～2001〔平成13〕年の4年計画）が策定され，議会で承認された。この計画は21世紀の高齢者ケアの目標を明確にするものであり，次の諸点を柱としている。
(1) 高齢者ケアの目標
- 高齢者が活動的な生活を送り，日常生活に対する影響力を増大させること。
- 高齢者が安心して自立した生活が送れること。
- 高齢者が敬意を持って遇されること。
- 良質のケアが受けられること。
(2) 重要施策への資金配分
- 介護付き住宅の新築・改築　1998～1999年　総額4億クローナ。
- 高齢者ケアに関する研究　1999～2001年　毎年3億クローナ。
- 高齢者ケア管理者の研修等　1999～2001年　総額2億クローナ。
　　2,500人が2ヶ月半の研修を受ける。
- 高齢者ケアに当たる家族に対する支援　1999～2001年　毎年1億クローナ。
　　家族の会等に補助金を交付。
- 高齢者ケアに対する監査機能の強化　1999年　総額2000万クローナ。
- 高齢者ケアモデル事業の推進　1999～2001年　総額9000万クローナ。
(3) 法律改正
- 社会サービス法の改正
　　介護の質の確保に関する実施期間の責任の明確化。
　　不適切な介護に関する届出義務（いわゆる「サラ法」）。
- 法改正の効果
　　介護の質を保証するための方法論，システム論に関する議論の活発化。
　　高齢者オンブズマン，高齢者ケア視察官の新設等。

さらに2006（平成18）年，「高齢者医療・高齢者ケア10ヶ年国家戦略」が定められた。その内容はエーデル改革後の課題に対応するものとして，2006年5月に法律として成立。今後充実を図る6分野を定め，10年間で100億クローネの予算を含む10ヶ年の国家戦略を定めた（2005〔平成17〕年では，高齢者関係予算は約800億クローネ）。具体的な内容は次のとおりである。

(1) 病弱な高齢者に対する医療・ケアの向上（訪問看護のコミューンへの一元化など）
(2) 特別な住居保障のための関連施策（建設補助金，高齢者住宅委員会の設置など）
(3) 社会的ケアの推進（食事・栄養など）
(4) 国レベルでの平等と地域レベルでの発展（認知症に関するナショナルセンターの設置，クオリティ登録制度，国によるサービス利用者調査など）
(5) 予防措置（67歳以上の高齢者に対する予防的サービスなど）
(6) サービス従事者（継続的能力開発など）

とりわけ上記(1)(2)に関しては，エーデル改革以降も問題点として常に指摘されてきた。そこで次の2点について引き続き検討を要するとした。

(1)「施設から住宅へ」という方針の下での在宅高齢者の着実な増加の裏で，在宅を中心に適切な医療を受けられない高齢者が増えている問題に関して，将来的にコミューンの責任を強化する。また，「ケア付き特別住宅」で行われる医療に対する医師のかかわりを将来的に強化する。

(2)「ケア付き特別住宅」への入居希望高齢者の要望に応えるようコミューンの責任を強化する。

この2点は，医療はランスティング，福祉としての介護はコミューンというこの国の伝統的な役割分担から，医療と福祉の連携をどう具体化するかというこの国独特の制度的困難さを背景としており，現時点では依然として解決策を模索している段階にあると言えよう。

（4） スウェーデンの老人介護政策の現状

(1) 在宅ケアサービス

高齢者へのケアサービスの提供は，コミューンのニーズ判定員（biståndshandläggare）による判定を経て開始される。最も代表的なホームヘルプサービスについては，2005（平成17）年現在，全国で約13.2万人，高齢者全体の約8.5％が利用している。

要介護高齢者を短期間保護するショートステイサービスは，在宅で介護する配偶者にとっても必要不可欠なサービスである。同年現在，約8,700名が利用している。

　リハビリテーションや社会的交流を必要とする高齢者を介護の付いた特別住宅で昼間ケアするデイサービスは，約1万2,500人の利用である。

　ここで注目すべき点は，高齢者へのケアサービスの提供内容の具体的な判定は，コミューン本来の行政行為であると認識されており，コミューン所属のニーズ判定員により公的行政行為として実行されることである。

　要介護認定の流れはコミューンによって違いがあるが，一般的には以下のようになる。本人や家族からの在宅サービス利用の申請を受けた後，ニーズ判定員が申請者の自宅を訪問し，当該高齢者のADL（日常生活動作能力）をチェックする。例えば，①咀嚼，嚥下，②屋内移動，③排泄，④衣服着脱，⑤化粧・髭剃りなど個人の衛生，⑥会話，⑦屋外移動，⑧食事準備，⑨買い物，⑩掃除，⑪洗濯などの能力を確認する（項目の内容構成等にコミューン毎の独自性がある）。この訪問調査での本人または家族からの聞き取り内容に基づきニーズ判定を行う。

　在宅サービスとしては看護師による訪問看護も，ランスティングとコミューンの合意を前提として実施される。2004（平成16）年時点では全国290コミューンのうち，約半数の159コミューンで実施されており，その利用状況は**表Ⅲ-3-6**のとおりである。

　在宅高齢者に対してコミューンが提供するサービスには上記のほか，コミューンによって差違はあるものの，配食サービス，セイフティアラーム，住宅改造，介護機器の提供，移送サービスといったメニューがある。

　例えばセーフティアラームについては，利用率は約10％，約15万7,200人が利用している。移送サービスの利用率は約19％，約30万800人が利用している。住宅改造については，自宅内バリアーの除去のニーズが妥当とコミューンの判定があれば（コミューン所属の作業療法士が担当），手すりだけではなく場合によってはホームエレベーターの設置も無料で受けられる。利用者は全体で6万

表Ⅲ-3-6　訪問看護　　　(2004年)

年　齢	訪問看護	訪問看護＋ホームヘルプ
65～79歳	5,785人	8,773人
80～84歳	3,999人	8,668人
85歳以上	4,757人	14,892人
合計(65歳～)	14,541人	32,290人

出所：厚生労働省資料。

人を超える。

(2) 施設ケアサービス

スウェーデンの施設サービスは，エーデル改革以降，高齢者の「介護付特別住宅」として位置付けられており，すなわち入居する高齢者にとっては，「施設」ではなく「住居そのもの」である（表Ⅲ-3-7）。

スウェーデンの施設サービスには，次のような形態があるとされているが，これらは現在では制度上の区別ではなく，近年新築・改築された施設ではこれら形態間の差違は小さくなってきている。また，これらの4機能を併せ持つ施設も多い。

〈施設の種類〉

①サービスハウス

いわゆるケア付きアパートであり，一般に要介護度のそれほど高くない高齢者が入居する。日中は職員がいるケースが多いが，夜間はナイトパトロールで対応する。

②老人ホーム

サービスハウスに比べて入居者の要介護度が高く，居室は個室であるがやや狭いのが通常である。食事は決められた時間に食堂で一緒にとる形式である。24時間体制で介護サービスが受けられる。

③グループホーム

痴呆性老人等を対象とした小共同住宅であり，6～8人程度が入居している。次に述べるナーシングホームのユニットケアシステムと同様の介護方式である。居住者の居室と食堂，居間等の共同利用スペースがある。職員が24時間体制で

表Ⅲ-3-7　特別の住宅入居状況 (2004年現在)

年　齢	入居者数	比　率
65〜79歳	21,496人	2.1%
80〜84歳	24,888人	9.4%
85歳以上	58,403人	27.0%
合計（65歳〜）	104,787人	6.7%

出所：厚生労働省資料。

表Ⅲ-3-8　介護付特別住宅入居者

（年）	入居者総数(人)	比　率(%)
1994	136,000	8.9
2000	117,900	7.6
2002	115,800	7.5
2004	104,800	6.7
2005	100,200	6.4

出所：厚生労働省資料。

勤務しており，家庭的な環境の中でケアが行われている。

④ナーシングホーム

　主に重度の介護を要する者が入居する長期療養施設。ユニットケア・システム（10人程度の高齢者を1ユニットとして固定した介護スタッフがケアするシステム）をとる。従前は，ランスティング（県に相当）が所管する医療機関とされていたが，エーデル改革によりコミューンに移管された。わが国の特別養護老人ホームに近い機能を持つ。

　施設への入居は，高齢者本人または家族の申請に基づき，コミューン所属のニーズ判定員がその必要性の認定を行った上で決定する。なお，エーデル改革後の基本方針「施設から住宅へ」の流れの下で，施設の増設は抑制されており，介護付特別住宅への入居を希望しているが認定されない高齢者が増えており，政府は，これはこれで問題という認識を強めつつあると言われる（既述）。

　介護付特別住宅入居者の総数は，表Ⅲ-3-8のとおりである。最近時点での低下は明確に数字に表われている。

第3章　福祉国家レジーム3類型論と各国老人介護政策比較

図Ⅲ-3-5　サービスハウス（ストックホルム近郊例）

①居間　②台所
③寝室

写真①
写真③
写真②

ベランダ

Bed
L
K
D
納戸

0　1　2　　5m

寝室が別に用意されている広いタイプの住戸。居住者は健常な単身男性。快く迎えてくれた彼の部屋は常にこのように整理整頓されているとのこと。ベランダでは花を育てている。

記録・作成：大井さやか。

(3) スウェーデンの老人介護政策の現状——まとめにかえて

本項ではまず，高齢者サービスの対象者数について，スウェーデンと日本との比較を表Ⅲ-3-9に示しておく。なお，両国の間では，サービスの質やサービスに対する利用者の自己負担について大きな差があることにも留意してほしい。

次いで，在宅サービスと施設サービスに共通する事項として，以下の3点について簡単に説明したい。
①福祉サービス公営主義の問題点と解決策
②介護スタッフの勤務条件
③介護サービス利用者の自己負担

①福祉サービス公営主義の問題点と解決策

高齢者ケア施設や住宅サービスの運営主体がコミューン自身であることを原則とし，サービス供給スタッフもコミューン職員とするいわゆる高齢者福祉サービス公的供給主義は，社会民主主義レジームによるスウェーデン型福祉システムの特徴であることをくり返し説明してきた。このことは，福祉サービスの供給を，地域産業の機能の1つとして認識し，地域雇用の場の提供を通じて，主として女性の家庭からの解放と世帯所得の向上，ケインズ的乗数効果のリーケージの少ない完結による地域的成長促進効果などをもたらした。さらには，このようにして作り出された新たな雇用の場の就業者に対する報酬を含む勤務条件が，一般の就業者との格差が小さい形で設定されるという効果も生じたと認められる。このことがまた，高齢者福祉サービスの供給スタッフの増加を円滑に充足してゆくことにもなった。

他方で，サービス供給を公営で行う体制が陥り易い非効率，高コストなどわが国で常に大きな問題とされる弊害は生じないのだろうか。スウェーデンの市民は，役人達のいわゆるお役所仕事についてどう考えているのだろうか。政治家や官僚組織の政策決定や政策遂行の能力を高く評価し，高負担が「賢明な支出」（wise-spending）に向かってゆく過程を信用しているのだろうか。筆者が

表Ⅲ-3-9　高齢者サービスの対象者数の比較

		スウェーデン 2000年（平成12）	2005年（平成17）	日　　本 (2002[平成14]年10月サービス分)	
高齢者在宅サービス	ホームヘルプ	12.5万人 (8.2％)	13.2万人 (8.5％)	在宅サービス	184.3万人 (7.8％)
	デイサービス	1.5万人 (1.0％)	1.3万人 (0.8％)		
	ショートステイ	1.0万人 (0.6％)	0.9万人 (0.6％)		
高齢者施設サービス		12.1万人 (7.9％)	10.0万人 (6.4％)	介護保険施設	69.7万人 (3.0％)
				その他老人ホーム	17.5万人 (0.7％)

注：（　）内は，65歳人口に対する利用率。
出所：厚生労働省資料。

　スウェーデン大使在勤を終えて帰国して以来，スウェーデン型高福祉高負担システムのパフォーマンスを説明するたびに，わが国の人々はこの疑問を提示するのが常であった。

　筆者は，これに対していつも以下のように答えてきた。「スウェーデンの人々も政治家の判断力や実行力を信用してはおらず，適時に果断な政策を打ち出し実行することなど期待していない。同時に官僚システムの優柔不断，先例踏襲，ことなかれ主義，お役所仕事などの通弊を目にあまると考えている」と。

　しかし，スウェーデンの人々は，この先の考え方がわが国の場合と大きく異っていると筆者は思っている。

　スウェーデンの人々は政治や行政の持つ非効率，高コストなどの問題点と，政治や行政の果たすべき機能の持つ重要性とは，次元の異なる問題と考えているのではないだろうか。政治や行政の果たすべき機能の重要性を認めるからこそ，民主主義や地方分権主義の徹底を通じて，政治，行政の働きぶりの市民からの強力な監視が必要不可欠であると考え，だからこそ，市民の側の窮極の政治・行政批判の手段である選挙システムの効果的な活用を重視しているのではないか，筆者はそう思うのである。

例えば，市民の高い負担にもかかわらず，保育サービスにしろ介護サービスにしろ市民の質的要求レベルに達していない場合や，隣接コミューンの提供するサービスより質がおちるような場合，市長や市議会議員はその地位を維持することはまずできないと言ってよい。市民の側から，高負担に見合う高水準のサービスが提供されているかを判断する1つの重要な手段として，サービス提供の運営主体を入札制度で決定するという仕組みが導入されてきた。この仕組みはわが国では一般に「民営化」という用語で説明されているが，むしろ「管理運営の民間委託」と言う用語がふさわしく，管理委託の範囲は弾力的に決定することができる。例えば，老人介護施設を例にとれば，食事の供給や施設清掃などほんの一部の業務の民間委託から，わが国で言う「公設民営」に当たるような広範囲の民間委託まであり得るのである。

高齢者ケア施設や在宅サービスの運営主体を入札制度で決定する仕組みの導入は1980年代からであり1990年頃に普及した。とりわけ，1991（平成3）年秋から1994（平成6）年秋までの穏健党を中心とする保守・中道連立政権（カール・ビルト首相）の時代には，選択の自由，競争原理の導入といった観点から，民間委託が増大した。その後，社会民主労働党が政権に復帰してからも，また2006（平成18）年9月以降再び穏健党を軸とする保守連立内閣になってからも，民間委託が徐々に増える傾向に変わりはない。

入札にはコミューン自身も参加し，複数の民間事業所とケアの質と量，運営費用の多寡で競争する。ケアの質，ケアの提供に要するコスト，当該事業者の過去の事業運営に対する評価の3点から見て総合的に最も適切と判断できる事業者が選定される。

入札制度による民間への管理委託の前提として，公営施設に投入される公的資金とほぼ同水準の資金が落札業者に交付され，また，サービス利用者に要求する自己負担の水準も同程度に設定される場合が通常である。その上でサービスの質の良し悪しを競争するのである。[22]このような入札制度の導入は主として

---

[22] 公営で提供されるサービスとは異なる特別のサービスを提供する場合，例えば移民向けに母国語使用によるサービスが付加されている場合，宗教信条に沿った特別のサービスが提↗

表Ⅲ-3-10 運営主体別各サービスの比率及び利用者数

上段：比率（％），下段：利用者数（人）

	コミューン運営		民間事業者運営		合　計	
	2000年	2005年	2000年	2005年	2000年	2005年
ホームヘルプサービス	92.9 112,400	90.2 121,800	7.1 8,600	9.8 13,200	100.0 121,000	100.0 135,000
ショートステイサービス	89.3 7,500	92.0 8,000	10.7 900	8.0 600	100.0 8,400	100.0 8,600
介護の付いた特別住宅	89.1 105,000	86.8 87,000	10.9 12,900	13.2 13,200	100.0 117,900	100.0 100,200

大都市近郊の住宅地域で進展しており，人口密度の低い地方部では100％公営が維持されている例が多い。

増田雅暢『世界の介護保障』は，スウェーデン社会庁が，在宅サービスと「介護付き特別住宅」の運営主体別の利用者割合をスウェーデン全体を対象に調べた2006（平成18）年の調査結果を，表Ⅲ-3-10のとおり提示した上で，次のように述べている。

「ホームヘルプサービスでは，民間サービスを提供している高齢者の割合は，2000年が7.1％，2005年が9.8％と微増傾向にあるが10％を切っている。一方，介護の付いた特別住宅では，民間が運営するグループホーム等に入居している高齢者の割合は2000年で10.9％，2005年で13.2％と微増する傾向にあり，ホームヘルプサービスと比べると民間委託化が進んでいる。ショートステイサービスに関しては，2000年が10.7％，2005年が8.0％と微減傾向にある。介護の付いた特別住宅における民間委託化が最も進んでいるものの，現在スウェーデン全体では13％前半台にとどまっている。民間委託は徐々に広がってはいるが，急激な変化ではないといえる。」

管理運営を入札で決定するシステムで，公営が落札できない事例が続いたり，民間が委託を受けた施設への入居希望が多くなるような現象が続けば，公営施
↘供される場合などに，サービス利用に特別の負担を求めることなどはあり得る。

設の施設長は責任を追及されるだろうし，政治や行政もそのような状況を放置すれば，選挙の洗礼を受けることは避け難い。民間委託化が10％程度であっても，公営施設も含む施設全体の競争関係は有効に働くと考えられるのである。

さらに，公営事業体への競争条件の確保のための施策として「バウチャー方式」の導入も，大都市周辺の近郊住宅地域で始まっている。公営サービスや公営施設の利用者に「バウチャー」を交付し，居住コミューン内外の事業主体（公営あるいは民間管理委託を問わない）の選択をバウチャー保有者に委ねるシステムである。このシステムの下で利用者の減少に直面した事業主体は，サービス改善に必死の努力をすることになろう。

②介護スタッフの勤務条件

前項において，介護スタッフの報酬や勤務条件は，サービス公的供給主義の下で，一般の就業者とあまり格差のない水準で設定されてきたことを指摘した。

藤原瑠美（前掲書）は，エスロブという名のコミューンにおける公営の高齢者福祉サービス事業に従事する准看護師（アンダーナース——わが国の介護福祉士に相当する）の報酬について次のように述べている。

「エスロブ市のアンダーナースの給料は，税込みの初任給で年間約17万5,000クローネ（約273万円），キャリアの長い人で25万クローネ（約390万円）ぐらいである。

スウェーデンは所得の格差が少ない国である。

一般的に介護スタッフより企業で働く人のほうが高給である。また地方に比べ大都市のほうが高給だ。エスロブ市の場合，同じアンダーナースでも，人材派遣や在宅安全アラームに働くなど専門的な技能があると，少しだが給料が高くなる。基本的には能力給を用いておらず，年功序列の給与体系である。」（一部表記筆者修正）

わが国の介護福祉士の給与水準と比較すると，初任給水準でスウェーデンの

方が若干上であり、藤原氏の指摘通り、年功序列の給与体系（生活給支給的な体系）の下で、スウェーデンと日本の報酬の差は職務経験が進むに従って大きくなることが示されている。また、年休、時間外勤務、休日勤務など各般の勤務条件も一般就業者とほとんど同一に設定されている。成熟した福祉国家において必要とする膨大な介護スタッフ需要に対して、円滑な充足が実現し、福祉国家への形成そのものが、成長促進、雇用の場の提供を通じて、国家戦略そのものとなっていった背景が形成されたのである。

③介護サービス利用者の自己負担

　介護サービスを受ければ、所得やサービス利用の頻度に応じて介護サービス利用者は利用料を支払わなければならない。

　もともと高齢者福祉サービスの公的供給主義の下で、利用者負担の水準は国際的に見ても低水準に維持されてはきたが、地方分権の徹底の下で、介護サービス利用者負担のコミューン間格差はかなり大きく、政府はこの問題を解決するため2002（平成14）年に社会サービス法を改正し、同年7月1日より、高齢者の自己負担に関する以下の2つの従来からの計算基準について、限度額を導入した。

　この点は第Ⅰ部で述べた保育料に関するマックス・タクサ方式の導入に対応する。

　ⅰ）マクシマム・コスト（高齢者と障害者が払う最大限の自己負担）

　高齢者と障害者が支払う最大限の自己負担額は、ケア・サービス料金、食費、家賃の3料金について示されており、2002（平成14）年の導入時点で、ケア料金上限額は1,516クローネ／年に設定された。各コミューンは、この上限額の範囲内で利用料を設定しなければならない。藤原瑠美（前掲書）はエスロブ・コミューンの2006（平成18）年時点での3料金を紹介している（表Ⅲ-3-11）。いずれも、同年の国の定めた基準以内の設定であると言う。

　ⅱ）リザーブド・アマウント（誰もが生活のために手元に残せる最低限度額）

　リザーブド・アマウントとは、介護サービスを利用した高齢者が食費、衣服

第Ⅲ部　福祉国家3つの形態

表Ⅲ-3-11　エスロブ・コミューンのマキシマムコスト（2006年）

ケア料金	1,588クローネ（約24,800円）		
食　費	1,980クローネ（約30,900円）	（朝食，昼食，夕食，おやつ代など）	
住居費	2,720クローネ（約42,400円）	シャラオークラの家賃	施設ごとに部屋の広さに応じて設けられた。
	3,815クローネ（約59,500円）	エリケの家賃	
	3,920クローネ（約61,200円）	ベルガゴーデンの家賃	
	4,130クローネ（約64,000円）	スゥーヘラン，ユータレゴーデン，トロールホゴーデンの家賃	

費，新聞テレビ代，歯治療費など，誰もが生活のために手元に残せる最低限度額を言い，2002（平成14）年導入時に，例えば65歳以上単身者で4,087クローネと設定された。高齢者の可処分所得（実質収入）から介護サービスに関する自己負担額を支払うとこの額にくいこんでしまう場合には，その分を支払わなくてよいとする制度である。

　藤原瑠美（前掲書）は，エスロブ・コミューンの2006（平成18）年のリザーブド・アマウントを紹介している（表Ⅲ-3-12）。

　この制度は，高齢者が自宅に住んでいても，特別の住宅にいても，健康で文化的な生活を送るために最低限必要な金額は必ず手元に残せるというものであり，藤原氏のリザーブド・アマウントの使途の記述はその具体的な内容として説明されているものである。

　筆者がスウェーデン大使在勤中に面会したあるサービスハウスの施設長は，片目をつぶりながら，次のような話をしてくれた。

　「うちの入居者は90歳を超える高齢者がほとんどだが，ほとんど全ての入居者の子供夫妻や孫達が頻繁に面会に来てくれている。家族としては当然のことだが，入居者達にはそれが無上の楽しみであるのも当然であり，このリザーブド・アマウントは，面会にきた孫やひ孫達へのおみやげのための貴重な財源なのですよ。」

　マクシマムコストとリザーブド・アマウントは毎年改定されており，その推移は**表Ⅲ-3-13**に示すとおりである。

表Ⅲ-3-12　エスロブ・コミューンのリザーブド・アマウント（2006年）

総収入－経費（税金＋家賃など）＝実質収入
実質収入－リザーブド・アマウント＝支払い可能額
- 総収入とは，税引き前の収入で，各種年金，銀行預金利子，株の配当，各種補助金，給与収入，その他すべての収入。
  注）年金には基礎年金，遺族年金，付加年金，特別付加年金，高齢者生計付加年金がある。
  注）補助金としては，住宅手当，各種児童手当（子どものいる障がい者），介護手当（家族介護をしている人），家業手当等。
- 主な個人の経費としては家賃がある。家賃に光熱費，車庫代，テレビの受信料が含まれている場合はそれを差し引く。

リザーブド・アマウント（手元に残せる普通の生活費）が下記の月額を下回らないようにする
普通の住居（自宅）に住んでいる人
①65歳以上の単身者　　4,281クローネ（約66,800円）
②64歳以下の単身者　　4,709クローネ（約73,500円）
③65歳以上のカップル　1人につき3,586クローネ（約55,900円）
④65歳以下のカップル　1人につき3,975クローネ（約62,000円）
特別な住居に住んでいる人
①～④からテレビの受信料の324クローナ（約5,000円）を差し引いた金額が残せる。
  注）リザーブド・アマウントとして考えられるのは，洋服代，靴，レジャー代金，衛生費（シャンプー等），新聞代，電話，テレビの受信料，医療費，火災保険，歯医者，調理器具，家具，薬代，雑貨がある。

表Ⅲ-3-13　マキシマム・コストとリザーブド・アマウント年次推移(月)

(単位：クローネ)

	マキシマムコスト	リザーブド・アマウント		マキシマムコスト	リザーブド・アマウント
2002年	1,516	4,087	2006年	1,588	4,281
2003年	1,544	4,162	2007年	1,612	4,346
2004年	1,572	4,238	2008年	1,640	4,321
2005年	1,576	4,249			

出所：西村彰俊作成資料より。

（5）高齢者福祉サービスへの公費投入

以上詳述してきたスウェーデンの高齢者福祉サービスに対して，わが国とは比較にならないほどの高レベルの公共負担が投入されているが，その内容としては単にうらやましいほど整備された施設が充分に存在することだけではなく，次のような各項目へのバランスのとれた公共資金配分がなされていることに注目する必要がある（このことは，第Ⅰ部で述べた保育サービスへの公共負担の基礎的

(1) 施設入居者の高レベルの住環境を実現するための施設整備（充分な面積を持つ個室や共用部分の充実等）。

(2) 施設介護・住宅介護を通じて，充分な技能を持つ介護スタッフの配置。

　必要な要員の確保のほか，理学療法士や作業療法士など高度の訓練の下で専門的技能を修得したプロ達の配置。

　介護スタッフの報酬及び勤務条件について一般的な就業者との格差を極力小さくする努力。

(3) 要介護申請に対するコミューンのニーズ判定員による個別判定システムの下で，個々の申請者のニーズの個人的差違を考慮した上での適格な介護計画を作成する努力（わが国の介護保険システムの下でまず申請者の介護度を決定し，その上で介護制度に即して，サービス内容と時間数を形式的に決定する方法とは結果としての介護水準に大差を生じる）。

(4) 介護受益者の個人負担の思い切った軽減は，もはや言うまでもないことであるが，福祉国家において，国民が高負担を受け入れていった背景として，負担に対応する受益感があることを指摘してきたが，その1つの重要な要因として絶えず長期化する老後の生きがいのある生活が保障されるという生活設計上の安心感があることは明らかであろう。

(6) 社会民主主義レジームとスウェーデンの老人介護システムの関連

以上，スウェーデン型老人介護システムの形成過程と高度に発達した北欧型福祉国家にふさわしい現在の状況について詳細に検討してきた。本書第Ⅰ部以降に展開してきたダイナミック・アナリシスの老人介護システムへの適用であり，専門の研究者と言うより実務家である筆者の評価や意見も提示した。この過程で，第Ⅲ部の主要テーマである福祉国家レジーム3類型論で言う社会民主主義レジームの代表であるスウェーデン型福祉国家のありかたが，老人介護システムにどのように表われているかについても，関係箇所で示してきたつもりであるが，ここでこの点について簡単に総括してみよう。

第1に，社会民主主義レジームの基本的考え方である「市場機能尊重」の一部修正，そこからくる公共部門の機能の重視が，この国の高齢者福祉システム設計のそもそもの段階から明確に表われていることに異論はあるまい。中世から近世の救貧院時代からの流れを引き継ぐ雑居型老人ホームが，収容高齢者をいかにみじめな状況に置いていたかが認識され，一般的な住いの貧困の克服政策とあわせて，その改善が喫緊の課題となった時，一般的な住いであれ，老人ホームであれ，住環境の改善が公共部門の果たすべき役割であることは社会民主主義的考え方の下で，疑いの余地のないものであったろう。

第2に，高齢者向けサービスの改善を公共部門の果たすべき役割と考える以上，基本的にミーンズテスティングを求めぬ普遍的福祉サービスとして設計すること，それをコミューンの責務とすること，そのためにコミューンの行・財政力の強化を先行させること，その上で，必要財源をコミューンの固有財源である住民税に求めること，これらの措置は全て社会民主主義の考え方の適用に他ならないであろう。

第3に，社会民主主義のもう1つの伝統的考え方，すなわち，女性の家庭からの解放によって，男女の平等，機会均等，共同参画を目指す以上，高齢者介護の基盤を家庭に求める伝統的，保守的な考え方に基いて制度を設計する余地は全くなかったであろう。

言いかえれば，介護の直接の担い手として家族の役割を小さくし，訓練により高度の介護技術を身につけた介護プロの手に委ねる方向に徐々に制度を整備してゆくことも当然の方向であったであろう。アンデルセンの言う社会民主主義レジームの「脱家族」の考え方が，ここでも貫かれたのである。

第4に，公共部門の機能重視の当然の帰結として，介護サービスの各面での公共部門の規制によって，サービスの量と質を確保する施策が伴うこともまた当然であったであろう。その例として，次のような施策が挙げられる。

(1) 要介護認定の機能をコミューンの行政行為とするとともに，介護スタッフを基本的にコミューン職員とするサービス公的供給主義。
(2) 介護サービスのあるべき姿に関して社会サービス法による包括的なフ

レームワークを明示。
(3) オンブズマンによるコミューン行政の監視機能の整備。[23]
(4) 「サラ法等」による介護の質の確保努力。
(5) 介護サービスの質的確保のための入札・運営委託制度や，バウチャー制度の導入。

もちろん，スウェーデンでも家族による在宅介護は全く行われていないなどと言うことはなく，家族の手でも可能な介護レベルなら外部の介護スタッフの手を求めない家族もかなり存在する。このような場合に，一部のコミューンにおいて，次の2つの形態の支援が行われている例がある。

(1) 「介護手当」制度

家族が介護している場合に市から支給。

額は市により異なる（2000年10月，4,600人）。

(2) 家族による介護時間が17時間を超える場合，介護を担う家族が市の公務員ヘルパーとして雇用できる（コミューンによって異るが，ヘルパーと同一基準の給与，1万5,000クローネ／月程度の例がある）。

2000年10月，家族ヘルパーの介護を受ける高齢者2,400人。

地域的に利用率にかなりの差がある。

農村過疎地域，福祉政策に積極的な市で利用率が高い。

家族政策においては，既述したように家族による保育に養育費補助金を交付する仕組みを，社会民主党は基本的に拒否しているのに対して，介護面では，このような制度が一部のコミューンレベルで存在しているわけである。しかし，この制度の普及率は極めて低く，介護手当は，65歳以上の高齢者人口の0.3％程度，親族ヘルパー制度は0.15％程度に過ぎない。

---

[23] スウェーデンにおいて，行政権が議会の立法の趣旨に沿って適切に行使されているかを監視する仕組み――議会オンブズマン――は，200年以上の歴史を持つ制度であり，次第に拡充されて，現在4人体制となっている。4人のオンブズマンは，政治，行政からは独立して活動し，法律，政令の実施状況の調査，市民からの苦情の受付けと調査及びこれらに対する意見表明を行う。オンブズマンの意見表明には，強い権威が与えられており，各行政官庁はこの意見に沿った自発的矯正措置を採るのが通常である。

表Ⅲ-3-14　1人暮らしの高齢者の割合の増加

	1954年		1990年		
1人暮らし	27%	→	41%		
子供との同居	27%	→	5%		
(参考)日本	1963年		1990年		2001年
1人暮らし	6.8%	→	11.2%	→	13.8%
子供との同居	74.4%	→	59.7%	→	48.4%

出所：厚生労働省資料。

　スウェーデンの人々の一般的な考え方の下では，要介護高齢者への介護サービスを家族の手から離して外部化することが，当然の社会的仕組として受け入れられていると言えよう。[24]

　社会民主主義レジーム下での福祉システムが形成されるに従い，**表Ⅲ-3-14**に見るように，1人暮らしの高齢者の割合は顕著に増加している。

　保育面での脱家族の進展と平行して，高齢者福祉サービスの面での脱家族が進んだことを，この統計は明確に示していると言えよう。

　高齢者福祉サービス面での「脱家族」についても，わが国ではこれをもって「家族制度の崩壊」と位置付け，スウェーデン社会が人間的ぬくもりのないギスギスしたものに変化していると言う批判が一部に存在することは，保育所システムの普及を「家族制度の崩壊」と考えることと軌を一にするが，ともに全くの誤解である。「脱家族」を基盤として老人福祉システムを構築することと，高齢者が家族から切り離されて施設に隔離され，家族制度は崩壊すると考えることとは全く何の因果関係もない。施設入居の老親に家族が，孫やひ孫をつれて面会に訪れる風景はごく普通に見られ，老親もその家族もそろってこの機会を楽しんでいるのである。

　施設居住の高齢者が，いかに高度の介護水準の下で暮らしているとしても，孤独感にさいなまれ，生きがいを見失っているという1つの証拠として，スウェーデンの高齢者の自殺率が高いという神話がわが国では根強く流布してい

---

[24] なお，国の制度として家族介護手当制度があり，家族や友人などが16歳以上の重病人を自宅で看護または介護する場合に，社会保険事務所から手当が支給される。

る。この話は,1960(昭和35)年にアメリカのアイゼンハワー大統領が,一般教書演説の直前に机上にあった新聞紙上にたまたま掲載されていた誤った記事を,そのまま原稿に書き加えて,福祉への公的資金の投入の効果は小さいだけではなく,むしろ弊害もあることの証拠として述べたことが急速に広まったものである。この誤報は,執筆記者が,当時のスウェーデンの自殺率の数字について‰を%と誤り,事実の10倍と誤解したためと言われている。当時のスウェーデンの高齢者福祉の水準は,エランデル首相が福祉国家への歩みを始めようとしていた頃であり,今日に比べるとサービスの質が著しく劣っていたことは事実だが,その当時からこの国の自殺率は,多くの欧州諸国を下回っており,現時点でも決して高い水準ではない。[25] 誤った演説をしたアイゼンハワー大統領は,辞任後にスウェーデン訪問の機会にエランデル首相に謝罪し,この事実に反する神話は欧州では急速に消えたが,不思議なことに,わが国だけは根強く再生産され,現在に至っているのである。

　また,老親や近親者が重篤になった時に,最長60日間の休暇が取得できて,そのうち45日間はやはり従前所得の約8割が保障される。これは,いわば「看取り休暇」とも言うべき制度であり,1989(平成元)年に制度として確立された(2007〔平成19〕年受給者約1万人)。

第2節　ドイツの老人介護政策

(1)　ドイツ型介護保険制度の成立

　ドイツの老人介護システムは,1994(平成6)年5月の介護保険法の制定,1995(平成7)年4月同法施行以来,「介護保険制度」により運営されており,その限りにおいて制度としてはわが国と同じである。しかし,保険制度によることという結論に至るまでの経緯と,論議の過程及び結論としての制度設計の内容を見ると,ドイツ固有の保守主義レジームの思想が色濃く反映されており,

---

[25] 例えば,75歳以上の高齢者の人口10万人当たりの自殺率を見ると,日本の29.6人(2006〔平成18〕年)に対して,スウェーデンは20.3人(2002〔平成14〕年)である。

わが国のシステムが，介護保険の面でもパッチワーク的であることに比べると，制度的にかなり大きな差違がある。特に，制度の基本思想として，ユンカー的保守主義の下で，家族の役割を重視する考え方をベースとして，その上に，医療制度面でのビスマルク以来のコーポラティズム的考え方，すなわち企業が被用者に提供してきた社会保険的な考え方を加えた，まさにドイツ的としか言いようのない設計となっている。

増田雅暢『世界の介護保障』によると，介護保険制度創設前のドイツの状況について，次のように述べている。

「ドイツでは，介護保険の創設前は，日本のような老人福祉制度はなかったため，老人ホームの入所費用を年金や貯金などで賄いきれない場合，社会扶助に頼らざるをえない状況にあった。老人ホームに入所した高齢者の多くが入所費用を払いきれず，社会扶助（Sozial Hilfe：日本の生活保護に相当）を受けるという事態があった。……（中略）……介護保険が導入される前の1994年には，社会扶助の純支出額約207億ユーロのうち，介護扶助が66億ユーロと全体の32％を占めていた。……（中略）……このような介護扶助の増大は，地方自治体の財政も圧迫しており，これらの事情が何らかの介護対策を講じるよう促す要因となった。」

増田（同書）は，1970年代から各方面で検討された案として3案あったと言う。
(1)　社会扶助の拡大
(2)　税財源による介護給付法の制定
(3)　公的介護保険かあるいは民間介護保険

結局のところ，(1)(2)は財源の確保が困難な上に，財政事情によって安定的な運営が難しいとされ，(3)の選択肢しか残らず，さらに民間介護保険によれば，要介護リスクの高低によって保険料に大きな差がつく可能性があり，社会保険システムとしての公的介護保険が選択された。

そこでまず第1に問題となるのは，介護保険の保険者をどうするかであったが，ここからドイツ的な考え方が色濃くあらわれ，長い実績のある医療保険者である疾病金庫（Krankenkasse）が登場するのである（〔参考〕として，財務省財務総合政策研究所医療制度研究班による「ドイツの医療制度」の簡単な説明を付記する）。

　介護保険の保険者は，長い実績のある医療保険者である疾病金庫（Krankenkasse）が担当することとなり，財政上は分離して名称も介護金庫（Pflegekasse）とするものの，保険料は医療保険の保険料と一緒に徴収されることとなった。保険料の負担についても，医療保険と同様に労使折半とされた。

　介護保険の被保険者についても，医療保険の影響を大きくうけ，公的医療保険に加入している者は公的介護保険に加入し，民間医療保険に加入している者は民間介護保険に加入することとなった。

　かくして，ドイツ型保守主義レジームの下で，伝統のあるコーポラティズム的社会保険システムの導入が選択され，このシステムの下で，介護給付対象を比較的重度の要介護者に限定する形での運営が期待されたのである。

〔参考〕　ドイツの医療制度

　ドイツの医療保険は，人口の約9割が加入する公的な医療保険と，残りの約1割が加入する民間保険会社による医療保険との大きく2つに分かれている。ほぼ全ての人がこの公・民どちらかの医療保険に加入している。

　公務員，学生，高所得者層，自営業といった人たちはこの公・民いずれかの保険を選択して加入することができるが，それ以外の人たちは公的医療保険に加入することとなっている。

　民間医療保険を運営しているのは民間保険会社だが，公的な医療保険を運営しているのは疾病金庫と呼ばれる，官と民の中間的な組織である。疾病金庫にはいくつかの種類があるが，職業団体や地域の共済制度に，そのルーツがある。その数は東西ドイツ統一直後の1991（平成3）年にはドイツ全体で約1,200あったが，統合が進められ，現在ではその数は約200になっている。

　一方，民間保険会社は疾病金庫に代わる代替的な医療保険を提供するほかに，

疾病金庫加入者に向けて追加的な医療保険の提供も行っている。全般的に公的医療保険よりも民間医療保険のほうが保険の対象範囲が広く取られていることが，この背景にある。

　保険料の金額は，公的医療保険では勤労収入に応じた保険料が徴収されており，一方，民間医療保険では健康リスクに応じた保険料が集められている。例えば，公的医療保険の2008（平成20）年の保険料の平均は総収入の14.1％だった。ドイツでは医療保険制度は保険料のみによる運営が基本で，従来は税金より支出されることも無く運営され，制度が維持されてきた。

　ドイツの介護保険制度設計上，第2に問題となったのは，家族介護の重視という点であり，法律でも在宅サービスが入所サービスに優先することを明記している。介護給付対象を比較的重度の要介護者に限定し，わが国の介護保険の対象となる要支援1，2のレベル，あるいは要介護1，2のレベルの介護は，原則として，家族介護に期待する形で制度設計が行われた。極めて大胆に要約すれば，家族の介護では手に負えず，介護の専門家に任すべき程度まで要介護が進んだ高齢者を，「保険事故」と認定し，保険金を支払うことを原則としたのである。

　この考え方に付随して，家族介護者に「介護手当」という名の現金給付を行う制度があり，広汎に利用されている。スウェーデンの社会民主主義レジームと異なる制度設計思想であることは明白であろう。

(2) ドイツの介護保険制度の現状

　以上，福祉レジーム論をベースとしたドイツの介護保険制度の特徴的な姿を明らかにしたが，より具体的に説明を加えたい。

(1) 公費投入を前提としない社会保険システムである。

(2) 保険者は，介護金庫である。介護金庫は，介護サービス提供事業体との間で介護報酬を契約で決定する。

(3) 介護サービス受給者の要介護度は3段階と，わが国の5段階（要支援2

表Ⅲ-3-15　ドイツの介護保険給付の概要

(2006.1現在　単位：ユーロ)

要介護度（項目）	1	2	3	＊
在宅ケア				
現物給付上限（月額）	384	921	1,432	1,918
現金給付（月額）	205	410	665	
部分ケア（デイケア，ナイトケア）	384	921	1,432	
完全入所ケア（月額）	1,023	1,279	1,432	1,688

注：＊要介護度3の中でも重度のケース。
出所：増田，前掲書。

段階を加えると7段階）より簡素である。各要介護度毎に，現物給付や現金給付に上限が設定されているが，最も介護度の高い3の中でも，特に重度のケースについて高い給付上限が設定されているので，実質的には4段階と見ることができる（表Ⅲ-3-15）。

(4) ドイツの介護保険支払の要件となる要介護度1～3は，原則として家族介護の手にあまる比較的重度の介護レベルであり，その意味で，ドイツの介護保険制度は「補完的制度」と言われる。

(5) 介護保険が介護費用のどの範囲をカバーするかについても，実はドイツと日本では基本的な考え方に相違がある。日本の介護保険は，介護サービスに必要な費用全体を基本的に介護保険がカバーし，1割が原則として利用者の自己負担となっている。これに対し，ドイツの介護保険は部分保険（Teilversicherung）という考え方に基づいており，介護給付に必要な費用の全体を介護保険がカバーするわけではなく，年金などのほかの収入とあわせて必要な費用が賄えるように，費用の一部を介護保険が保障するという考え方で上限額が設定されている。従って，上限額を上回るサービス料に対する支払は自己負担である。

(6) 家族介護による現金給付（介護手当）の選択が多い。特に制度発足直後は，現物給付に比べて給付上限額の低い現金給付を選択する人が多かったが，最近は現物給付の選択が増加している（表Ⅲ-3-16）。現金給付（介護手当）を通じ，家族の介護労働に期待し，家族介護者も労災適用し，介護金庫の保険料負担で年金にも加入できる。介護手当の普及率は，65歳以上高齢者の6.4％（2004〔平

表 Ⅲ-3-16　現物給付と現金給付の比率

(単位：%)

年 (平均)	支　　出		受　給　者	
	現金給付	現物給付	現金給付	現物給付
1995	82	18	88	12
1996	74	26	85	15
1997	71	29	84	16
1998	68	32	83	17
1999	67	33	81	19
2000	65	35	80	20
2001	64	36	80	20
2002	64	36	80	20
2003	63	37	80	20
2004	63	37	80	20
2005	63	37	80	20
2006	62	38	79	21

出所：増田，前掲書。

成16〕年）であり，スウェーデン（既述）の0.3％程度と格段の差がある。

(7)　介護保険料率は制度発足以来，長く，給料の1.7％に据え置かれてきた。保険財政を安定化させ持続性を高めるため，制度発足後3ヶ月間は給付を行わないままで保険料を徴収して，剰余金を発生させたと言われる。[26]

しかし，その後の高齢化の進展や(6)で述べた現金給付から現物給付へのウエイトの変化があり，次第に，保険者の財政状況が悪化し，2008（平成20）年7月，保険料率を給料の1.95％に引き上げた。[27]

(8)　2008（平成20）年3月に議会を通過した「介護発展法」は，上記の保険料率の引上げのほか，給付上限の段階的引上げにより，ケアの質の向上を図るとともに，介護ホームにおける認知症ケアの改善がもりこまれた。

---

[26]　ドイツの介護保険制度は次のとおり段階的に導入された。1995（平成7）年1月　介護保険料の徴収開始，同年4月　在宅介護の給付開始，同年7月　施設介護の給付開始。

[27]　子供のいない被保険者の介護保険料率は，介護保険制度の基本的考え方が家族介護をベースとすることを考えると，子供のいる被保険者と同じ料率ということは，ドイツ的論理性に反すると言えるのかもしれない。そのため，2005（平成17）年より，「23歳以上65歳未満の子供のない被保険者」からは，0.25％の追加保険料を徴収する制度が導入された。この制度は2008（平成20）年7月の料率引上げ後も維持されている。

給付上限の引上げ計画は，次のとおり（増田，前掲書より）。

まず，在宅サービスの現物給付の上限は，次のとおり，2012年までに段階的に引き上げられる（単位はユーロ）。

	現　行	2008	2010	2012
要介護度1	384	420	440	450
要介護度2	921	980	1,040	1,100
要介護度3	1,432	1,470	1,510	1,550

注：要介護度3の中でも重度のケースについては，1918ユーロのまま据え置かれる。

次に，在宅の現金給付についても，次のように，2012年までに段階的に引き上げられる。

	現　行	2008	2010	2012
要介護度1	205	215	225	235
要介護度2	410	420	430	440
要介護度3	665	675	685	700

さらに，入所サービスについても，要介護度3及び要介護3の中でも重度のケースについては，次のとおり，やはり2012年までに段階的に引き上げられる。

	現　行	2008	2010	2012
要介護度3	1,432	1,470	1,510	1,550
重度のケース	1,668	1,750	1,825	1,918

注：要介護度1及び2については，現行どおりに据え置かれる。

終　章
公共部門の機能拡大という国家戦略
　――わが国の将来へ向けての国家戦略検討へ――

（1）　公共部門の機能拡大

　スウェーデン大使在任中，筆者はこの国のありようを驚嘆の眼でながめ，筆者の人生哲学を根本から変えてしまうような強い衝撃を受けた。公共部門の機能は大きくあるべきだ――このことは経済が発展し，豊かな社会に近づけば近づくほどよくあてはまる真理であり，わが国ほどの豊かな先進国ともなれば，政府，公共部門は，さらに大きくなるべきだ――一言で言えば，わが国ではほとんどかえりみられることも少ない，いわゆる「大きな政府論」にこそ，将来に向けての国家戦略の真髄があると確信するに至るのである。

　さらに驚いたことに，スウェーデンで親しくお付き合いをした数多くの政治家，官僚，経済学者，ビジネスマン，その他ほとんどありとあらゆる階層の人々のそれとなくもらす言葉の中に，これらの人々もほとんど全て，公共部門の機能の重要性を認識し，将来に向かって，ますます重要性は増してゆくであろうと信じているらしいことが，次第に明らかになり，筆者自身もこの考え方に深く染まってゆくのである。いわば，「大きな政府論」はこの国では「多数説」――いや，さらに強く「常識」と言って良いのである。

　筆者がまだ若い頃，大学の経済原論の講義の中で，極めて初歩的な形で，公共部門の機能の重要性がひたすら説明されていたことに，その時改めて気づいた。あまりに初歩的で，書くのも気がひけるが，ちょっとがまんしてお付き合い願いたい。

　公共部門の機能は，市場経済の下で，次の3つが指摘できる。

　第1は，資源再配分機能

第2は，所得再分配機能
　第3は，景気調整機能
である。
　そして，これら3機能を重視する考え方は，市場機能重視ひいては市場万能，市場崇拝，さらには市場機能に対する信仰とまで言えるような，先進国ではわが国にしか存在しないような風潮に対する修正論と位置付けることができる。スウェーデンを中心とする福祉国家における考え方の核心は，経済が発展し，豊かな社会となるに応じて，この3機能の重要性は着実に増してゆくという点にある。「大きな政府」を志向する程度は，経済発展とともに必ず増加する──この信念が福祉国家を生み出したのである。

（2）　資源再配分機能

　まず第1の資源再配分機能の重要性はなぜ増加するのだろうか。今をさる5,000年以上昔，ナイルやチグリス・ユーフラテス河畔などで定住農耕牧畜という経済上の画期的技術革新の下で，原始的な国家体制が成立した時の公共部門の提供する財貨・サービスは，国防，治安，潅漑治水，それに神祇サービスなど，現在の経済学用語で言う「純粋公共財」であり，これらの財は，所有者が財の持つ効用を独占できない──「排他性がない」──あるいは，所有者の意のままに財を分割できない──「可分性がない」──という性格を有し，市場では全く取引されず，従って，強制徴収の性格を有する何らかの税を財源として権力者によって提供されない限り，市場では供給しえない性格を有した。しかし，これらの財は，定住共同体構成員にとって不可欠の財であり，権力機構によるこれらの財の供給は，市場で成立する市場財生産配分の強制的修正という形でしか行い得なかった。そういう意味で，市場で成立する資源配分の「再配分」と位置づけられたのである。市場財──効用の完全排他性，可分性──市場だけが最適配分を実現，公共財──効用の非排他性，不可分性──公共部門の介入（ただしできる限り小さく），という単純な2分論に，経済が発展し，生産システムも需要システムも複雑化してゆくに従って，妥当性を欠くと

いう認識が次第に強くなる。

　その理論的背景として，財の持つ外部経済効果に対する認識の高まりが指摘できる。例えば教育サービスについて，その効用は，教育の需要者に排他的に帰属するのだろうか。教育サービスによって，全ての市民が豊かな知識と教養を身につけることの社会的効用は，はかりしれない——こんな常識を疑う人はいないはずである。それならば，教育サービスを市場で放任する場合に成立する量と価格よりはるかに大量に，しかも安価で提供すべきことは当然視されよう。わが国で，教育が，特に義務教育が，公共財として公共部門により極めて安価に提供されるシステムが本格的に確立するのは，明治維新以降である。明治政府の当局者は，義務教育施設の整備とサービスの低価格提供のみならず，あわせて師範学校制度を導入し，教育サービスの質の向上を実現する。教師という高度の専門技術を持った集団の養成により，膨大な雇用機会の創出にも成功する。本格的な「大きな政府」への移行が始まったのである。そして，次は福祉——医療政策，家族政策，老人介護政策，公的年金制度，労働市場政策などへの公的部門の介入の要請は，経済の発展に伴い，絶えまなく上昇する。安全，安心，平等な社会の実現という政策目的の下で，これらの財の外部経済効果は誰にも否定できず，公的部門の介入が当然視され，市場で放任する場合より著しく低価格の供給により，これらの財への資源を「再配分」するのであり，同時に，膨大な雇用機会も作り出される。かくして，第2次世界大戦後の経済発展の下で，多くの西欧諸国で「福祉国家」への移行は確実に進み，高福祉と高負担システムは，国家戦略の性格を帯びる。できるだけ効率的なシステムをという要請は当然だが，あくまでも「小さな政府」をという考え方は，妥当性を失うのである。

〔参考〕　階層消費と平等消費

　市場で資源配分されていたいわゆる市場財から，公共部門による介入を適当とする準公共財への移行が広汎に認められる理論的背景として，財の効用の完全排他性という考え方の適用が不適当なものの大幅な拡大（外部経済効果）と

平等消費型医療と階層消費型医療

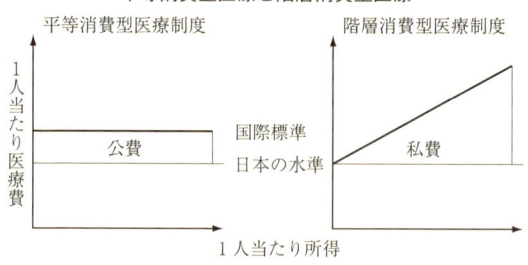

```
平等消費型医療制度            階層消費型医療制度
┌─────────┐                        ╱
│  公費   │  国際標準            ╱
│         │  日本の水準      ╱  私費
└─────────┘              ╱
     1人当たり所得
```
（縦軸：1人当たり医療費、横軸：1人当たり所得）

いう現象を指摘したが，慶應義塾大学の楯丈善一は，医療サービスを例にとり，階層消費と平等消費という分析視点から，ほぼ同様の論理を展開し，同様な結論を導いている。

楯丈によれば，平等消費型医療と階層消費型医療の差異は，上図のとおり示される。すなわち平等消費型では，1人当たり所得の高低にかかわらず，必要とされる医療サービスは平等に消費され，階層消費型では，1人当たり所得の高いほど大量の医療サービスが消費される。医療サービスを公的に供給するシステム（医療保険制度など）は，基本的に平等消費型の導入，普及を目指すものと考え，経済発展が一定の水準に達すれば，このシステムの採用は当然と考えるのである。わが国において，先進医療や差額ベッドなどの利用を認める「保険外併用医療制度」の採用は，その限りにおいて，平等型消費と階層型消費の中間点に位置すると評する。

政府機能の拡大は，経済発展の当然の帰結であり，高福祉高負担システムへの移行を，歴史的必然と考え，国家戦略と位置付けるに際して，どのような財・サービスの供給に公共部門はどの程度介入すべきなのか，さらには，どのようなシステムによって，その供給をできる限り効率化するのか，この2点の適格な政策判断が何よりも重要であり，これが「大きな政府」への移行の絶対的必要条件であることは言をまたない。常にいわゆる「賢明な支出」（wise-spending）を実現しなければならないのであり，その意味で，当局者の責任は重大であり，仮にも，選挙で票を得ることのみを主眼として，政策目的達成効果

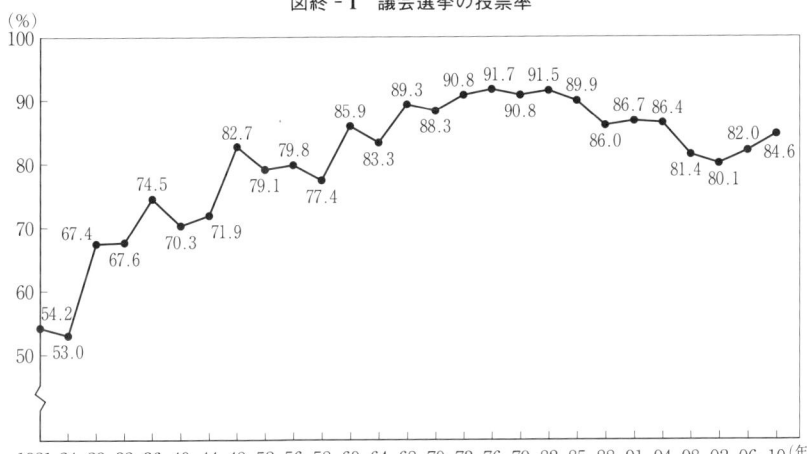

終　章　公共部門の機能拡大という国家戦略

図終 - 1　議会選挙の投票率

(%)
1921 54.2
24 53.0
28 67.4
32 67.6
36 74.5
40 70.3
44 71.9
48 82.7
52 79.1
56 79.8
58 77.4
60 85.9
64 83.3
68 89.3
70 88.3
73 90.8
76 91.7
79 90.8
82 91.5
85 89.9
88 86.0
91 86.7
94 86.4
98 81.4
02 80.1
06 82.0
10 84.6

出所：筆者作成。

が疑問視されるような，いわゆる「ばらまき的」「ポピュリスト的」施策に陥ることだけは何としても回避しなければならない。もしそういうような施策がくり返し試みられるようなことになれば，公共部門に対する市民の信用はとどめなく低落し，結局のところ，「失敗国家」の烙印をおされて，とり返しのつかない結果となるのである。[27]

「賢明な支出」（wise-spending）に向けての当局者の責任とあわせて一般有権者の高い政治意識もまた不可欠である。その意味で，第Ⅲ部で詳説したスウェーデン市民の高度の政治的関心とその背景となる市民のコミューンへの強い帰属意識はうらやましい限りである。ただし，これは地方自治体における一元代表制（第Ⅱ部第2章第3節参照）というような制度の導入問題ではなく，制度の運営や市民の政治感覚の問題であることを認識する必要がある。その意味で，図終 - 1で示すこの国の投票率の高さは特に注目に値するが，さらには，その推移はなるほどと思わせるところがある。1960（昭和35）年から20年間近くに及ぶ

---

[27] 公共部門の機能の重要性を認めつつ，だからこそ当局者の責任は重大であるということは，古く，古代ギリシャの哲学者達も強く認識していた。いわゆる「哲人政治」の提言はこのような認識から生み出されたのである。

増税過程で投票率の急上昇が見られ，福祉国家成熟過程に入ると，わずかながら低下が見られ，続いて，社会民主党政権から中道右派政権への移行が行われた最近の2回の総選挙において若干ながら投票率の上昇が観測されたのである。

（3）　所得再分配機能

市場経済システムは，所得の不公平配分の修正に関して全く無力であることもよく知られている。システムに再分配を実現する仕組みは内蔵されておらず，いわゆる道徳的説得（moral-persuation）も市場の持つ冷徹な論理の前でほとんど効果はないのである。

市場による不公平分配の形態としては，次のような態様が考えられる。

①貴族や地主階級の生まれ，あるいは富裕な家庭の生まれなどの要因により，出発点での経済的優位性が存続する場合。

②逆に，何らかのハンデギャップを持って生まれ，市場での競争条件において出発点から不利となっている場合。

③種々の社会的条件（正規か非正規かの雇用形態，大企業か中小企業か，都市か農村か等）による不利がある場合。

④病気，失業など市場における不利な条件を克服するための再チャレンジが困難な場合。

公共部門による所得再分配機能は，次の3つの経路により行われる。

①不利な立場にある人々への現金給付（その典型的な例として，生活保護や困窮母子家庭への給付制度があり，通常，所得制限などのミーンズテスティングを伴う）。

②失業，育児休業などの社会的条件による現金給付。

③資源再配分の結果として，所得再分配効果を必然的に伴うことに期待。

福祉国家における所得再分配政策は，①や②の経路に加えて③の経路の効果も大きく，主要な政策手段となっていることに関し，わが国の一般の認識が必ずしも充分でないことは問題であろう。家族政策において，女性の育児と就業との両立のための環境整備を目指す保育所政策や，子育て負担の一部を補助する家族手当の制度が，必然的に持つ所得再分配効果は第Ⅱ部で詳述したが，そ

終　章　公共部門の機能拡大という国家戦略

の他にも老人介護政策など，ほとんどの福祉政策が所得再分配効果を伴うのである。

ここでも，資源再配分機能と所得再分配機能の両者に着目しつつ，政策目的に充分即した「賢明な支出」（wise-spending）の設計が不可欠である。

（4）　景気調整機能

ジョン・メイナード・ケインズは「雇用・利子及び貨幣の一般理論」において，市場が景気調整機能を内蔵しているわけではないと主張し，経済学に革命的な変化をもたらしたことは，第Ⅰ部第1章第3節において乗数理論の初歩を説明することにより明らかにしたところである。そこでも述べたことであるが，政府部門において，この機能を過度に重視することは，いわゆる「リーケージ」の問題や，景気後退時の歳出増加政策を景気拡大時期に復元することの難しさから，最近では否定的な見解が多いことも述べた。しかし，最近時点におけるサブ・プライム・ローン等の過剰信用供用の顕在化に伴う米国発の金融混乱のような世界経済レベルでの危機的状況に対応するため，公共財政による景気調整機能の世界的発動が迫られるというようなやむを得ない場合も有り得る。

その場合でも，資源再配分機能や所得再分配機能の両者に着目しつつ，追加支出内容において「賢明な支出」（wise-spending）の設計が不可欠であり，同時に雇用創出機能にも充分の配慮を払い，また，できるだけ早期に出口戦略を講じるなど，過大な負担を後世代に残さないよう充分な配慮を払うことが不可欠である。

以上，本書の論述の展開は，西欧の多くの国々における高福祉高負担型への政策展開そのものが，戦後の経済発展の下で，さらに，経済の地球規模へのグローバル化の流れの下で，国家戦略としての意味を持ち，政策決定の当局者も一般市民も暗黙のうちにそのことを次第に理解するようになっていったという結論にたどり着くのである。2004（平成16）年3月，当時のスウェーデン首相（1996～2006年在任），社会民主党党首ヨーラン・ペーション氏が来日し，わが国

図終-2　労働生産性の推移

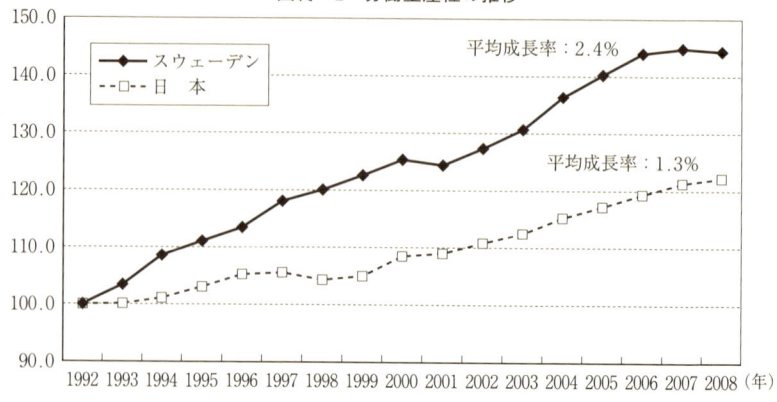

注：1992年を100としている。
出所：OECD: Economic Outlook84, より作成。

要路の人々との会見，対話に臨んだ。わが国の報道機関はほとんど報道しなかったが，ペーション首相来日に深くかかわった読売新聞だけが，一度だけだが，かなり正確に報道しているのでその概略を次頁の〔参考〕欄に示したい。「人口減の中，福祉国家以外に道はない」。この極めて単純で明快な主張の背景にあるペーション首相の信念と自信に，筆者は改めて福祉国家と言うものの筆者の理解に誤りはないと心から確信したのである。ただし——以下に簡潔に要約する「ただし書き」が，筆者の主張の上で死活的な重要性を持つ。

　第1に，高福祉高負担社会への歩みは，一気に実現するというわけにはゆかず，市民の反応を確かめつつ，漸進的に進む以外に方法はない。対話と妥協，数多くの試行錯誤が，民主主義政治システムの活力を徹底的に生かし，グローバリズムの大波の下で，市場経済，開放経済のメリットをも生かしてゆくのであり，高負担システムと高度の生産性，国際競争力の維持強化をもたらすのである（図終-2，再掲）。

　この漸進的な歩みこそ国家戦略としての福祉国家形成の成功の第1の鍵となると言えよう。

終　章　公共部門の機能拡大という国家戦略

〔参考〕 ペーション首相と会見　人口減の中，福祉国家以外に道はない

　福祉先進国として知られるスウェーデンのヨーラン・ペーション首相は，このほど都内で読売新聞の単独会見に応じ，社会保障制度について幅広い質問に答えた。

　外国人労働者について，同国は今年（2004年）5月に欧州連合（EU）に新規加盟する東欧などの10か国からの労働者の受け入れを当面見合わせる方針を明らかにしている。この点について，首相は「受け入れ反対ではない。門戸はいずれ開かれることになる」と説明。しかし，「最高水準の教育を受けた労働者を高給で引き抜けば，供給国の人材不足を招く」とし，積極受け入れには否定的な考えを示した。

　さらに，「女性の労働力率を上げる方が，外国人労働者を検討するより困難は少ない」とするなど，女性と高齢者のさらなる活用と公共サービス部門の効率化が先決との考えを強調。高齢者が1年長く働くと労働者数は2.5％増加するなどの数字を挙げ，「不足分は国内で補えるはず」との見通しを示した。

　日本の消費税に相当し，世界最高水準の25％という高税率で知られる付加価値税については，「課税ベースとして安定している。社会サービスに使えば低所得者の相対的負担が大きいなどの不公平さも解消される」と述べ，社会保障財源としての妥当性を強調した。

　一方，各国の制度改革のあり方について，「国によって伝統，文化，政治的思想は異なる」としながらも，「人口が減少する先進国では，良好な福祉国家しか道はない」「経済のグローバル化に伴う急速な変化が，スウェーデンを含む各国の制度の信頼性維持にとって脅威となっている」など，共通の課題の存在や方向性を示した。

　同国には障害者の授産施設・作業所の連合組織である「サムハル」という国営企業があるが，同様の組織は日本でも決断さえすれば設立は容易だと説明。「身体障害者，知的障害者ともに有意義な仕事に携わることができ，全労働者の0.7％はサムハルで働く。彼らも（納税者などとして）貢献できる」と述べた。[28]

---

[28] ペーション首相の言及したサムハルは，障害者を専門に雇用するスウェーデンの国有企↗

同国は，このほかにも年齢や障害の有無にかかわらずすべての人々に利用しやすい「ユニバーサルデザイン」に基づいた社会政策を推進しているが，首相は「誰もが能力に応じて貢献でき，能力が無駄にされることがない。社会的連帯とはこういうことだ」と解説した（2004年3月12日「東京読売新聞」夕刊12頁）。

　第2に，福祉国家形成の過程で，財政規律の厳守が死活的に重要である。歳出増加なり，あるいは競争力の維持，強化のための直接的減税などの必要性に迫られて，一時的に赤字財政を組むこと──わが国で言う「あげしお路線」──は，国家戦略としては問題が多いことを肝に銘ずべきである。福祉国家への歩みに安易な道は許されないのである。まず財政赤字の形で国民負担を先送りして，経済がいわゆる「あげしお」状態にまで活性化した段階で「赤字分をとりもどす」という路線は，経済発展途上の高度成長が見込まれる場合はまだしもだが，高度に発達した先進経済においては，ほとんど成功の可能性はない。

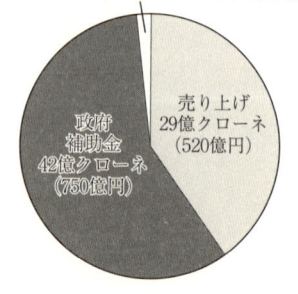

業であり，ハンディキャップはあるものの働く意欲と能力を持つ障害者の「完全雇用」の実現を理念としている。その概要は読売新聞報道により示すと次のとおりである。
　サムハルは，1980（昭和55）年，政府が各地の障害者作業施設などを統合し設立した。経営規模を大きくすることで，雇用環境を安定させることが目的だった。約250ケ所の事業所を展開し，一般の営利企業で働くことが難しい障害者約2万1,000人を雇用している。
　仕事は，商品の包装，自動車部品の組み立てなどのほか，事務所の清掃，他企業が経営する事務所や工場への派遣など多岐にわたる。従業員も，身体，知的，精神障害者のほか，アルコール・薬物依存者もいる。障害のない従業員も約2,100人おり，障害者への援助や指導を行っている。
　従業員の持つハンディキャップのため，一般企業に比べて生産性が低いことは避けられず，サムハルは商品やサービスを，一般企業と対等の競争条件の下で提供すれば，大幅赤字の発生もまた避けられない。このため政府は年間約42億クローネ（約630億円）の補助金を交付している。
　これにより，障害者の週40時間労働で月額1万6,000クローネ（約24万円）の最低賃金を保障している。
　障害者側から見れば，19歳になれば障害者活動補助金月額約7,000クローネ程度（約10万円）の給付もあり，障害があっても健常者と同じ社会参加の下で人間らしい生活が可能となるのである。

サムハルの収入（2006年）
その他1億3,000万クローネ(23億円)
売り上げ29億クローネ(520億円)
政府補助金42億クローネ(750億円)

終　章　公共部門の機能拡大という国家戦略

このことは過去の各国の経験が示すところであり，ケインズ革命以降のマクロ経済学でも，第Ⅰ部で示した乗数理論のリーケージ理論や，合理的期待仮説などにより，理論的に裏付けられていると言える。「あげしお路線」は，結局のところ，負担の後世代への転嫁，あるいは財政赤字の累積という結果を生み，バブル崩壊後のわが国が経験したような潜在成長力の低下，さらには，厳しいデフレ状況というツケがまわってくるのである。

　スウェーデンでは，もともと財政赤字を極度にきらう強い傾向がある。彼等の考えでは，財政赤字は後世代へのつけまわしであり，現世代の責任回避でしかないという伝統的に強い感覚があった。最近における財政収支の状況は（GDPに占める国，地方を通じた一般政府財政赤字比率）は**図終-3**のとおりであるが，1990（平成2）年のバブル景気のピーク後の厳しい経済状況を反映して，財政赤字の急速な拡大にみまわれる。それでも当局者は，この赤字は現世代の責任であり，現世代のうちに処理すべきであるという強い信念の下に，この問題に立ち向かう。このような政策当局の姿勢は市民の政治への信頼感を生み，早期の景気回復と赤字体質の克服に成功した。もともと世界でも屈指の「大きな政府」であり，歳出，歳入とも対GDP比率は極めて大きく，経済変動による影響は財政収支に大きく表われる体質を持つ。そうであるだけに，この時の体験は当局の肝に銘ずるところがあり，景気拡大局面ではできればGDP比2～3％程度の黒字を維持して景気停滞，下降局面にそなえる方針を公けにしてきた。今回のアメリカ発の金融混乱による世界的な景気下降局面でも，スウェーデンの受けた影響は，バブル経済崩壊後の局面よりもはるかに軽微ですんでいる状況に注目してほしい。[29]

---

[29] スウェーデン当局者は，現時点では世界的景気後退の影響は軽微だが，なお，さらなる下降へのリスクがあることは充分認識し，その旨，公けにもしている。特に，スウェーデン金融機関による，バルト3国（エストニア，ラトヴィア，リトアニア）への過大貸し込みが懸念の対象である。
　これら3国のうち特にラトヴィアとリトアニアの金融機関は外貨の過大なとり入れとその積極的運用が裏目に出て，極めて重大な破綻懸念にみまわれており，将来におけるユーロ加盟を目指して各国通貨の対ユーロ相場を一定に維持する政策を維持できるかどうかという重大な局面にある。万が一でも対ユーロ相場切り下げという事態になれば，スウェーデンの↗

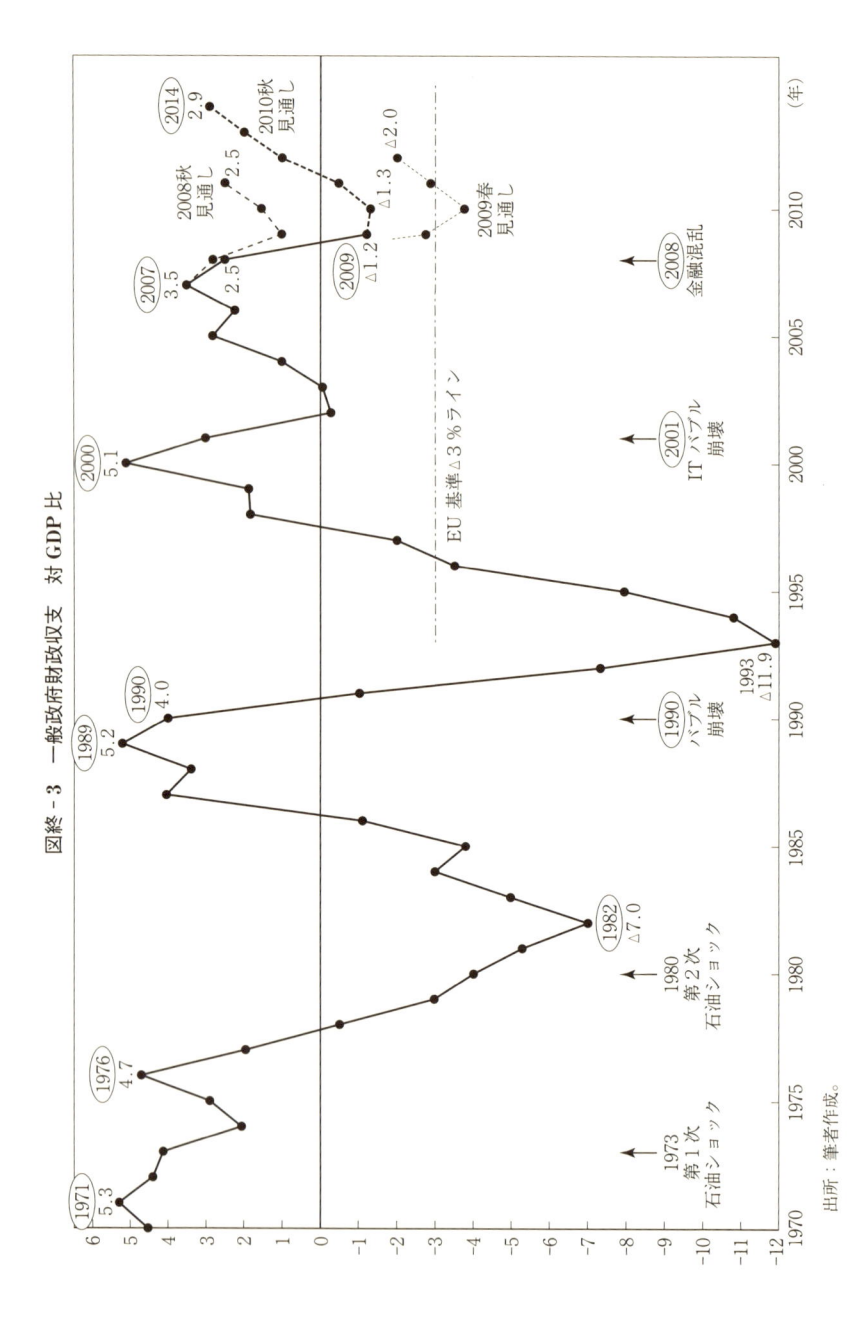

図終-3 一般政府財政収支 対GDP比

1971 5.3 石油ショック第1次
1973 第1次石油ショック
1976 4.7
1980 第2次石油ショック
1982 △7.0
1989 5.2
1990 4.0
1990 バブル崩壊
1993 △11.9
EU基準△3%ライン
2000 5.1
2001 ITバブル崩壊
2007 3.5
2.5
2008秋見通し
2.5
2008 金融混乱
2009 △1.2
△1.3
2.0
2009春見通し
2010秋見通し
2014 2.9

出所：筆者作成。

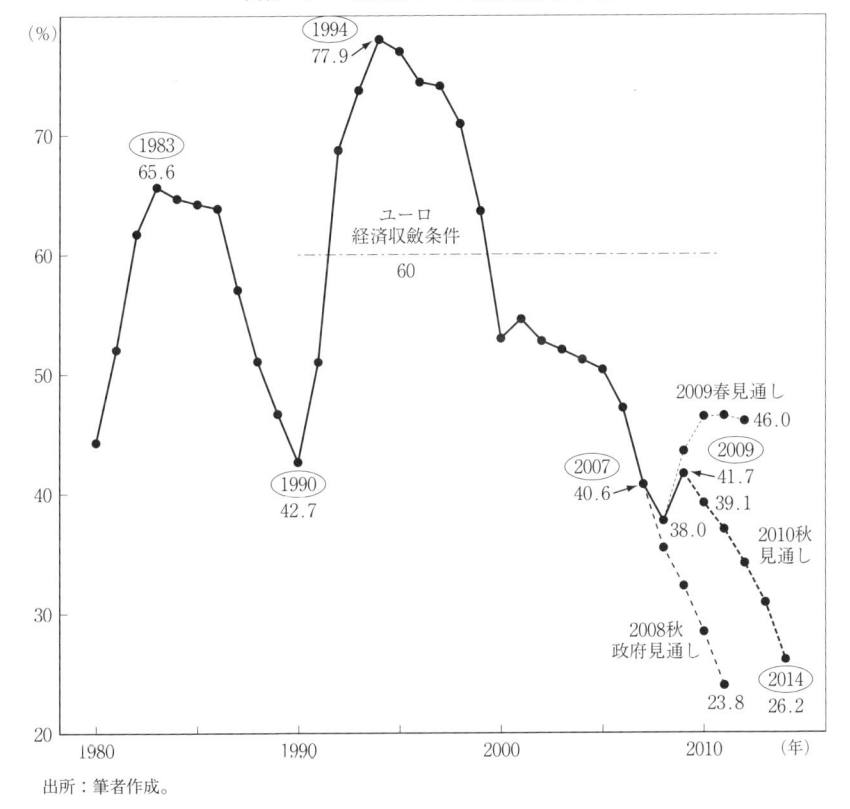

終　章　公共部門の機能拡大という国家戦略

図終-4　一般政府グロス債務残高 GDP 比

出所：筆者作成。

　特に，2010（平成22）年9月の総選挙の直後に公表された2010年秋の政府見通しによると，将来の財政収支見通しは従来より著しく楽観的となっており，この国の経済，財政体質の柔軟性がよく現れている。

　この結果，一般政府グロス債務残高 GDP 比も将来ともに順調に低下すると見込まれており（図終-4），序章で述べたわが国の状況とのあまりに大きな差違に驚かざるを得ない。

　西欧福祉国家において，財政収支の赤字をきらう傾向は，スウェーデンほどではないにしても，ほぼ，各国共通の感覚であると言える。共通通貨ユーロへ受ける影響はかなり大きいと見込まれるのである。

の加盟のための，いわゆる経済収斂条件において，一般政府財政収支の対GDP比3％以下，公共部門の累積赤字の対GDP比60％以下を義務付け，これに違反し，早急に回復の見込みがたたない場合には，一定の制裁を課する制度を採っていることに，このような感覚が明確に表われている[30]。

　第3に，福祉国家形成へのヴィジョンを市民に示しつつ，高負担を受け入れてもらう上で，公共部門に流れこむ資金を，常に「賢明な支出」(wise-spending)に充当する不断の努力が死活的に重要な前提である。くり返しになるが，資源再配分機能，所得再分配機能，景気調整機能の3機能が密接にからみあうことを充分配慮した上で，政策目的を最も効率的に実現していくための「賢明な支出」の設計—言葉で言うのは容易だが，当局者にとって至難の課題であろう。当局者は，じっくり時間をかけて市民との不断の対話と反対者との妥協の道を探ることにより，この困難を着実に乗り越えてゆかねばならない。また，不都合があれば，躊躇することなく修正する政治的勇気も求められるのである。

〔参考〕　スウェーデンにおける予算プロセスの改革

　①1990（平成2）年に世界を襲ったバブル崩壊という経済混乱は，この国にも戦後最大とも言える経済不況をもたらし（図Ⅰ-1-14参照），この国の財政収支の極端な悪化を招いた（図終-3，図終-4参照）。

　②このような事態に対して当局は，財政改革のための断固たる措置をとる。

　まず第1に，歳出削減を中心とする財政改革である。1994（平成6）年に政権に復帰した社民党のカールソン内閣は，1995（平成7）年にEUに加盟し，欧州単一通貨として計画中のユーロへの加盟は留保したものの，ユーロ加盟のための経済収斂条件の達成に全力を挙げ，未曾有の経済危機を前にして，国民各層が傷みを分かちあう政策に国を挙げて取り組んだのである（わが国の政策と対照的である）。

---

[30] なお，今回の世界的景気後退の影響により，ギリシャをはじめとして，スペイン，ポルトガル等多くの国でこの収斂基準の違反状況が表われており，ドイツやフランスなどの主要国も例外ではない。そのため，現時点では出口戦略として健全財政への復帰が最優先課題となっている。

第2に，予算プロセスの改革である。経済不況の深化が財政収支の著しい悪化をもたらした要因として，予算編成プロセスが経済変動に対応できず，赤字の拡大を抑制できなかったことの反省の下に，1994（平成6）年に憲法の財政関係規定を改正し，1995（平成7）年に財政法を成立させ，1996（平成8）年から新しい予算編成システムが実施に移された。

　この改革の内容は「フレーム予算」及び「歳出シーリング（上限）」の2つの仕組みを中心としている。その基本的特徴は，マクロ経済の見通しを踏まえ，政治主導のトップダウンによって3ヶ年にわたる歳出総額のシーリングをまず決定する点にある。また，会計年度も従来の7月開始から暦年に変更した。

　この新システムのもとでの予算編成作業は3つのレベルからなる。第1レベルは，財政政策の目標をマクロ経済上の用語で規定する。財政政策の目標として，景気変動をならしてGDP比2％の財政黒字を維持するなどと定める。第2レベルで，このマクロ経済目標を踏まえて3ヶ年の歳出総額シーリングを決定し，第3レベルでこの総額をさらに27の歳出分野に配分する。各歳出項目ごとの所要額を積み上げてゆく従来型の方法とは，発想がまったく異なるものと言えよう。

　3ヶ年のフレーム予算を具体化するのが2段階の予算編成である。前年の春にまず歳出総額（3年分）を決定し，あわせて27の歳出分野の予算上限額を参考案として作成する。この段階では，27分野の上限額の合計は歳出総額より小さく，その差は「予算マージン」と呼ばれる。

　第2段階としては，秋に翌年度予算の27の歳出分野の上限及びその議決予算内訳が提出されて議会で議決される。この2段階の過程で毎年3年分の予算総額が議決されるので，制度的には議会の議決によってこれをローリング的に変更することは可能である。ただ，実際の運営上は，今までのところ一度決められたシーリングの変更は行われないのが普通である。

　これにより，議会での予算審議は，春，秋2回行われることになるが，政府はそれぞれの段階の予算案とともに，経済情勢と将来見通しを明示する。本書

において，図Ⅰ-1-1，図Ⅰ-1-14，図Ⅱ-1-1，図終-3及び図終-4の各図において，将来見通しも図示しているが，いずれも春，秋2回の政府の予算関連提案に示された姿を示している。

（5） わが国の将来へ向けての国家戦略策定へのヒント

福祉国家形成のための歩みそのものが，国家戦略としての意味を持った戦後の主要先進諸国の経験，特にスウェーデンの経験に関する総括的な展望を踏まえて，わが国の将来へ向けての国家戦略の形成に向けて有益なヒントが得られるであろうか。

西欧先進諸国が福祉と国家形成に国家戦略を見出した時期における状況と，わが国の今日の状況とはあまりにも違いすぎるという認識を踏まえて，有益なヒントを得るなどとても無理だという意見もあり得るかもしれない。しかし，筆者は明確にそうではないと断定したい。スウェーデンのペーション首相が訪日に際して，わが国にくり返し発信した「福祉国家しか道はない」というメッセージは，わが国としても重く受け止めるしかないと確信するからである。第Ⅰ部で詳説したように，スウェーデンで高福祉高負担の漸進的推進過程で，これが国家戦略としての意味を持ったのは，当時の同国の中長期的政策目標への接近手段として，福祉国家の形成が大きな意味を持つということが，同国の官民共通の認識となっていったことが背景にある。ここで中長期的政策目標とは，簡単に列記すれば，次のようにまとめることができよう。

まず第1に，長期的な目標として持続的で安定した豊かな社会を後世代に引き継ぐこと。

第2に，そのためには，何よりも少子高齢化の趨勢による後世代の負担の増大が避けられない状況の中で，この負担を少しでも軽減するため，中長期的な経済の潜在的活力を維持，増進すること。

第3に，そのためには，何よりも出生率下落をくいとめ，将来の生産人口の減少に歯止めをかけること。

第4に，地球環境の劣化を何としても防ぎ，資源の濫費を食いとめること。

終　章　公共部門の機能拡大という国家戦略

　第5に、持続的で安定的な成長を実現するための不断の努力を払い、雇用機会を確保すること。
　そして、このような政策目標そのものは、わが国においても完全に妥当と言わざるを得ず、福祉国家への道が、このような政策目標へのアプローチのための有力な戦略となることは明白に立証されつつある状況から、わが国としても数多くの有益なヒントを引き出すことは可能であるし、極めて望ましいことであることに議論の余地はないと考える。
　西欧諸国が福祉国家形成に政策的に動いた時期の状況と、わが国の現在置かれている危機的な状況に存在する大きな差異の大要をまずまとめてみよう。
　第1に、歴史的、文化的、社会的、伝統的あるいは市民感覚の上での差異が大きい。
　第2に、西欧諸国においては、戦後の旺盛な経済発展期という活力に満ちた時代での国家戦略であったのに対し、わが国では戦後の高度成長期ははるか過去の歴史的現象となり、低成長期時代に入ってから20年以上経過しているにもかかわらず、過去の高度成長の経験を忘れられず、長期にわたって政策的対応を怠ってきたことにより、国際比較上、経済力の著しい衰退状況にある。
　第3に、第2の差異の直接の反映であるが、わが国では、潜在成長力の低下が著しく、長期にわたってデフレ現象が続き、GDP総額は名目値で見ると、1991（平成3）年の水準程度（1991〔平成3〕年、473.6兆円、2010〔平成22〕年、475.2兆円）という信じられない苦境にある。筆者がスウェーデン大使の任務を終えて帰国した2000（平成12）年度当時のドル表示の1人当たりGDPは、OECD加盟30ヶ国中3位（1、2位はルクセンブルグとノルウェー）という堂々たる富裕国の地位を占めていたが、8年後の2008（平成20）年度では23位という、これまた信じられない状況にある。
　第4に序章で指摘したように、実質成長率に関する限り、戦後最長の景気拡大時期（第14循環）においても、財政健全化のための努力を軽視してきたため、国、地方を通じる高率の財政赤字が継続し、OECD基準で算定した財政赤字累積額は、GDPの200％に近づくという、OECD加盟国の中で圧倒的に不健

全な状況にある。このことは，例えばスウェーデンが福祉国家形成過程にあった1960（昭和35）年から20年余りの間，累積赤字は基本的にほとんど無視し得る程度であった状況と大きな差異がある。

　しかし，このような大きな差異にもかかわらず，また，わが国の置かれた経済的衰退，デフレ，膨大な財政赤字の累積などの危機的状況にもかかわらず，否，むしろこのような状況にあるからこそ，今こそ，「福祉国家しか道はない」という信念の上に立って，新たな国家戦略を構築しなければならない。筆者はその際，西欧先進諸国の経験から得られるヒントを，次のようにまとめてみたいと考えている。

　(1)　漸進的な負担増は避けて通れない。このことは，今や，政策当局者，市民の共通の認識と言ってよい。「漸進的」と言ってもスウェーデンが経験したような20年以上という長期の期間を設定する余裕は全くない。しかも，負担増は，各年の財政赤字の減少に当てる部分と，福祉国家に向けての歳出需要に当てる部分との両にらみの処理が不可欠となる。

　(2)　まず，財政赤字について，当面の目標として，各年の赤字額を減らしてゆき，さらに先行きは，赤字の累積残高を減らして後世代の負担を少しでも軽くするという目標設定が必要である。また，歳出需要への対応については，まず福祉や教育面での機能不全の是正の道筋を示し，次いで，福祉国家へ向けての漸進的な施策の道筋を示す必要がある。

　(3)　財政赤字の削減と歳出需要への対応の両にらみのあり方，及び国民の負担増の道筋を具体的に示す中期プログラムを国民に明示し，端的に支持を求める必要がある。西欧諸国，特にスウェーデンが実行した「ビジョン付き漸進的負担増の明示」である。それも西欧諸国よりは，早いペースで，より高率の負担増を求める必要性は避け難いであろう。

　(4)　このようなプログラムの構築は，いやしくも選挙対策やポピュリスト的発想から無縁でなければならず，政治的権力闘争の対象としてはならない。超党派で議論し，利害の対立を超えて適切な結論を求めるプロセスが必須であろう。わが国の置かれた危機的状況は，このようなプロセスの確立を迫っている

終　章　公共部門の機能拡大という国家戦略

のである(31)。

(5)　わが国では，いったん構築したプログラムの内容が，その後の社会，経済情勢の変化により，一部，妥当性を欠く事態が生じても，その弾力的変更を，公約違反とか政治的責任と称してはげしく攻撃する風土がある。このような場合でも，超党派の議論により，適切な対応を決める弾力的な態度が必要である。

(6)　教育や福祉の機能不全の修正のための歳出増や，さらに，福祉国家へ向けての歳出増へ対応するための具体的な施策のデザインに際しては，「賢明な支出」(wise-spending) に向けての最善の努力が必須である。そのためにまず絶対的必要条件となるのは，施策毎の政策目標を明示し，目標実現へ向けての最適最良のプログラムをデザインする努力である。その場合，福祉各項目などの個別の政策目標との関連で数値目標を明示するか否かは検討対象にはなるが，具体的明示が困難な場合は，政策の全体目標をできる限り明らかにすることでこれにかえることもある得ると思われる。スウェーデンのエランデルの福祉ビジョンの本質もそのようなものであった。

家族政策を例にとれば，ハンソン首相指導下の社会民主党の政策理念の下で，女性の家庭からの解放を政策目標として基本的設計がなされた。その後，長期にわたる試行錯誤を経て，次第に政府の体系が整備され，女性の就業率の格段の上昇と出生率の上昇という目に見える成果が実現したことを第Ⅰ部において詳述した。これに対して，フランスの家族政策は，出生率が低下し，人口置換水準を割り込むという現象を前にして，出生率の反転・向上を政策目標とする方針の下でデザインの調整が行われ，これもまた10年以上にわたる試行錯誤の上，目標達成に近づいたことを第Ⅲ部において詳述した。

わが国でも，これらの国の経験からヒントを得て，わが国の国情にあった家族政策を設計すべきであり，政策目標の設定とその効率的達成の具体的方策を構築すべきである。その意味で「子ども手当」の発想は，政策意図の極めて曖

---

(31)　スウェーデンにおいて，国家的課題となった年金制度の抜本的改革において，このような超党派プロセスが実行に移され，10年以上にわたる激論と妥協の上に立って，国際的にも有名になった1999（平成11）年の確定拠出型賦課年金制度への改革が実行に移された（第Ⅰ部第1章第7節注(7)参照）。

昧な選挙用のばらまき的性格と批判されても仕方のない性格を有すると言わざるを得ないであろう。

(7) 上記から得られる当然の結果ではあるが，民主党新政権がマニフェストを金科玉条として，その尊重に固執する態度は是認し難い。もともとマニフェストは，選挙用のプロパガンダ要綱として作成されたものであり，相互に矛盾する内容を多く含む文書であることは衆目の一致するところである。このような文書を墨守するのは，政権与党のとるべき道ではない。子ども手当のほかにも農家への戸別所得補償や高速道路関連の施策，揮発油税等旧道路財源の扱いなど，政権与党としての各般の政策目標の下で，合理性，効率性両面からの再検討があって当然と考える。

(8) 財政再建と福祉国家への歩みを両にらみとせざるを得ない状況の下で，適切な成長戦略を策定することは死活的に重要である。過去20年間の潜在成長力が実質1％台で，しかも，長期にわたるデフレ現象の下で名目成長率は0以下という，信じ難い状況から早期に脱却し，将来に向けて，名目3％，実質2％程度の成長の実現を目指すことを目標とするなら，従来の伝統的な政策のあり方を根底から再検討する必要があろう。その際，目標とする成長は，内需主導か外需主導かという議論は全く空疎な議論のための議論に過ぎないことを銘記すべきである。真の成長戦略は，当然のことながら，わが国の潜在的な経済力の強化を目指すものであり，それによって初めて，内需にも外需にも好影響をもたらすのである。そしてそのための基本は，時代の変化に即応した産業構造と雇用構造への弾力的な変更を実現することにあり，福祉国家へ向けての「賢明な支出」(wise-spending) の設計にあたり，第Ⅰ部で詳述したような雇用創出効果に充分な配慮を払うべきである。そのための一環として，スウェーデン型の「積極的労働市場政策」の理念とプログラム内容とのより深い研究を通じて，わが国の国情にあった施策のヒントを得る必要があると考える。

(9) 福祉国家形成に向けて，教育や福祉の分野で雇用機会の創出とGDP成長率の確保を目指す「賢明な支出」をデザインするに当たり，スウェーデン型の「福祉公的供給主義」をそのまま踏襲することは，わが国の国情から見て不

終　章　公共部門の機能拡大という国家戦略

適切と考える。スウェーデン型の「福祉公的供給主義」は，ハンソン首相指導下のスウェーデンにおいて，市場経済を担う営利目的の事業体が，営業利益の確保に大きく傾斜した事業方針の下で，社会的責任を負う有機体という発想の乏しい状況（戦間期という時代の資本主義世界で共通の状況）の下で，社会民主党の思想的背景から出現した時代的現象であって，その後の民間事業体の社会的責任感覚の広がりに注目すれば，この考え方を踏襲することに合理性はない。わが国の現下の国情から見ても，もっぱら公的部門に，教育や福祉面のサービス供給を担わせ，公務員身分の者に，その職務を執行させることが適当とは思えない。経済発展の段階に応じて公的部門の機能が拡大し，それに見合う国民負担が上昇せざるを得ないという意味での「大きな政府」と，拡大した機能を管理し執行するために公的部門の体制が大きくなることとは全く次元の異なる話と理解すべきである。

　その意味で，現在，民主党新政権の下で議論されている「新しい公共」の概念の具体化に期待するところは極めて大きい。社会的責任を充分に自覚した「民」の組織の拡大と，その力を活用するための種々の方策（例えば，指導的役割は官民パートナーシップPPP，民間資本活用イニシアティブPFI，レベニュー・ボンド・システム）などの活用と，国，地方を通じる開発プロジェクトへの民間の力のさらなる導入を目指す新しいシステムの設計が求められるのである。

　福祉国家への道を国家戦略とするスウェーデン等福祉国家の過去の経験から，危機的状況にあるわが国の国家戦略策定の上で得られるヒントの大要を9項目にわたって示した。民主党新政権が2010（平成22）年6月鳩山由紀夫内閣から菅直人内閣へ移行したことに伴い，上記9項目の相当部分が盛り込まれる方向で検討が進められ，菅直人新政権の新しい消費税引き上げを含む施策方針が次第に形を現わしつつあった段階で，2010（平成22）年7月に参議院選挙が行われ，菅新政権下の民主党の敗北に終わった。

　しかし，国民の多くはわが国の置かれた危機的状況への認識を深めており，わが国の将来を考えると負担増もやむを得ないとする者が多数派となっており，

菅政権の選挙における敗因はわが国の直面する危機的状況への対応策に有権者が拒絶反応を示したことにあるのではなく，選挙期間中を通じて，新政権の対応に確固とした信念が欠け，動揺が見られたことにあるという判断がメディアや専門家の多数の見解であることに注目すべきである。

　国民の負担増を通じて，財政の再建と「賢明な支出」による成長戦略を確立するという新政権の基本線を大半の国民は受け入れていると筆者は考えている。新政権のなすべきことは，確固とした信念の下で，国民の協力を求める強い政治的指導力の発揮にある——筆者はそのように確信するのである。

あとがき

　1997（平成9）年8月，筆者は，北欧を代表する国であるスウェーデン王国駐在特命全権大使に任ぜられ，同年9月，同国のアーランダ国際空港に降り立った。1962（昭和37）年に大学卒業と同時に旧大蔵省に入省して以来，主として，国家予算編成という内政事務に従事してきた筆者にとって，これは「新しいチャレンジ」と呼ぶに足る任務であり，ほとんど経験のない外交事務に対する強い期待感とそれに相応する緊張感に包まれての着任であった。同時に，人口たかだか900万人程度のこの国が，国際的に持つ強い存在感の秘密に少しでも迫ってみたい，そんな希望に燃えた出発でもあった。

　それからの在任3年間，筆者は，機会ある毎にこの国の歴史，伝統，文化，社会，経済全般にわたる観察を通じて，政策的実験国家と呼ばれるほどの先進的で大胆な政策展開の背景を，体系的，総合的に把握することに努めた。その過程で世界に知られた「高福祉高負担システム」の形成とそのもたらす経済的，社会的な各般の効果を身をもって体験し，筆者の個人的世界観，人生感，価値感を根底から動揺させるような衝撃を受けた。

　スウェーデンの人々の物の見方や価値感の根底には，この国の長い歴史と，そこで活躍してきた先祖代々の人々のなしとげてきた数多くの成果の累積に対する深い信頼と誇りがある。筆者自身，この欧州の北辺にある小さな国の歴史に，ほとんど言うに足る予備知識は持っていなかったが，この国の人々との腹をわった会話の中で，彼等の価値感の根底にある歴史感覚を発見して，新鮮な驚きを感じたのである。

　筆者が日本で学んだ高校レベルの世界史の中で，スウェーデンが登場するのは3回である。

　第1は，西洋の歴史が古代から中世へ大きく変化してゆく8世紀から11世紀頃のいわゆるヴァイキングの活躍である。この頃のスカンジナビア半島とその南のユトランド半島周辺（現代のスウェーデン，ノルウェー，デンマーク3国）に

は，ヴァイキング国家の原型が形作られつつあり，広く欧州全土あるいはその範囲をこえて活躍の場を広げ，西洋史上，「ヴァイキング時代」と呼ばれる一時期を形成する。

　特に，デンマーク・ヴァイキングは，イギリス，フランスから地中海諸国にまで活動範囲を広める。

　フランスの北西海岸地帯にノルマンディー公国を建国するとともに，ウィリアム征服王はイギリスに渡り，ノルマン王朝を開く。さらに南下した一団は，シチリア，南イタリアに王国を作り，十字軍の主力部隊を形成して中東へ向かう。

　ノルウェー・ヴァイキングは，アイスランドからグリーンランドに植民範囲を広げ，現在のカナダの一部にまで到達する。

　スウェーデンの中南部はもともとゴート族のふるさとであり，伝説では，紀元前150年頃，3集団に分かれたと言われており，その1つがバルト海を越えて欧州本土に上陸し，現在のポーランド中央部を流れるヴィスワ川周辺にゴート国家を作り，さらに東進して，現在のウクライナのドニエプル，ドニエストル両大河周辺の大平原に東ゴート王国及び西ゴート王国を形成した。4〜5世紀にかけて，フン族の西進に押されて東西ローマ帝国に侵入，ゲルマン民族大移動のひきがねをひく，西ゴートは5〜8世紀にイベリア半島及び南西フランスに大国家を形成，東ゴートは，西ローマ帝国滅亡後のイタリアを支配する。

　スウェーデン中南部——現在のヨットランド（Götland）地方をふるさととするゴート族は，実に9世紀間にわたる長期間の部族あげての大移動と国家形成の一大ロマンを通じて，古代ローマ帝国の衰亡後の欧州の新秩序形成に貢献し新時代へのかけ橋となった。Götland の中心都市ヨテボリ（Göteborg：ゴートの城）の人々は眼を輝かせて語る。——我々の先祖がヨーロッパを作ったと。

　日本大使公邸はストックホルム郊外の住宅都市ダンデリード市ユーシュホルム地区に所在することは，本文で述べたが，このあたり一帯は，かつてのロスラーク郡に属する。ロスラーク鉄道が走り，ロスラーク配電会社が電気供給事業を行う。ロスラーク郡のかつての中心都市ノールテリエ市には，ロスラークの風土文化を展示する博物館もある。9世紀後半，ロスラークを根拠とする

ヴァイキングの一団はバルト海を東に渡り，ノヴゴロドに王朝を開く。現在のロシアの当時の姿は，小規模な部族国家が多数存在する統一国家以前の状況であり，ヴァイキングの集団はほとんど抵抗を受けずに南下を続け，9～10世紀にかけて，ロシア史上初の国家らしい国家キエフ大公国を建国する。ロシア中世史の幕明けである。

公邸周辺の住民は，筆者に誇りを込めてこう話してくれた。

「ロシア」の語源は，「ロスラークの人々」にありと。

わが国で高校レベルの教科書にスウェーデンが登場する第2のケースは，17世紀，ドイツで勃発した悲惨な宗教戦争，30年戦争（1618-48）へのスウェーデン・バーサ王朝の生んだ英雄王グスタフ・バーサ王の介入である。神聖ローマ皇帝ハプスブルグ家の名将ティリー及びワレンシュタインをたびたび撃破し，スウェーデンのバルト帝国全盛時代を築く。この北欧軍事強国時代は18世紀初頭の北方戦役において，スウェーデンの英雄王カール12世がロシアのピュートル大帝に敗れるまで続く。

そして，第3のケースが，20世紀前半の2次にわたる世界大戦時のスウェーデンの中立維持である。わが国の教科書には，ここまでしか書かれていないが，1932（昭和7）年に成立したハンソン社民党党主による内閣は，福祉国家形成への枠組を作ることによって，歴史に大きな足跡を残し，戦後の大宰相エランデルによって，高福祉高負担システムが大きく花開くのである。

歴史は人によって作られる。長い歴史は常に巨大な試行錯誤の舞台である。そのことを充分承知した上で，スウェーデンの人々は，自国の歴史と，それに関与してきた先祖代々，無数の人々の事跡に強い誇りを持ち，そうした歴史感覚を決して隠さない。特に人々は歴史の転換点において，大きくて苦しい決断を迫られた時の当事者の大胆で断固とした判断に拍手を惜しまない。

スウェーデンの人々は，このような歴史感覚の上に立って，政策的実験国家と言われるほどの思い切った政策を展開してきた。そのような政策策定姿勢の背景にあるのは，まず第1に国民各層の同意形成を根底に置く穏健な政治感覚と，第2に過去の世代の人々の事跡を大切にする感覚，そして第3に，将来世

代の人々の安寧と福祉をひとときも忘れない持続性尊重の感覚である。

　大宰相・ビジョン政治家のエランデルが，福祉ビジョンの下で展開した漸進的増税路線を基調とする穏健な福祉国家形成政策は，多分，当の首相が想定した以上の効果を実現したのかもしれない。スウェーデンの経験から得られる結論を簡単にまとめると次のとおりとなるだろう。

　第1に，福祉国家は雇用機会を創出し，内需中心の成長を促進する。

　第2に，福祉国家は公平で公正で安定した社会を実現する。

　第3に，福祉国家は，長期的に見て，持続可能な社会を実現する。

　筆者は，いま，未曾有の危機に直面しているわが国が，将来世代の安寧と福祉を見すえつつ持続可能な繁栄を実現してゆくための国家戦略の策定にあたり，スウェーデンというわが国と比較すれば，明らかに小国である国のなしとげた経験と，その成果から幾多の教訓，ヒントを引き出すことができると確信している。筆者のこの感覚は，単なる「スウェーデンびいき」の一言で片付けられるものではないと信ずる。

　そして，一定水準以上に豊かになった社会にとっては，「福祉国家化する以外の選択肢は存在しない。」と社民党政権を2006（平成18）年まで担ったパーション前首相が，わが国でくり返し述べたこのメッセージを，筆者はいささかも疑わないのである。

　最後に，この書物の出版に全力を投入していただいたミネルヴァ書房の方々に感謝の意を表したい。筆者はプロの研究者ではなく，一介の実務家である。そうであるだけに，筆者の書きなぐりに近い原稿を懸命に読解し，筆者の数次にわたる大幅な修正に対応していただいた関係者の方々の御苦労は察するに余りある。今一度，心から「有難う」と申し上げる。

2010年12月10日

藤　井　　威

索　引

人　名

ヴァーサ，グスタフ　*130*
エスピン・アンデルセン，イェスタ　*146*
エランデル，ターゲ　*29, 59, 96, 109, 113, 197, 198*
ハンソン，ペール・アルヴィン　*26, 59, 94, 109, 112, 193, 196*
ブルントラント　*122*
ペーション，ヨーラン　*104, 124, 239, 248*
ラインフェルト　*104*

ア　行

新しい公共　*251*
『あなた自身の社会——スウェーデンの中学教科書』（基礎学校・教科書）　*161*
硫黄税　*123*
一元代表制　*119*
医療責任看護師　*203*
エーデル改革　*199, 202, 206*
N分N乗方式（フランス）　*168, 171, 180*
オンブズマン　*224*

カ　行

介護金庫（ドイツ）　*228*
介護付き特別住宅　*202, 210*
介護手当（ドイツ）　*229*
「介護手当」制度　*224*
学童保育所（余暇センター）　*36, 43*
囲いこみ運動　*195*
家族介護の重視（ドイツ介護保険）　*229*
家族手当金庫（フランス）　*174*
カルマル市　*129, 136*
管理運営の民間委託　*216*

企業・クライアント相互依存社会　*156*
企業コミュニティ社会　*156*
基礎学校　*64, 67, 197*
基礎的財政収支　*16*
教育費公的負担　*33*
金融混乱（世界的）　*12*
グループホーム　*88, 199, 202, 211*
県（ランスティング，Landsting）　*29, 110*
建築許可制度　*126*
賢明な支出　*236, 239, 246, 249, 252*
合計特殊出生率　*59, 70, 165, 189*
公認家庭保育士（フランス）　*175*
公認託児所（フランス）　*174*
合理的期待仮説　*55, 58*
高齢者医療・高齢者ケア10ヶ年国家戦略（2006年）　*208*
国民高等学校　*64*
国民負担率　*26*
コミッショナー　*119*
コミューン（市町村，Kommun）　*29, 110, 115*

サ　行

サービスハウス　*199, 202, 211*
サービスホーム　*88*
サムハル　*241*
サラ法　*207, 224*
サルチオバーデン（の）基本協約　*95*
酸化窒素税（Nox税）　*123*
シグチューナ市　*138*
自殺率　*225*
持続可能性原則　*122, 124*
市町村（コミューン，Kommun）　*29*
疾病金庫（ドイツ）　*228*
児童手当　*61*

ジニ係数　71, 77
社会保障給付費　33
社会保障国民会議　2
社会民主主義レジーム　147
就学前児童プレスクール　36, 43
就業構造　43
就業自由選択補足手当（フランス）　173
自由主義レジーム　147
住宅手当　63
乗数効果　50
人口置換水準　59, 69, 70
世界的金融混乱　12
漸進主義　32
　——的増税路線　33
漸進的推進過程　246
相対貧困率　79, 81
ソッケン　111, 193
ソフト・インフラストラクチャ　86

タ　行

地方交付税率　84, 85
中期税制プログラム　3, 16
中福祉・中負担　3, 16
長期療養施設　202
長期療養病棟　198, 202
トローサ市　137

ナ　行

ナーシングホーム　88, 202, 212
二酸化炭素税　123
年金改革　70

ハ　行

パートタイム議員　120
ハイコースト　140
バウチャー方式　218
福祉公的供給主義（福祉サービス公営主義）
　28, 37, 45, 214, 252

福祉普遍主義　28
船形環状列石　142
フルタイム政治家　119
プレスクール（就学前学校・保育所と幼稚園）
　36, 43
壁画装飾教会　143, 144
保育所と幼稚園（プレスクール）　43
訪問看護　203, 207
ホームヘルプ　199
　——・サービス　88
補完的制度（ドイツ介護保険）　230
保守主義レジーム　147

マ　行

マキシマム・コスト　219
マックス・タクサ方式　37
マリーフレッド市　139
村（コミューン，Kommun）　110

ヤ　行

養育費補助金制度　164
幼稚園（フランス）　177
余暇センター（学童保育所）　36, 43

ラ　行

ランスティング（県，Landsting）　29, 110, 115
リーケージ　50, 54, 87
利権社会　156
リザーブド・アマウント　219
両親保険制度　38
ルンザ砦　141
レーン・メイドナー・モデル　96, 103
レジャータイム政治家　119
老人ホーム　197, 211
ローレンツ曲線　71
ロビン・フッド税　83, 117

《著者紹介》

藤井　威（ふじい・たけし）

元駐スウェーデン・ラトヴィア特命全権大使。
現　在　佛教大学社会福祉学部特任教授。
　　　　(財)啓明社理事長。
　　　　(株)ポピンズ国際乳幼児教育研究所長。
　　　　(社)長寿社会文化協会理事長。
主　著　『スウェーデン・スペシャルⅠ──高福祉高負担政策の背景と現状』新評論，2002年。
　　　　『スウェーデン・スペシャルⅡ──民主・中立国家への苦闘と成果』新評論，2002年。
　　　　『スウェーデン・スペシャルⅢ──福祉国家における地方自治』新評論，2003年。

新・MINERVA 福祉ライブラリー⑪
福祉国家実現へ向けての戦略
──高福祉高負担がもたらす明るい未来──

2011年2月1日　初版第1刷発行　　　　　　　　検印廃止

定価はカバーに
表示しています

著　者　　藤　井　　　威
発行者　　杉　田　啓　三
印刷者　　坂　本　喜　杏

発行所　株式会社　ミネルヴァ書房

607-8494　京都市山科区日ノ岡堤谷町1
電話代表（075）581-5191番
振替口座01020-0-8076番

©藤井威，2011　　　冨山房インターナショナル・清水製本

ISBN 978-4-623-05920-1
Printed in Japan

G・エスピン‐アンデルセン著／岡沢憲芙・宮本太郎監訳
福祉資本主義の三つの世界
―― 比較福祉国家の理論と動態

A5判・304頁・本体3,400円

山口二郎・宮本太郎・坪郷 實編著
ポスト福祉国家とソーシャル・ガヴァナンス

A5判・368頁・本体3,500円

埋橋孝文編著
比較のなかの福祉国家

A5判・362頁・本体3,500円

大沢真理編著
アジア諸国の福祉戦略

A5判・362頁・本体3,500円

金　成垣編著
現代の比較福祉国家論
―― 東アジア発の新しい理論構築に向けて

A5判・560頁・本体8,000円

齋藤純一編著
福祉国家／社会的連帯の理由

A5判・328頁・本体3,500円

加藤榮一著
福祉国家システム

A5判・424頁・本体6,500円

――― ミネルヴァ書房 ―――
http://www.minervashobo.co.jp/